北京文化书系
红色文化丛书

新中国在这里诞生

中共北京市委宣传部
中共北京市委党史研究室　组织编写

曹英　著

北京出版集团
北京出版社

图书在版编目（CIP）数据

新中国在这里诞生 / 中共北京市委宣传部，中共北京市委党史研究室组织编写 ；曹英著. — 北京：北京出版社，2021.4
（北京文化书系. 红色文化丛书）
ISBN 978-7-200-16342-1

Ⅰ. ①新… Ⅱ. ①中… ②中… ③曹… Ⅲ. ①革命史—北京 Ⅳ. ①K291

中国版本图书馆CIP数据核字（2021）第060816号

北京文化书系　红色文化丛书
新中国在这里诞生
XINZHONGGUO ZAI ZHELI DANSHENG
中共北京市委宣传部
中共北京市委党史研究室　组织编写
曹英　著

*

北京出版集团
北京出版社　出版
（北京北三环中路6号）
邮政编码：100120

网　　址：www.bph.com.cn
北京出版集团总发行
新 华 书 店 经 销
北京建宏印刷有限公司印刷

*

787毫米×1092毫米　16开本　19.75印张　296千字
2021年4月第1版　2024年4月第2次印刷
ISBN 978-7-200-16342-1
定价：95.00元
如有印装质量问题，由本社负责调换
质量监督电话：010-58572393
编辑部电话：010-58572835；发行部电话：010-58572371

图书在版编目(CIP)数据

新中国在这里诞生 / 中共北京市委宣传部，中共北京市委党史研究室组织编写；曹英著. 一北京：北京出版社，2021.4

（北京文化书系. 红色文化丛书）

ISBN 978-7-200-16342-1

Ⅰ. ①新… Ⅱ. ①中… ②中… ③曹… Ⅲ. ①革命史—北京 Ⅳ. ①K291

中国版本图书馆CIP数据核字（2021）第060816号

北京文化书系　红色文化丛书
新中国在这里诞生
XINZHONGGUO ZAI ZHELI DANSHENG
中共北京市委宣传部
中共北京市委党史研究室　组织编写
曹英　著

*

北京出版集团
北京出版社　出版

（北京北三环中路6号）
邮政编码：100120

网　　址：www.bph.com.cn
北京出版集团总发行
新华书店经销
北京建宏印刷有限公司印刷

*

787毫米×1092毫米　16开本　19.75印张　296千字
2021年4月第1版　2024年4月第2次印刷
ISBN 978-7-200-16342-1
定价：95.00元
如有印装质量问题，由本社负责调换
质量监督电话：010-58572393
编辑部电话：010-58572835；发行部电话：010-58572371

北京文化书系
红色文化丛书

新中国在这里诞生

中共北京市委宣传部
中共北京市委党史研究室　组织编写
　　　　曹英　著

北京出版集团
北京出版社

设的时间表、路线图。这就是：到2035年成为彰显文化自信与多元包容魅力的世界文化名城；到2050年成为弘扬中华文明和引领时代潮流的世界文脉标志。这既需要修缮保护好故宫、长城、颐和园等享誉中外的名胜古迹，也需要传承利用好四合院、胡同、京腔京韵等具有老北京地域特色的文化遗产，还需要深入挖掘文物、遗迹、设施、景点、语言等背后蕴含的文化价值。

组织编撰"北京文化书系"，是贯彻落实中央关于全国文化中心建设决策部署的重要体现，是对北京文化进行深层次整理和内涵式挖掘的必然要求，恰逢其时、意义重大。在形式上，"北京文化书系"表现为"一个书系、四套丛书"，分别从古都、红色、京味和创新四个不同的角度全方位诠释北京文化这个内核。丛书共计47部。其中，"古都文化丛书"由20部书组成，着重系统梳理北京悠久灿烂的古都文脉，阐释古都文化的深刻内涵，整理皇城坛庙、历史街区等众多物质文化遗产，传承丰富的非物质文化遗产，彰显北京历史文化名城的独特韵味。"红色文化丛书"由12部书组成，主要以标志性的地理、人物、建筑、事件等为载体，提炼红色文化内涵，梳理北京波澜壮阔的革命历史，讲述京华大地的革命故事，阐释本地红色文化的历史内涵和政治意义，发扬无产阶级革命精神。"京味文化丛书"由10部书组成，内容涉及语言、戏剧、礼俗、工艺、节庆、服饰、饮食等百姓生活各个方面，以百姓生活为载体，从百姓日常生活习俗和衣食住行中提炼老北京文化的独特内涵，整理老北京文化的历史记忆，着重系统梳理具有地域特色的风土习俗文化。"创新文化丛书"由5部书组成，内容涉及科技、文化、教育、城市规划建设等领域，着重记述新中国成立以来特别是改革开放以来北京日新月异的社会变化，描写北京新时期科技创新和文化创新成就，塑造北京人民勇于创新、开拓进取的时代风貌。

为加强对"北京文化书系"编撰工作的统筹协调，成立了以"北京文化书系"编委会为领导、四个子丛书编委会具体负责的运行架构。"北京文化书系"编委会由中共北京市委常委、宣传部部长杜

"北京文化书系"
序言

文化是一个国家、一个民族的灵魂。中华民族生生不息绵延发展、饱受挫折又不断浴火重生，都离不开中华文化的有力支撑。北京有着三千多年建城史、八百多年建都史，历史悠久、底蕴深厚，是中华文明源远流长的伟大见证。数千年风雨的洗礼，北京城市依旧辉煌；数千年历史的沉淀，北京文化历久弥新。研究北京文化、挖掘北京文化、传承北京文化、弘扬北京文化，让全市人民对博大精深的中华文化有高度的文化自信，从中华文化宝库中萃取精华、汲取能量，保持对文化理想、文化价值的高度信心，保持对文化生命力、创造力的高度信心，是历史交给我们的光荣职责，是新时代赋予我们的崇高使命。

党的十八大以来，以习近平同志为核心的党中央十分关心北京文化建设。习近平总书记作出重要指示，明确把全国文化中心建设作为首都城市战略定位之一，强调要构建涵盖老城、中心城区、市域和京津冀的历史文化名城保护体系，更加精心保护好世界遗产，加强对"三山五园"、名镇名村、传统村落的保护和发展，加强对文物、优秀近现代建筑、工业遗产、非物质文化遗产的保护，凸显北京历史文化的整体价值，强化"首都风范、古都风韵、时代风貌"的城市特色。习近平总书记的重要论述和重要指示精神，深刻阐明了文化在首都的重要地位和作用，为建设全国文化中心、弘扬中华文化指明了方向。

2017年9月，党中央、国务院正式批复了《北京城市总体规划（2016年—2035年）》。新版北京城市总体规划明确了全国文化中心建

"北京文化书系"编委会

主　　任　杜飞进

副 主 任　赵卫东

顾　　问　（按姓氏笔画排序）
　　　　　于　丹　刘铁梁　李忠杰　张妙弟　张颐武
　　　　　陈平原　陈先达　赵　书　宫辉力　阎崇年
　　　　　熊澄宇

委　　员　（按姓氏笔画排序）
　　　　　王杰群　王学勤　李　良　李春良　杨　烁
　　　　　余俊生　宋　宇　张　维　张　淼　陈　冬
　　　　　陈　宁　陈名杰　赵靖云　钟百利　唐立军
　　　　　谈绪祥　康　伟　韩　昱　程　勇　舒小峰
　　　　　翟立新

"红色文化丛书"编委会

主　　编　李忠杰

执 行 主 编　李　良　刘　岳

执行副主编　陈志楣　范登生　张恒彬　运子微

编　　委　邵维正　柳建辉　关海庭　黄如军　包国俊
　　　　　杨凤城　王树荫　公方彬　周良书　赵小卫
　　　　　李　方　秦德占　陈洪玲　刘晓宝　林小波
　　　　　胡献忠　曹　英　张春丽　黄延敏　孙希磊
　　　　　张守连　孟繁华　高杨文　张　彬

编委会办公室
　　　　　主　任　刘　岳（兼）
　　　　　副主任　曹　楠　宋传信
　　　　　成　员　方东杰　黄迎风　高俊良
　　　　　　　　　王桂环　祁　霄

本 书 作 者　曹　英

飞进同志担任主任，中共北京市委宣传部常务副部长赵卫东同志担任副主任，由相关文化领域权威专家担任顾问，相关单位主要领导担任编委会委员。原中共中央党史研究室副主任李忠杰、北京市社会科学院研究员阎崇年、北京师范大学教授刘铁梁、北京大学文化资源研究中心主任张颐武分别担任"红色文化""古都文化""京味文化""创新文化"丛书编委会主编。

在组织编撰出版过程中，我们始终坚持最高要求、最严标准，突出精品意识，把"非精品不出版"的理念贯穿在作者邀请、书稿创作、编辑出版各个方面各个环节，确保编撰成涵盖全面、内容权威的书系，体现首善标准、首都水准和首都贡献。

我们希望，"北京文化书系"能够为读者展示北京文化的根和魂，温润读者心灵，展现城市魅力，也希望能吸引更多北京文化的研究者、参与者、支持者，为共同推动全国文化中心建设贡献力量。

"北京文化书系"编委会

2019年9月

"红色文化丛书"
序言

北京是千年古都,有着丰厚的文化积淀。1949年伴随着中华人民共和国成立的脚步,北京获得新生。改革开放以来,北京文化得到新的更大发展。党的十八大以后,以习近平同志为核心的党中央进一步明确了北京作为全国政治中心、文化中心、国际交往中心、科技创新中心的战略定位,不仅为整个首都建设,也为北京的文化建设指明了方向、增强了动力。

为了深入挖掘北京文化内涵、推进全国文化中心的建设,中共北京市委决定编纂"北京文化书系"。书系包括"古都文化、红色文化、京味文化、创新文化"4个系列。按照市委要求和市委宣传部部署,由市委党史研究室负责,由我当主编,组织有关部门和单位的专家学者编纂了"红色文化丛书"。这是整个书系的一个重要组成部分。

对本套丛书,首先需要做几点总体上的说明和介绍。

一、北京红色文化的内涵和外延

编纂"红色文化丛书",首先要界定北京红色文化的内涵和外延,这样才能确定写什么、怎样写。

文化,作为人类改造客观世界和主观世界的活动及其成果的总和,始终伴随着人类的活动而生成、发展,从而不断展现出五彩斑斓的色彩。当代中国文化,源自于中华优秀传统文化,熔铸了中国共产党领导人民在革命、建设、改革中创造的革命文化和社会主义先进文化,到当代,本质上成为中国特色社会主义文化。如果以颜色作为象征，总体上可以说是一种以红色为基调的文化；而中国共产党培育、形成和展现的文化，则是一种比较完全意义上的红色文化。这是广义上的红色文化。

但在本套丛书中，我们对红色文化做了狭义上的界定，即将红色文化限定于主要在1949年前由中国共产党培育、形成和展现的革命文化。这样界定，主要是为了尊重文化自身内容的多样性和复杂性，避免过于宽泛造成内容上的庞杂，也为了更加突出不同时期文化的主要特点。否则，北京红色文化就会像一个硕大无比的筐子，什么都能往里装了。

因此，本套丛书所说的北京红色文化，主要是指1921年中国共产党成立至1949年中华人民共和国成立之间，中国共产党在北京地区领导人民群众为争取民族独立、人民解放而斗争所培育、形成和展现的革命文化。往前，回溯到五四运动前后红色文化的萌发；往后，延伸到新中国成立后到1966年前所创作的反映新民主主义革命的主要作品、建筑，如人民英雄纪念碑等。

无论广义还是狭义，红色文化都是中国共产党"为中国人民谋幸福、为中华民族谋复兴"的初心和使命的重要体现，都是在实现这一初心和使命的历程中培育、形成、发展和完善起来的重要成果。而北京红色文化，则是这一初心和使命在北京区域内的体现和反映。

北京红色文化与中共北京历史有着紧密的联系。北京红色文化，是中国共产党在北京的活动、工作、斗争中培育、形成和展现出来的。因此，写北京红色文化，当然要写中共北京历史。但党史又不能完全等同于文化。所以，本套丛书安排几本书梳理和介绍了北京地区党的组织和活动，展示了党在北京地区英勇和复杂的斗争。但撰写这些历史，不是简单地写历史，而是重在反映这些历史中的文化和精神，努力体现贯串其中的北京红色文化。因此，这些历史与标准的党史著作是有区别的。

二、北京红色文化的特殊地位

北京红色文化不是孤立的地域文化,而是党和国家整个红色文化中一个特殊的重要组成部分。

中国共产党这艘红船,在上海制造,在南湖起航。追根溯源,首先是在北京孕育的。北京地区的党组织,是中国共产党的地方组织,但在某些时期也超出了地方的范围。如李大钊领导的北方区委,曾负责当时北方十几个省、区、市党的工作。北京发生的许多事件,如五四运动、一二·九运动等,都对全国产生了重大影响,起到了引领作用。

特别是1949年1月北平和平解放后,中共中央决定定都北平,随即"进京赶考",从西柏坡迁驻香山,9月正式入驻中南海。在此期间,党中央、毛泽东运筹帷幄,指挥夺取了中国革命的最后胜利;筹备和召开中国人民政治协商会议,建立了中华人民共和国。北京的历史翻开了新的一页,中国的历史也翻开了新的一页。所以,从1949年初起,北平就实际上发挥了首都的作用。新中国成立之后,北京作为中华人民共和国的首都,围绕大局,服务中央,一直到今天,都发挥着特殊的作用。

所以,北京是地方的北京,但也是全国的北京。北京的红色文化,既具有地域性,也具有全局性。北京的红色文化,在党和国家整体的红色文化中,发挥着一定程度上全局性的作用;对全国的红色文化建设,也在一定程度上发挥着典型、示范和引领的作用。

所以,我们撰写"红色文化丛书",既坚持立足于北京,又坚持着眼于全党全国,把北京红色文化放在全局中来认识和撰写,不仅充分反映党中央对于北京党组织和北京地区革命斗争的领导,而且反映党中央在北京对于全国革命斗争的领导和指挥。同时,又充分反映北京地区革命斗争的实际,充分反映北京地区革命斗争在全局中发挥的特殊作用,从而正确地反映北京红色文化与党和国家整体红色文化的关系。

三、北京红色文化的形态和表现

文化有物质和非物质两类基本形态。所以，北京红色文化，既包括精神领域的红色文化，也包括物质形态的红色文化。这种物质形态的红色文化，就是指蕴含在这些物质形态之中，以物质形态表现出来的红色精神文化。比如中共中央在香山的办公旧址，表现为物质形态，但包含有丰富的文化内容。所以，我们将北京的红色遗存、红色地标等均纳入了北京红色文化的范围。

物质形态的北京红色文化，主要有3类。

第一类，是红色地标。在本套丛书中，我们提出了"红色地标"的概念。所谓红色地标，就是指北京区域内具有地标性的红色遗址遗迹和纪念建筑。一般来说，每个城市都会有自己的地标性建筑。但很多北京的地标，不仅是北京的地标，而且是全国性的地标。如北大红楼、卢沟桥、天安门广场、国家博物馆、毛主席纪念堂等，它们有些是原先就有的，有的是1949年之后建立起来的。这些地标性建筑，都具有特别重大的意义，甚至从某个角度可以代表中国共产党、代表中华人民共和国。

第二类，是红色遗址遗迹。主要是除红色地标外反映革命斗争历史和精神的大量遗址遗迹。红色地标不少也是遗址遗迹，但因为其特别重要，就单列出来了。除此之外的大量红色遗址遗迹，也蕴含着丰富的红色文化。所以我们也在本套丛书里做了研究、介绍和展示。其中不少已经被列入不同级别的文物保护名录，有的还没有被列入。北京党史部门曾对这些遗址遗迹做过调查，特别是曾按中共中央党史研究室的统一部署，做过一次大规模的全面普查，这次在本套丛书里进一步加以反映。所有这些遗址遗迹，都是北京红色文化的重要载体。

第三类，是可移动红色文物。包括红色文献，如党创办的很多杂志、出版的各种书籍；红色艺术品，如木刻、标语、宣传画、摄影作品等。1949年及之后设计的国旗、国徽也是红色艺术品。它们具有可移动性的物质形态，也是北京红色文化的重要载体。

其实还有一类，兼具物质形态和非物质形态。主要是红色的文学作品、音乐作品、戏剧作品、舞蹈作品、电影作品、民间文艺等。就其内容和表现形式而言，应该属于非物质文化形态，但它们也以一定的物质形态存留于世。其中有的是原生态的历史作品，也有的是1949年后创作的反映1949年前革命斗争的作品。

精神领域的北京红色文化，主要是指在长期革命斗争中表达和反映的思想、理论、路线、政策、主张、观点、口号、精神、规范、要求、价值取向、道德要求等等。它们总体上都可以归入红色文化的范畴。如果直接在北京区域内形成和表现出来的，就是北京红色文化。

这类北京红色文化，也是非常丰富的。本套丛书主要展示和论述了一系列革命精神，用以集中反映北京在精神领域的红色文化，如五四精神、抗战精神等。每一本书都有从不同侧面的展示，在《北京红色文化概述》里又做了集中的分析论述。

四、北京红色文化的作用和价值

文化是一个国家、一个民族的灵魂。文化的发展繁荣与国家民族的命运紧紧联系在一起。北京的文化建设不仅与北京的发展紧紧联系在一起，而且在全国的文化建设和中国特色社会主义的建设中都起着重要的作用。

北京红色文化是北京文化的重要组成部分，同样具有十分重要的作用和价值。

从时间长度上来说，北京红色文化，既在新民主主义革命的过程中具有重要的价值，发挥了重要的作用，又对1949年后的革命、建设、改革具有基础性、延续性、灵魂性的价值和影响，一直发挥并将继续发挥重要的作用。

从空间维度上来说，北京红色文化既对北京地区的革命、建设、改革有着重要的价值，发挥着重要的作用，又因为其居于首都地位，所以对党和国家的全局发挥着重要的作用，对全国的红色文化建设起着引领和示范的作用。

对于历史而言，本套丛书将北京红色文化的作用概括为：传播马列主义，解答中国问题；认知基本国情，选择革命道路；加强政治宣传，动员鼓舞群众；团结进步力量，壮大统一战线；引领革命洪流，助推全国胜利。

对于现实而言，本套丛书将北京红色文化的时代价值概括为：传承红色基因，弘扬社会主义核心价值观；挖掘红色文化，助力全国文化中心建设；厘清历史真相，反击历史虚无主义；开发红色资源，促进地区经济社会发展。

这些提炼和概括，是在《北京红色文化概述》作者和编委会认真研究的基础上形成的，代表了我们整个团队对北京红色文化作用和价值的认识。

五、北京红色文化与其他文化的关系

"北京文化书系"包括"古都文化、红色文化、京味文化、创新文化"4个系列4套丛书。因此，编纂"红色文化丛书"，除了界定北京红色文化的定义和范围之外，还必须厘清和处理好其与古都文化、京味文化、创新文化的关系。

古都文化，是一种传统文化，而且是一种以古都为特点的传统文化。古都文化当然不是红色文化。但是红色文化多少也吸收和传承了古都文化的某些因子。作为京城、古都，北京长期居于国家政治、文化的中心地位。因此，那种天下观念、家国情怀、宽广视野，对于许多革命家在北京出发、许多历史事件在北京发生、中国共产党在北京孕育、新中国在北京诞生，都起了重要的作用。作为中华人民共和国的首都，北京不仅是全国的政治中心，也是全国的文化中心。北京文化是首都文化。长期形成的都市建设理念，对北京红色地标的规划、布局和建设也产生了深刻的影响。所以，北京红色文化在很多方面传承了中国传统文化的精华，也包括古都文化中的某些思想养分。

京味文化，是兼具都城性、生活性和民间性的一种文化。北京红色文化，运用了京味文化的很多形式，如戏剧、书画、礼仪、节庆、服饰、民俗、工艺、饮食等。中国共产党在革命、建设、改革中都利用其从事宣传、动员、教育（如统一战线、党的建设、武装斗争），产生了明显的效果。比如，党中央、毛泽东在到达北平的第一天，就会见了民主党派负责人和其他民主人士，并在颐和园设宴招待和餐叙，这既是饮食，也是礼仪，既是生活，也是政治。北京红色文化，在相当程度上渗入、影响和改造了京味文化。比如，1949年，中国共产党接管北平之后，在忙于一系列重大政治、军事事务的同时，立即着手整理市容、收容乞丐、封闭妓院，从而初步清除了传统京城的糟粕，改造了某些低俗的城市文化。

创新文化，是改革开放以来提出和突出强调的新型文化。作为中国共产党提出和确立的战略要求，创新文化甚至在广义上也是一种红色文化。两者在很多方面有着内在的联系、内在的共性。红色文化应该是一种富于创新的文化，创新文化也包含着红色文化的基因。但同时，我们也懂得，文化是一种庞大的社会历史现象，具有非常明显的多样性和复杂性。其中包含着非常众多的子文化、亚文化，也会有非常众多和不同的色彩。没有必要给所有的文化都贴上一个红色或非红色的标签。所以，北京红色文化与北京创新文化是并行不悖的。两者互相促进、互相交融，共同丰富和发展着北京文化，共同构成全国文化中心建设的重要内容，共同为北京"四个中心"与国际一流的和谐宜居之都建设发挥重要作用。

六、"红色文化丛书"的框架和特点

基于上述观点、分析和考虑，"红色文化丛书"一共包含12本著作，分别是《北京红色文化概述》《北京的红色觉醒》《北平抗战的红色脊梁》《迎接北平的红色黎明》《新中国在这里诞生》《北京红色先驱》《北京学府的红色文化》《北京红色地标》《北京红色遗存》《北京红色文艺》《北京红色出版》《北京红色设计》。

这12本书所写的内容和角度并不完全一样。《北京的红色觉醒》《北平抗战的红色脊梁》《迎接北平的红色黎明》《新中国在这里诞生》,主要按时间顺序,分4段介绍了不同时期党在北京的活动及其形成和发展的红色文化。今年是中华人民共和国成立70周年,这几本书连贯回答了中华人民共和国从何而来的问题。特别是《新中国在这里诞生》,集中介绍了中共中央在香山及到中南海筹划建立中华人民共和国的主要过程,对我们重温中共中央在香山的历史,从中汲取力量和智慧很有帮助。这4本书,均是以北京党史为基础,但又着重从文化的角度切入和贯通。党史叙事是研究和介绍北京红色文化的前提和基础。如果不说明党在北京的活动和工作,就无法说明北京的红色文化。当然,如果简单地重复党史而忽略红色文化的形成和发展,那就是党史而不是红色文化了。

《北京红色先驱》分别介绍了在北京革命斗争中涌现的著名人物和英烈模范。没有以他们为代表的共产党人和志士仁人,北京红色文化就无从产生。这些先驱,既有个体,也有群体,都是北京红色文化的创造者、体现者和代表者。

《北京学府的红色文化》集中介绍和展示了北京大、中、小学校中党的活动及其体现的红色文化。北京是学校特别是高校最集中的地区。北京学府在中共党史和中国革命史上发挥了特殊的作用。以往介绍各个学校的革命斗争史,都是一个一个学校单个研究和介绍的。但这次,我们首先把各个学校打通和整合起来,从整体上介绍北京学府红色文化的形成、发展、内容和特点。这种写法虽然要困难得多,但体现了北京学府红色文化的整体性和统一性。

《北京红色地标》《北京红色遗存》反映的是红色物质文化遗产。它们代表了北京红色文化的一个重要类别,着重介绍了具有地标意义的红色遗址遗迹、重要建筑和纪念设施。不仅介绍了有关这些建筑设施的红色历史,还从建筑学和美学的角度介绍和分析了建筑设计上的特点。突出红色地标,这是红色文化研究的一个创新,也是北京红色文化的一个重要特色。

《北京红色文艺》《北京红色出版》《北京红色设计》分别展示了北京红色文化的几个重要领域和类型。其中的红色出版和红色设计在党史研究中是个创举。迄今的党史著作,都是在叙述党史过程时提到这种或那种杂志、报纸或书籍。但它们的具体情况如何,中国共产党到底出版过哪些报纸、杂志和书籍,均语焉不详。《北京红色出版》首次做了集中研究和介绍。虽然只是北京地区的出版物,但仍然具有开创性的意义。《北京红色设计》更是一种新的探索和突破。它从艺术设计的角度介绍了一批建筑、雕塑、书刊、纪念物品、徽章标识中的红色文化,令人耳目一新,具有很强的知识性。

在这些单项著作的基础上,《北京红色文化概述》一书从整体上概述了北京红色文化的形成和发展、土壤和条件;物质形态的北京红色文化、精神层面的北京红色文化、北京红色文化的本质特点、北京红色文化的传承和发展、北京红色文化的时代价值、通过弘扬北京红色文化推进新时代新北京的建设等。这本书兼具历史概述和理论分析,集中回答了"北京红色文化是什么、有哪些"的基本问题。

所有这12本书,由于内容、角度不同,体例和风格上也有不同。我们一直努力保持体例和风格的统一,但很难完全统一,只能从实际出发,发挥各自的特色。不同角度、不同写法、不同风格,正好可以起到互补和整合的作用。

七、"红色文化"工程的实施和推进

编纂"红色文化丛书",是北京市委的决定和部署,是贯彻落实习近平总书记对于北京首都建设和文化建设重要指示的重要举措。丛书编委会和所有作者,特别是负责单位市委党史研究室,都不断增强"四个意识"、坚定"四个自信"、做到"两个维护",从政治和大局的高度对待这项工作,勇于担当负责,积极主动作为,努力完成市委交代的任务。

从接受任务开始,编委会就制订了严密的工作计划,以钉钉子精神抓工作落实,一环紧扣一环、一步紧跟一步,稳步有序地把这项工程推向前进。从设计方案到选择作者,从确定选题到拟订提纲,从写出初稿到反复修改,从多次审议到最后统稿,从专家审核到编辑介入，每一个环节都召开专门会议，提出要求，落实措施，明确要求，规定时间，有布置、有检查、有落实。市委党史研究室从主任到有关人员，全程参与和负责，及时推进工程，及时请示汇报，及时解决问题；为每一本书都确定了联络员，随时沟通联系。各位作者深入研究，认真写作，准时完成了不同阶段的写作和修改任务。编委会成员和有关专家多次审核每一本书，认真把关，提升质量。邵维正将军年事已高，但仍坚持参加了几乎每一次会议，并审稿把关。北京出版集团全程参与，及时配备了责任编辑，提前介入图书的审阅、编辑工作。正由于所有同志的共同努力，才使得这项工程按照市委的要求及时完成。全书形成第二、第三稿后，我们还专门将全套丛书报送给十几位有名望的学者型省部级领导，请他们审阅把关、提出意见。

"红色文化丛书"具有鲜明的政治性。所以，我们首先坚持正确的政治导向，坚持以党的两个历史决议的精神为准绳，在重大历史事实、基本观点和重大结论上，与党中央保持高度一致。同时，确保史实的准确性。尽力运用原始资料，认真核对比较，吸收最新成果，深入挖掘拓展，要求作者最大限度减少错漏和不准确之处。

"红色文化丛书"也具有很强的学术性。市委明确要求打造成精品工程。所以，本套丛书从一开始就把打造精品作为基本标准，一切按精品要求来设计、写作、审核、研究、修改、编辑，不断消除与精品不符的问题。每一本书都大改了3~5次，小改更多。都是希望全方位展示北京红色文化研究的成果，努力为北京人民提供内容丰富、权威准确的北京红色文化读物，也为北京红色文化建设提供一个重要的工作基础。当然，最后完成的书稿与精品工程可能还有一定的差距，这是我们深感遗憾的地方。

"红色文化丛书"也兼顾了读者的需求，力求增加一定的生动性、可读性。根据每本书的内容和任务，我们要求语言文字上形象一点、生动一点。但实现的情况不完全一样，生动性、可读性各有差异。除了语言文字外，每本书还配了适当的照片资料。

我们希望，"红色文化丛书"能够成为向中华人民共和国成立70

周年献上的一份礼物,能够从红色文化的角度清晰展示中国共产党在领导北京地区革命斗争过程中的初心和使命,也为全党和北京市开展"不忘初心、牢记使命"主题教育提供有益的参考读物。

作为主编,我根据这套丛书研究和编纂的实际情况,对上述7个方面作出说明和介绍。希望各方面领导、群众和广大读者看了这些说明和介绍后,能够更加准确地理解北京红色文化,理解这套丛书的内容和特点。

感谢参与这套丛书、以不同方式支持这套丛书的所有人员。

李忠杰

2019年6月7日

目 录

引子　绘制蓝图：中央规划新中国　　　　　　　　1

第一章　和平接管：建立北平社会新秩序　　　　　25
　第一节　接管北平的决策部署　　　　　　　　　27
　第二节　入城接管有章可循　　　　　　　　　　45
　第三节　全面和平接管　　　　　　　　　　　　57
　第四节　古都新秩序　　　　　　　　　　　　　70

第二章　进驻香山："进京赶考"谱写历史新篇　　89
　第一节　中共中央定址香山　　　　　　　　　　91
　第二节　"进京赶考"忠告全党　　　　　　　　100
　第三节　西苑阅兵彰显军威　　　　　　　　　　111
　第四节　"四面八方"经济思想　　　　　　　　116

第三章　势如破竹：将革命进行到底　　　　　　129
　第一节　国共北平和谈　　　　　　　　　　　　131
　第二节　精心准备渡江　　　　　　　　　　　　158
　第三节　指挥进军全中国　　　　　　　　　　　173

第四章　夏日秋阳：中南海有了新主人　　　　　201

　　第一节　中南海的新主人　　　　　　　　　　203
　　第二节　召开政治协商会议　　　　　　　　　207
　　第三节　建立中华人民共和国　　　　　　　　228
　　第四节　确立新中国象征与标志　　　　　　　241

第五章　奠基立业：新中国屹立世界东方　　　　251

　　第一节　"一边倒"的外交方针　　　　　　　253
　　第二节　筹备开国大典　　　　　　　　　　　269
　　第三节　举行开国大典　　　　　　　　　　　276

结语　　　　　　　　　　　　　　　　　　　　287

后记　　　　　　　　　　　　　　　　　　　　290

引子

绘制蓝图：中央规划新中国

随着解放战争的胜利发展，建立新中国的任务被提上了历史日程。1948年4月30日，中共中央发出《纪念"五一"劳动节口号》，向全国人民提出召开"新政协"的主张。1949年3月，中国共产党在西柏坡召开七届二中全会，规定了中国共产党在全国胜利后，政治、经济、外交方面应当采取的基本政策，指出了中国由农业国转变为工业国、由新民主主义社会转变为社会主义社会的发展方向。毛泽东在会上提出了"两个务必"的思想。七届二中全会做出的各项政策规定，对迎接全国胜利，以及新中国的建设事业，都具有重要指导作用。

一、文明古国翻新页

1949年3月是中国共产党领导革命取得全国胜利的前夜。为促进革命全面胜利、谋划建立新中国，3月5—13日，中国共产党召开七届二中全会。到会中央委员34人、候补中央委员19人，列席代表11人。这实际上是一次"党的全国代表会议"，是一次极其重要的会议。

此时，辽沈、淮海、平津三大战役已经胜利结束，国民党军队主力被消灭，人民解放军取得了战略决战的胜利。

辽沈战役历时52天，解放军以参战主力70万人、伤亡6.9万人的代价，歼灭及改编国民党军队47.2万人，其中包括由美国装备并训练的精锐主力新1军、新6军，震惊中外，给国民党统治集团致命一击。蒋介石在《苏俄在中国》中自述："东北一经沦陷，华北乃即相继失守，而整个形势也就不可收拾了。"① 东北全境的解放，使解放军不仅有了巩固的、拥有较强工业基础的战备后方，还拥有一支70多万人的强大战备机动部队，奠定了解放全中国，然后将中国逐步建设成为工业国家的巩固基础。

淮海战役历经66天，解放军以参战60万人、伤亡13.6万人的代价，歼灭及改编国民党军队55.5万人。国民党军队在南线的精锐主力被消灭，长江中下游以北地区获得解放，国民党当局政治、经济中心南京、上海，均在人民解放军的打击范围之内。毛泽东指出，此战胜利"不但长江以北局面大定，即全国局面亦可基本上解决"②。

平津战役历时64天，解放军以参战100万人、伤亡3.9万人的代价共歼灭及改编国民党军52万余人，华北地区除太原、大同、

---

① 中共中央文献研究室编：《毛泽东传（1893—1949）》，中央文献出版社1996年版，第878页。

② 毛泽东：《由刘陈邓粟谭组成总前委统筹一切》（1948年11月16日），见《毛泽东军事文集》（第五卷），军事科学出版社、中央文献出版社1993年版，第230—231页。

新乡等几个孤立据点外，全部解放。尤其是1949年1月31日，人民解放军接管北平防务，宣告北平和平解放，掀开了北平历史上新的一页。

三大战役共歼灭国民党军队154万余人，国民党军五大战略集团的东北、徐州、华北3个主要集团全部被歼灭，所谓"五大主力王牌军"中的新编第1、第6军和第5、第18军全被消灭，创造了人类战争史的奇迹。

1949年1月8日，毛泽东在中央政治局讨论分析全国军事形势时指出："在平津、淮海、太原、大同诸役以后，可不可以说国民党政权已经在基本上被我们打倒了呢？就其军事主力已经被歼灭这一点来说，是可以这样说的。……在打了这几个大仗以后，那末，不但就军事上来说，而且就政治上和经济上来说，国民党政权是被我们基本地打倒了。""整个国民党在长江以北的战略上的战线已经崩溃，国民党在其统治区域内是处在极大的混乱和崩溃的状态中。我们已经完全有把握地在全国范围内战胜国民党。一九四九年

1949年1月15日天津解放后，解放军在街上乘卡车开展宣传（新华社 提供）

和一九五〇年将是中国革命在全国范围内胜利的两年。"①1月14日，毛泽东在对外声明中指出："现在，人民解放军无论在数量上士气上和装备上均优于国民党反动政府的残余军事力量。至此，中国人民才开始吐了一口气。"②

三大战役中，解放军共动员支前民工886万人，出动担架36万余副、大小车100余万辆、牲畜200余万头，输送粮食64万吨。"人民群众的大力支援，有力地保证了三大战役的物资需要"③。

同时，国统区以大学生为主体，教授、社会名流、工商业者参加的学生运动、工人运动风起云涌，掀起了群众性的声势浩大的反抗国民党反动统治的爱国民主运动。在中国共产党的团结争取下，各民主党派、无党派人士逐渐接受中国共产党的领导，成为中国共产党领导的统一战线的重要组成部分。

全国革命胜利在望，组建全国政府、建立国家政权就成为当务之急。这是一个关系国家前途、人民命运的根本性问题。鉴于此，毛泽东提出中国共产党和各民主党派等一起，组织联合政府，共同推动建立人民当家做主、掌握自己命运的政治制度——人民代表大会制度。1948年4月30日，中共中央发布《纪念"五一"劳动节口号》，号召"各民主党派、各人民团体、各社会贤达迅速召开政治协商会议，讨论并实现召集人民代表大会，成立民主联合政府"。"五一口号"由毛泽东直接修改、送交《人民日报》的前身《晋察冀日报》发表。第五条的修改最为重要，将初稿"工人阶级是中国人民革命的领导者，解放区的工人阶级是新中国的主人翁，更加积极地行动起来，更早地实现中国革命的最后胜利"改为上述口号，第一次向全国人民提出召开"新政协"的主张。

---

① 毛泽东：《目前形势和党在一九四九年的任务》（1949年1月8日），见《毛泽东文集》（第五卷），人民出版社1996年版，第229、230页。

② 毛泽东：《中共中央毛泽东主席关于时局的声明》（1949年1月14日），见《毛泽东选集》（第四卷），人民出版社1991年版，第1388页。

③ 《中国人民解放军军史》（第三卷），军事科学出版社2010年版，第310页。

同年5月1日,毛泽东以中共中央主席名义,致电中国国民党革命委员会(简称民革)主席李济深、中国民主同盟(简称民盟)中央常委沈钧儒,提出召开新的政治协商会议,希望民革、民盟与中共共策进行:

> 在目前形势下,召集人民代表大会,成立民主联合政府,加强各民主党派、各人民团体的相互合作,并拟订民主联合政府的施政纲领,业已成为必要,时机亦已成熟。……但欲实现这一步骤,必须先邀集各民主党派、各人民团体的代表开一个会议。在这个会议上,讨论并决定上述问题。此项会议似宜定名为政治协商会议。一切反美帝反蒋党的民主党派、人民团体,均可派代表参加。不属于各民主党派、各人民团体的反美帝反蒋党的某些社会贤达,亦可被邀参加此项会议。此项会议的决定,必须求得到会各主要民主党派及各人民团体的共同一致,并尽可能求得全体一致。会议的地点,提议在哈尔滨。会议的时间,提议在今年秋季。并提议由中国国民党革命委员会、中国民主同盟中央执行委员会、中国共产党中央委员会于本月内发表三党联合声明,以为号召。[①]

中国共产党的号召,得到民革、民盟和其他民主党派、人民团体、海外华侨团体、无党派民主人士的热烈响应。5月5日,民革李济深、何香凝,民盟沈钧儒、章伯钧,中国民主促进会马叙伦、王绍鏊,中国致公党陈其尤,中国农工民主党彭泽民,救国会李章达,国民党民主促进会蔡廷锴,三民主义同志联合会谭平山,无党派人士郭沫若等联名致电毛泽东,赞成中国共产党"五一口号":

---

① 毛泽东:《给李济深、沈钧儒的信》(1948年5月1日),见《毛泽东文集》(第五卷),人民出版社1996年版,第90页。

南京独裁者窃权卖国，史无先例。近复与美帝国主义互相勾结，欲以伪装民主，欺蒙世界，人民虽未可欺，名器不容假借，当此解放军队所至，浆食集于道途；国土重光，大计亟宜早定。同人等盱衡中外，正欲主张，乃读贵党五一劳动节口号第五项"各民主党派、各人民团体、各社会贤达迅速召开政治协商会议，讨论并实现召集人民代表大会，成立民主联合政府"，适合人民时势之要求，尤符同人等之本旨，曷胜钦企，除通电国内外各界暨海外同胞共同策进完成大业外，特此奉达，即希赐教。①

正如毛泽东在《目前形势和党在一九四九年的任务》中所指出的："中国阶级力量的对比已经起了根本的变化。广大人民群众是大群大群地脱离国民党的影响和控制而站到我们方面来。自由资产阶级向我们找出路，跟国民党走的很少了。各民主党派和人民团体的代表们已经或正在成批地来到解放区。整个国民党在长江以北的战略上的战线已经崩溃，国民党在其统治区域内是处在极大的混乱和崩溃的状态中。我们已经完全有把握地在全国范围内战胜国民党。"②

二、为党的建设立规矩

1948年5月，中共中央、毛泽东先后到达西柏坡，在此停驻近10个月。这是中国革命发生翻天覆地大变革、大转折的时期，是中国革命迅速走向全国胜利的时期。在这里，中共中央、毛泽东创造了很多宝贵的革命经验。从城南庄会议"军队向前进，生产长一

---

① 《各民主党派与民主人士李济深等响应中共"五一"号召致毛泽东电》（1948年5月5日），见杨建新、石光树、袁廷华编著：《五星红旗从这里升起——中国人民政治协商会议诞生记事暨资料选编》，文史资料出版社1984年版，第149页。

② 毛泽东：《目前形势和党在一九四九年的任务》（1949年1月8日），见《毛泽东文集》（第五卷），人民出版社1996年版，第230页。

寸，加强纪律性，革命无不胜"20字行动方针，到九月会议加强党的纪律建设，确立"向中央请示报告制度"，再到七届二中全会"六条规定"和"两个务必"思想，集中回答了中国共产党人如何面对革命胜利、执政考验，如何破解"其兴也勃焉，其亡也忽焉"的王朝兴亡周期率，如何始终保持人民政权、人民政党本色的重大问题。这是中国共产党的建设、执政宣言，也是人民政权保持人民政治本色和根本宗旨的行为规范，是中国共产党建设的基本规矩。2013年7月11日，习近平总书记来到西柏坡调研指导，指出，"这里是立规矩的地方。党的规矩、制度的建立和执行，有力推动了党的作风和纪律建设"①。

规矩，即中国共产党建党治党基本原则、党内政治生活纪律要求和行为规范，是严肃认真的党内政治生活、清洁干净担当的党内政治生态，这是中国共产党的优良传统和政治优势，也是中国共产党作为马克思主义政党区别于其他政党的重要标志。正如习近平总书记在中共十八届四中全会第二次全体会议上的讲话中指出的："小智治事，中智治人，大智立法。治理一个国家、一个社会，关键是要立规矩、讲规矩、守规矩。"②

（一）加强党的集中统一领导

随着解放战争的不断胜利发展，中国共产党的组织也日益发展壮大，1948年党员总数已超过300万。克服某些无纪律无政府状态和地方主义、游击主义倾向，强化中央权威和即将诞生的人民政权权威，必须保证全党思想上、政治上和组织上的高度统一，根本是加强党的集中统一领导。早在1948年4月10日，毛泽东以中央名义致电华东局，转华东野战军山东兵团负责人，并告各中央局、分局、前委：

---

① 《党面临的"赶考"远未结束——习近平再访西柏坡侧记》，载《人民日报》，2013年7月13日。

② 《习近平总书记在党的十八届四中全会第二次全体会议上的讲话》（2014年10月23日），见中共中央文献研究室编：《习近平关于社会主义政治建设论述摘编》，中央文献出版社2017年版，第85页。

"革命形势要求我党缩小（不是废除）各地方各兵团的自治权，将全国一切可能和必须统一的权力统一于中央，而在各地区和各部分则统一于受中央委托的领导机关（据我们所知，各地区和各部分的内部对于受中央委托的机关存在着极大的极不正常的和极有害的不统一状态）。各地领导同志必须迅速完成在这方面的一切必要的精神准备和组织准备。"①

4月底至5月初，中共中央在城南庄召开书记处扩大会议。会后，毛泽东起草党内指示《一九四八年的土地改革工作和整党工作》，强调指出："必须坚决地克服许多地方存在着的某些无纪律状态或无政府状态，即擅自修改中央的或上级党委的政策和策略，执行他们自以为是的违背统一意志和统一纪律的极端有害的政策和策略；在工作繁忙的借口之下，采取事前不请示事后不报告的错误态度，将自己管理的地方，看成好像一个独立国。这种状态，给予革命利益的损害，极为巨大。各级党委必须对这一点进行反复讨论，认真克服这种无纪律状态或无政府状态，将一切可能和必须集中的权力，集中于中央和中央代表机关。"② 8月14日，中央为此专门发出《关于严格执行报告制度的指示》。

九月会议专门讨论通过了《中央关于各中央局、分局、军区、军委分会及前委会向中央请示报告制度的决议》。该决议强调加强党的集中统一领导和组织纪律性，克服无纪律、无政府状态，克服地方主义、游击主义，将一切可能和必须集中的权力集中于中央和中央代表机关手里，以便全党全军在方针上、政策上、行动上完全一致。该决议对各项工作中何者决定权属于中央、何者必须事前请示并得到中央批准后才能付诸实行、何者必须事后报告中央备审都做了详细规定，从而使下级在请示报告时有章可循、有法可依，避免了下级因害怕承

---

① 毛泽东：《将全国一切可能和必须统一的权力统一于中央》（1948年4月10日），见《毛泽东文集》（第五卷），人民出版社1996年版，第87页。

② 毛泽东：《一九四八年的土地改革工作和整党工作》（1948年5月25日），见《毛泽东选集》（第四卷），人民出版社1991年版，第1332页。

担责任大事小情都向中央请示的不良现象，标志着党内请示报告制度在全党全军最终确定下来。

加强纪律作风建设，建立和坚持请示报告制度，开展对无纪律无政府状态的斗争和对自由主义、个人主义、本位主义的斗争，进一步加强了党对军队、对地方工作的绝对领导，保证了中央路线方针政策的贯彻执行。同时，加强了党的思想、组织和作风建设，提升了军队政治素质和军事素质，强化了党员干部尤其是党内高级干部这一关键少数的政治觉悟、思想觉悟、行动觉悟，纠正了工作偏差，为迅速取得全国性胜利提供了更为有力的组织保证、思想保证和制度保证。

（二）毛泽东提出"两个务必"

"两个务必"是毛泽东在七届二中全会主题报告结尾部分对全党同志的告诫与期望："务必使同志们继续地保持谦虚、谨慎、不骄、不躁的作风，务必使同志们继续地保持艰苦奋斗的作风。"①

"两个务必"有两个深层含义：一是必须坚决防范和克服在伟大的成就面前可能滋长的骄傲情绪、贪图享乐思想；二是必须始终坚持马克思主义政党的本色和宗旨，不断为维护和实现最广大人民的根本利益而艰苦奋斗。毛泽东此时提出"两个务必"，包含着对中国几千年历史治乱规律的深刻借鉴，包含着对中国共产党艰苦卓绝奋斗历程的深刻总结，包含着对胜利了的政党如何永葆先进性和纯洁性、对即将诞生的人民政权能否实现长治久安的深刻忧思，具有深远的思想意义和历史意义。

"两个务必"是拒腐防变的重要法宝。革命胜利后，如何防止权力的异化、保证掌权者的勤勉廉洁，是所有执政者必须解决的大问题。权力异化源于权力腐化，而权力腐化首先源于个体自我修养缺陷，即理想信念坍塌、放纵私欲，将公共权力转化为个人牟利工具。

---

① 毛泽东：《在中国共产党第七届中央委员会第二次全体会议上的讲话》（1949年3月5日），见《毛泽东选集》（第四卷），人民出版社1991年版，第1439页。

"两个务必"强调的是执政者的自我意识修养、执政品德修养，要求掌权者要甘于清贫，永葆艰苦朴素的工作作风、艰苦奋斗的工作品质，抵制住诱惑，保证权力的公平公正。这是毛泽东等党的领导人长期思考，矢志不渝坚持革命原则、执政原则的结果。

在这之前，毛泽东曾有几次关于如何实现革命的胜利、如何保证革命胜利后红色政权永不变色的"对话"，反映了党的领袖的深远思考。

1．延安"窑洞对"

1945年7月1日，黄炎培、章伯钧、左舜生、褚辅成、傅斯年、冷遹等6位国民参政员接受中共邀请，飞抵延安，开始了96个小时的"旋风式访问"。黄炎培等6人受到毛泽东等中共中央领导人的热烈欢迎，并进行了坦率、热情的会谈。

7月4日，毛泽东邀请黄炎培到杨家岭家里叙话。在窑洞客厅里，毛泽东问黄炎培几天考察有何感想，黄炎培说："我生六十多年，耳闻的不说，所亲眼看到的，真所谓其兴也勃焉，其亡也忽焉，一人、一家、一团体、一地方，乃至一国，不少单位都没有能跳出这周期律的支配力。一部历史，政怠宦成的也有，人亡政息的也有，求荣取辱的也有。总之没有能跳出这周期律。中共诸君从过去到现在，我略略了解的了，就是希望找出一条新路，来跳出这周期律的支配。"

毛泽东庄重答道："我们已经找到新路，我们能跳出这周期律。这条新路，就是民主。只有让人民来监督政府，政府才不敢松懈。只有人人起来负责，才不会人亡政息。"

对此，黄炎培甚为感慨："这话是对的。只有大政方针决之于公众，个人功业欲才不会发生。只有把每一地方的事，公之于每一地方的人，才能使地地得人，人人得事。用民主来打破这个周期律，怕是有效的。"[1]

---

[1] 黄炎培：《延安归来》，国讯书店民国三十四年（1945），第64—65页。

历史周期律是历史学家与思想家共同探讨的命题。孔子在回答学生子贡关于何为国家治理最重要事项时说："自古皆有死,民无信不立。"古往今来,政权存亡不知凡几,无一例外都是失去了民众的信任。孔子特别强调人心向背是政权存亡的关键。民众对政权、政府有信任,就愿意牺牲自己的利益提供给政府实现自己的意志,形成"集中力量办大事"的政治优势,容忍甚至支持政府暂时不利于己的政策。这个信任的前提是政府有为民办事的理念、有为民办事的习惯,民众能看到政府权力运行的过程与结果。这个彼此信任、相互支持的统治方式就是民主。民主是解决历史周期律问题的决定性因素,这就是毛泽东所指出的中国革命新路。毛泽东此时提出"两个务必",可谓正中时弊,是对历史周期律的深刻总结。

2. 决不做李自成

李自成[①]可谓古代农民起义的典型人物。一是不屈不挠。李自成23岁(明崇祯二年,1629)参加暴动队伍,几起几落,至少有两次陷入绝境,但都坚贞不屈,屡败屡战,最终取得政权。二是功亏一篑。李自成起义军攻取北京后,军纪废弛,领袖集团不思进取,率先堕落,自大将刘宗敏以下热衷拷掠钱财,臣将骄奢,士卒抢掠,置大敌吴三桂于山海关而不顾,使其得有喘息之机。李自成1644年3月19日入城、4月30日逃离,总共在北京只待了42天,可谓兴也速焉、亡也忽焉。

1944年3月,郭沫若出版《甲申三百年祭》,纪念李自成农民起义300年,反思明政权的残酷腐朽、农民起义的经验教训,认为明王朝的统治极端专制和腐败,作为最高统治者的崇祯皇帝难辞其咎,官逼民反,明王朝实在是自取灭亡;而李自成起义军在凯歌声中滋长了骄傲的情绪,"在过短的时期之内获得了过大的成功,这却使自成以下如牛金星、刘宗敏之流,似乎都沉沦进了过分的陶醉里去了"。纵

---

① 李自成(1606—1645),明代末年的农民起义领袖,因不堪明朝统治者的压迫剥削,参加了当时的农民暴动队伍。历经无数战斗后,成为一支农民暴动部队的领头人。1644年建立大顺政权,率部攻陷北京,但不久即退出北京,据说1645年在湖北遇难。

声色,夺名利,掠财物,杀功臣,在战略上、组织上、作风上都犯下了严重的错误,李自成起义军之败是咎由自取。郭沫若在文章最后写道:"三百年了,种族的遗恨幸已消除,而三百年前当事者的功罪是早应该明白判断的时候。"

该文发表后得到毛泽东的赏识,不仅将其列为延安整风运动学习文件之一,还专门致信郭沫若表示谢意。一个月不到即4月12日,毛泽东在延安给高级干部做《学习和时局》报告时,特别提到了郭沫若的这篇文章:"我党历史上曾经有过几次表现了大的骄傲,都是吃了亏的。""全党同志对于这几次骄傲,几次错误,都要引为鉴戒。近日我们印了郭沫若论李自成的文章,也是叫同志们引为鉴戒,不要重犯胜利时骄傲的错误。"①

4月18日、19日,毛泽东指示中共中央机关报《解放日报》分两次转载全文,并亲自写了1000多字的编者按,指出:"郭文指出李自成之败,在于进北京后忽略敌人,不讲政策,脱离群众,妄杀干部,'纷纷然,昏昏然',大家都像以为天下就已经太平了的一样。……对我们的重大意义,就是要我们全党首先是高级领导同志,无论遇到何种形势与实际胜利,无论自己如何功在党国,德高望重,必须永远保持清醒与学习态度,万万不可冲昏头脑,忘其所以,重蹈李自成的覆辙。"②

这以后,毛泽东还多次提到李自成失败的教训,把它作为人民革命最重要的借鉴之一。离开西柏坡"进京赶考"之时,仍以"决不做李自成"自勉。

3. 预防腐化的"六条规定"

七届二中全会上,毛泽东还针对党内出现的在中国传统文化中颇有市场的6种现象,提议中共中央做出专门性禁止规定,预防腐败和腐化。这就是"六条规定"。1953年8月12日,毛泽东在全国财经工

---

① 毛泽东:《学习和时局》(1944年4月12日),见《毛泽东选集》(第三卷),人民出版社1991年版,第948页。

② 史全伟:《毛泽东与艰苦奋斗》,中央文献出版社2004年版,第97页。

作会议上的讲话中,这样说到"六条规定":一曰不做寿。做寿不会使人长寿。主要是要把工作做好。二曰不送礼。至少党内不要送。三曰少敬酒。一定场合可以。四曰少拍掌。不要禁止,出于群众热情,也不泼冷水。五曰不以人名做地名。六曰不要把中国同志和马、恩、列、斯平列。这是学生和先生的关系,应当如此。遵守这些规定,就是谦虚态度。①

"六条规定"在毛泽东的革命生涯中,是早已有之的行为规范,七届二中全会把它们综合了起来,成为党内共同的行为准则。

做寿是中国传统礼俗,一般古人年过50岁就有做寿祝寿的习惯,以为子女后代尽孝心的重要举措。但毛泽东认为做寿并不能添寿,反而容易造成奢侈浪费、阿谀奉承的不良风气。

1943年毛泽东年满50岁,这一年他担任了中央政治局主席、中央书记处主席,从党的组织程序上确认了他的政治领袖地位。4月初,时任中宣部代部长的何凯丰制订了一个宣传领袖毛泽东、宣传毛泽东的思想、宣传毛泽东的体系的"三宣传"计划,并把延安收到的给毛泽东祝寿的函电转给毛泽东,希望批准这个计划。4月22日,毛泽东为此专门回信,明确表示反对:

>生日决定不做。做生的太多了,会生出不良影响。目前是内外困难的时候,时机也不好。我的思想(马列)自觉没有成熟,还是学习时候,不是鼓吹时候;要鼓吹只宜以某些片段去鼓吹(例如整风文件中的几件),不宜当作体系去鼓吹,因我的体系还没有成熟。②

关于毛泽东拒绝生日祝寿的事,1944年去延安考察的晋西北行署

---

① 中共中央文献研究室编:《毛泽东年谱(1949—1976)》(第二卷),中央文献出版社2013年版,第150页。

② 毛泽东:《给何凯丰的信》(1943年4月22日),见《毛泽东文集》(第三卷),人民出版社1996年版,第15页。

主任续范亭(恕人)也有过一段回忆。这年4月30日,续范亭到访延安,毛泽东设宴招待。席间,续范亭跟毛泽东聊起两人的年纪,竟是同年生,他奇怪毛泽东为什么没有按照国人习俗在50岁整做寿,报刊上也未有报道。毛泽东笑答:是我自己决定不做寿。续范亭在他所写的《五百字诗并序》中对此记述道:

  去年旧历十一月十九日,正是毛主席五十整寿,延安各界并未有若何举动,我们也都不知道,后来听贺师长①说:毛主席以为国难期间,不必祝寿,打走日寇,时间正多。所以也就不声不响地过去了。我觉得在今天这个聚会上,借以一祝毛主席的健康,却也是个好机会,于是我就献诗一首:
    半百年华不知老,先生诞日人不晓。
    黄龙痛饮炮千鸣,好与先生祝寿考。②

  续范亭把这首诗公之于众,也把毛泽东的出生日期公之于众了。

  中共七大将毛泽东思想确定为中国共产党的指导思想并写入党章:"毛泽东思想,就是马克思列宁主义的理论与中国革命的实践之统一的思想,就是中国的共产主义,中国的马克思主义。"党章规定:"中国共产党以毛泽东思想作为自己一切工作的指导方针,反对任何教条主义的或经验主义的偏向。"

  毛泽东思想是中国共产党的指导思想,其提出有一个过程。但毛泽东反对把自己和马克思、恩格斯、列宁、斯大林并提,不宜称为"毛泽东主义"。1943年6月,为纪念建党22周年,王稼祥在写《中国共产党与中国民族解放的道路》一文时,曾就使用"毛泽东思想"还是"毛泽东主义"的提法问题,征询毛泽东的意见。毛泽东明确表示反对使用"毛泽东主义"的提法:"不能提'毛泽东主

---

① 贺师长指八路军第120师师长贺龙。
② 续磊、穆青编著:《续范亭文集》,人民出版社2013年版,第145页。

义'。我是马克思列宁的学生，怎么可以和他们并列？马克思有马克思主义，列宁有列宁主义，我不能提'毛泽东主义'。我没有'主义'。我的主义就是马克思主义、列宁主义。你们一定要提，还是你提的'毛泽东思想'好。每一个人都有自己的思想嘛，不能随便提'主义'。"①在这篇文章中，王稼祥在党内第一次提出了"毛泽东思想"的概念："毛泽东思想就是中国的马克思列宁主义，中国的布尔什维克主义，中国的共产主义。""它是创造的马克思列宁主义，它是马克思列宁主义在中国的发展。"此后，"毛泽东思想"概念为中国共产党党内认同和接受，在党的正式场合一般都用"毛泽东思想"这一提法。毛泽东本人在七大时也说："你们一定要用毛泽东思想，我也可以同意。因为党总要找个代表，毛泽东思想不是我一个人的，都是从你们大家来的，我把它综合起来，把它概括起来，你们叫毛泽东思想也可以。"②

  毛泽东不只反对"毛泽东主义"提法，还反对把他和马克思等革命导师的画像挂在一起。如在党的七届二中全会会场，最初悬挂的是马克思、恩格斯、列宁、斯大林和毛泽东与朱德的画像。毛泽东一进会场便批评，指出开会不要挂我们的画像，这样不好，应该只挂马、恩、列、斯的照片。后来与会代表对会场单挂马克思、恩格斯、列宁、斯大林的画像不满，要求挂中国领袖的画像，于是会场就单挂了毛泽东和朱德的画像。这又遭到毛泽东的严厉批评。由此，毛泽东在会上提出了规矩，要求"不要把中国同志同马、恩、列、斯平列"。

三、人民共和国的蓝图设计

  七届二中全会不仅确立了建党治党的基本规矩，也规划设计了新

---

  ① 叶永烈：《历史选择了毛泽东》，上海人民出版社1992年版，第456页；陈晋：《毛泽东眼里的"毛泽东"》，载《湘潮》2016年第6期。
  ② 石仲泉：《为什么把毛泽东思想同毛泽东同志晚年所犯的错误区别开来，是十分必要的》，载《光明日报》，1981年9月6日。

中国的基本国家制度、经济与外交政策，形成人民共和国新政权、新政府的大致宏图。

（一）新中国的国体与政体

国体与政体是一个国家基本的权力架构、制度设置，国体关乎国家的阶级性质，"就是社会各阶级在国家中的地位"[①]；政体是国家主要政治制度、法律制度的整体安排，指政权构成的形式。国体、政体是涉及国家政权组织、国家行政治理的大问题，也是关系国家前途、人民命运的根本性问题。

1940年1月9日，毛泽东在陕甘宁边区文化协会第一次代表大会上，做《新民主主义的政治与新民主主义的文化》的演讲，较早系统地回答中国共产党人建立新中国后的基本政治经济文化制度，尤其是关于国家政权的性质、结构与方式。毛泽东提出建立一个新中国："我们共产党人，多年以来，不但为中国的政治革命和经济革命而奋斗，而且为中国的文化革命而奋斗；一切这些的目的，在于建设一个中华民族的新社会和新国家。在这个新社会和新国家中，不但有新政治、新经济，而且有新文化。这就是说，我们不但要把一个政治上受压迫、经济上受剥削的中国，变为一个政治上自由和经济上繁荣的中国，而且要把一个被旧文化统治因而愚昧落后的中国，变为一个被新文化统治因而文明先进的中国。一句话，我们要建立一个新中国。"[②]毛泽东强调指出，在这个"新中国"中，国体就是各革命阶级联合专政，政体就是民主集中制。

在七届二中全会上，毛泽东代表全党再次确认这一国体规定。这个国体，只能是中国共产党领导的人民民主专政，根本制度是社会主义制度，中国共产党领导是最本质的特征。"总结我们的经验，集中到一点，就是工人阶级（经过共产党）领导的以工农联盟为基础的人民民主专政。这个专政必须和国际革命力量团结一致。这就是我们的

[①] 毛泽东：《新民主主义论》（1940年1月），见《毛泽东选集》（第二卷），人民出版社1991年版，第676页。

[②] 同上书，第663页。

公式，这就是我们的主要经验，这就是我们的主要纲领。"①

政体是政权的实现形式，是国家权力的组织状态、运行规则和保障体系的总和，由系列制度设置、法律规范构成。毛泽东按照中国共产党的组织原则、中国基本国情和苏联国家建设的经验，提出新中国的政体主要有两个方面：（1）民主集中制为国家机构的基本原则；（2）人民代表大会制度为新中国根本政治制度。民主集中制是中国共产党的组织原则，实现共产党的全面绝对领导，就必须保证党和国家体制原则的一致性；人民代表大会制度在红军时期便已试行，当时称为"苏维埃制度"，对于动员民众支持革命、发动土地革命、进行根据地建设起到了很好的作用，这一制度试行的结果是行之有效的，并且这是苏联国家的基本制度，是社会主义国家的创举。这两个政体制度成为新中国政权建设的重要依据。

（二）新民主主义经济政策

新民主主义经济是新中国建设采取的基本经济制度，也是国民经济恢复与发展的决定性经济政策。毛泽东结合中国国情，创造性地提出"新民主主义经济政策"，这既不同于孙中山的民生主义经济政策，也不同于苏联社会主义的发展战略。

在七届二中全会的主题报告中，毛泽东指出当前中国的国情是："中国的工业和农业在国民经济中的比重，就全国范围来说，在抗日战争以前，大约是现代性的工业占百分之十左右，农业和手工业占百分之九十左右。这是帝国主义制度和封建制度压迫中国的结果，这是旧中国半殖民地和半封建社会性质在经济上的表现，这也是在中国革命的时期内和在革命胜利以后一个相当长的时期内一切问题的基本出发点。从这一点出发，产生了我党一系列的战略上、策略上和政策上的问题。对于这些问题的进一步的明确的认识和解决，是我党当前的重要任务。"

---

① 毛泽东：《论人民民主专政》（1949年6月30日），见《毛泽东选集》（第四卷），人民出版社1991年版，第1480页。

对这个国情判断，毛泽东在长期的革命发展过程中，不断强化对新民主主义经济的几个重要特征与构成的认识：（1）新民主主义经济的性质，不是资本主义的，因为无产阶级的力量远大于资产阶级的力量，有强大的无产阶级掌控的国家机器的支持与保障；同时，随着这种经济的发展，社会主义因素不断增长，最终是向着社会主义的方向发展的，必将过渡到社会主义经济。（2）多种经济成分并存，"新民主主义的中国的经济，必须是由国家经营、私人经营和合作社经营三者组成的"；建立占有核心地位的国营经济，利用、限制、改造、引导其发展的民族资本主义经济，组织个体农民生产合作、引导其向集体经济为主体的社会主义方向发展。（3）现代化是根本的发展目标。"中国工人阶级的任务，不但是为着建立新民主主义的国家而斗争，而且是为着中国的工业化和农业近代化而斗争"。毛泽东特别指出，衡量政党政策优劣的是"生产力标准"："中国一切政党的政策及其实践在中国人民中所表现的作用的好坏、大小，归根到底，看它对于中国人民的生产力的发展是否有帮助及其帮助之大小，看它是束缚生产力的，还是解放生产力的。"[1]总之，"新中国的经济构成是：国营经济，这是领导的成分；由个体逐步地向着集体方向发展的农业经济；独立小工商业者的经济和小的、中等的私人资本经济。这些，就是新民主主义的全部国民经济"[2]。"国营经济是社会主义性质的，合作社经济是半社会主义性质的，加上私人资本主义，加上个体经济，加上国家和私人合作的国家资本主义经济，这些就是人民共和国的几种主要的经济成分，这些就构成新民主主义的经济形态。"[3]

---

[1] 毛泽东：《论联合政府》（1945年4月24日），见《毛泽东选集》（第三卷），人民出版社1991年版，第1058、1081、1079页。

[2] 毛泽东：《目前形势和我们的任务》（1947年12月25日），见《毛泽东选集》（第四卷），人民出版社1991年版，第1255—1256页。

[3] 毛泽东：《在中国共产党第七届中央委员会第二次全体会议上的报告》（1949年3月5日），见《毛泽东选集》（第四卷），人民出版社1991年版，第1433页。

毛泽东在七届二中全会上提出了新中国经济恢复和发展的基本思路，全面阐释了新中国的经济政策：（1）全面恢复和发展国民经济的生产，转移革命的重心到经济建设上来，"动员一切力量恢复和发展生产事业，这是一切工作的重点所在"。经济发展的重心在城市生产的恢复和发展，在管理和建设城市，这是党的中心任务。（2）没收官僚资本归无产阶级领导的人民共和国所有，建立社会主义经济的基础，为国家经济的命脉。（3）利用、限制私人资本主义经济的发展。"在革命胜利以后一个相当长的时期内，还需要尽可能地利用城乡私人资本主义的积极性，以利于国民经济的向前发展。在这个时期内，一切不是于国民经济有害而是于国民经济有利的城乡资本主义成分，都应当容许其存在和发展。"国家对之采取"恰如其分的有伸缩性的限制政策"，"节制资本"依然必须用和用得着。（4）通过合作社经济把分散的个体农业和手工业谨慎地、逐步地、积极地引导到现代化、集体化的社会主义方向，不能任其自流。（5）对外贸易必须实行统制政策。"对内的节制资本和对外的统制贸易，是这个国家在经济斗争中的两个基本政策。"①

七届二中全会是中国革命转折关头的一次重要会议，会上描绘的新民主主义社会的蓝图，以及依此会议精神进行的各项政策规定的制定与执行，对迎接全国革命的胜利、开始新中国的建设事业，都有巨大的指导作用。

（三）米高扬秘密访华

外交是政治的延续。新中国外交政策由新民主主义政权性质、革命进程所决定。新中国外交关系的核心是中国和苏联、美国的关系，也就是对社会主义阵营、资本主义（帝国主义）阵营的取舍问题，在七届二中全会上，毛泽东明确表示，要公开发表文告与苏联结盟。米高扬秘密访问西柏坡，就是中共中央对外宣示外交政策的一个重要

---

① 毛泽东：《在中国共产党第七届中央委员会第二次全体会议上的报告》（1949年3月5日），见《毛泽东选集》（第四卷），人民出版社1991年版，第1428—1433页。

事件。

解放战争开始后，毛泽东曾多次计划出访苏联。斯大林鉴于中国国内革命的紧张局势、毛泽东一行的安全等因素，都婉拒了。但在1949年1月初，中国革命发展到关键时刻，苏共政治局委员米高扬秘密来到西柏坡，与中共中央进行正式接触。

1949年1月31日，米高扬（化名安德列耶夫）乘坐专机从大连机场飞到石家庄机场，午后1时到达西柏坡，朱德、任弼时、毛泽东的秘书胡乔木、任弼时的俄文秘书师哲到机场迎接。

米高扬在西柏坡后沟前后待了10天，居住条件虽然一般，但中共中央已经尽了很大努力。米高扬后来回忆说：

  下午我们到达了指定地点，我被送到了毛泽东居住的一所农房。房子是平房，大概有两个房间，有院子，围着高高的中国式的围墙。房子是用黏土做的，院子不大，种有一两棵树，所以可以散步，毛泽东在院子里迎接了我们。

  他在一个房间工作，像是他的办公室，政治局成员都聚集在这里，我们就在这里第一次会见了。窗户上没有玻璃，而是油纸，而且整个村子的窗户都是这样。因此，房间里的光线不好。没有门，而是挂上类似棉被的帘子，进入的时候，需要掀起，这样就会有许多缝隙，因此这样的帘子保暖效果不好。他的房间没有取暖。他穿的是里面装有羊毛的布棉袄，以及棉裤。

  我不得不坐着，并披着大衣谈话，因为太冷了。

  隔壁房间住着毛泽东的家人，是他的妻子和女儿，当天晚上同政治局委员一起吃饭的时候，见到并认识了她们。

  ……我在那里住了9天。我原本计划7天内结束工作并离开，但当离开的日子快要到的时候，毛泽东开始请求再待两三天，以便再谈谈。尽管在实际上一切工作都结束了，而且也可以感受到这一点，但由于毛泽东的坚持，我向莫斯科进行了报告,并征得了同意,正如毛泽东所请求的,再待两天。①

米高扬还说到毛泽东的作息时间类似斯大林,晚上工作、白天休息。他这样记述会谈时的毛泽东:"在同毛泽东会谈的时候,他那里总是摆放一个带盖子的中国瓷茶杯。毛泽东时不时在房间内踱来踱去,呷口茶,当茶水变少的时候,服务人员会加上茶水。给其他人也提供了茶水。他抽烟很多,很平静,很沉着。有时他很专注,谈话的时候精神振奋。"②米高扬对毛泽东的印象是,"有远大的眼光、高明的策略,是很了不起的领袖人物"③。

米高扬与中共中央五大书记在5天内进行了12次会谈,中共领导人详细全面地介绍了中共的历史和中国的现状,以及政治、军事、经济、外交等方面中共正在或即将实行的方针和政策。2月8日,米高扬乘机回国。在这些会谈中,米高扬主要是听汇报,偶尔回答一些问题或插话,有时也根据斯大林的指示表明苏共在某些问题上的主张和立场。米高扬每天都向斯大林电报会谈内容,并听取斯大林的直接指示。斯大林非常重视这次访问,每天收到电报后都召开苏共中央政治局会议,研究和讨论米高扬的电报。④毛泽东等中共领导人除介绍中国共产党军事力量等问题外,重点介绍了即将建立的新中国的蓝图。关于外交问题,毛泽东谈得比较简略,周恩来则谈得非常具体。毛泽东表示,中共不急于要求美英等帝国主义国

---

① 沈志华、崔海智:《毛泽东与苏共领导人第一次正面接触——关于米高扬访问西柏坡的俄国解密档案》,见《冷战国际史研究》(18),世界知识出版社2014年版,第411—412页。

② 同上书,第413页。

③ 师哲口述,李海文著:《在历史巨人身边:师哲回忆录》,九州出版社2015年版,第279页。

④ 沈志华、崔海智:《毛泽东与苏共领导人第一次正面接触——关于米高扬访问西柏坡的俄国解密档案》,见《冷战国际史研究》(18),世界知识出版社2014年版,第307—308页。

家立即承认新中国,尽管美国、英国准备承认。周恩来在会谈中,提出了新政权14条对外政策。关于苏联援助,毛泽东强调两点:一是非常感谢苏联过往对中国共产党和解放军的有效援助;二是中国共产党人要独立自主,要归还苏联的援助,同时以自我力量为主革命。

毛泽东等中共领导人和米高扬的会谈涉及建立新中国的方方面面,会谈是坦率的、真诚的,重点是向苏共中央、斯大林介绍和解释。毛泽东表示,中国革命是世界无产阶级革命的一部分,要站在以苏联为首的反帝国主义阵营一边,中国共产党将向苏共学习,与苏共站在一起;中国将走社会主义道路,中国的发展方向是社会主义,但目前要实行人民民主专政。会谈中还涉及东北、内蒙古、新疆问题,毛泽东坚决要求维护国家主权的完整。

毛泽东和中共其他领导人与米高扬的会谈,加强了中国共产党和苏联共产党的相互了解,促进了两党关系、即将成立的新中国与苏联两国关系的发展,也使毛泽东坚定了"另起炉灶""打扫干净屋子再请客"、与苏共结盟,直至提出"一边倒"外交战略。对此,参与会谈的师哲回忆说,毛泽东在谈到国际关系问题和中国对外政策的总方针问题时说:"我们这个国家,如果形象地把它比作一个家庭来讲,它的屋内太脏了,柴草、垃圾、尘土、跳蚤、臭虫、虱子,什么都有。解放后,我们必须认真清理我们的屋子,从内到外,从各个角落以至于门窗缝里,把那些脏东西通通打扫一番,好好加以整顿。等屋内打扫清洁、干净,有了秩序,陈设好了,再请客人进来。我们的真正朋友可以早点进屋子来,也可以帮助我们做点清理工作,但别的客人得等一等,暂时还不能让他们进门。我想,打扫干净,陈设好了,再请客人进门,这也是一种礼貌,不好吗?!我们的屋里本来就够脏的,因为帝国主义分子的铁蹄践踏过,而某些不客气、不讲礼貌的客人再有意地带些脏东西进来,那就不好办了。……至于帝国主义分子,他们抱着不可告人的目的,一方面想进来自己抓几把,同时也是为了搅浑水。浑水便于摸鱼。我们不欢迎这样的人进来。"①

作为新中国诞生前的一次重要外交实践,米高扬秘密访问西柏坡,中共中央与其成功会谈,对于斯大林和联共(布)中央进一步准确了解中国共产党和中国革命发展的形势,争取苏联对中国革命的理解和支持起到了重要作用。②

---

① 师哲口述,李海文著:《在历史巨人身边:师哲回忆录》,九州出版社2015年版,第275页。

② 中共中央党史研究室:《中国共产党的九十年》,中共党史出版社、党建读物出版社2016年版,第330页。

第一章

和平接管：建立北平社会新秩序

"不战而屈人之兵",中国共产党创造了著名的"北平方式"。北平和平解放,完整地保存了这座历史文化名城,也为新中国定都北平奠定了良好的基础。按照中共中央指示,中共北平市委领导全市人民,迅速荡涤旧社会遗留的污泥浊水,安定社会秩序,建立民主政权,恢复国民经济,得到毛泽东与中共中央的肯定。

第一节　接管北平的决策部署

1949年1月19日，人民解放军与北平傅作义集团形成《关于北平和平解决问题的协议书》。31日，解放军接管北平防务，北平和平解放。北平和平接管工作也正式全面展开。

一、接管北平的先期决策

1949年的大城市解放，主要有两种方式：一是军事接管，采取军事管制的方式，对城市武装占领，全面驻军；二是和平接管，采取和平进入、军事管制的方式，与原有统治权力进行必要的对接，边接收，边管制，边改造，最终建立人民政权秩序。

对新收复的大城市采取军事管制的方式，中共中央在1948年11月15日有专门的指示，为肃清一切残余的敌人和散兵游勇以及任何进行武装抵抗的分子，接收一切公共机关、产业和物资，并加以管制和监督，恢复并维持经常的秩序，消灭一切混乱现象，新收复的城市应实行军事管制，大城市军事管制的时间需3～6个月，甚至更长，小城市约需几个星期至两三个月，10万人口以上的大城市取消军管须得中央批准。"在军事管制时期，一般应实行戒严，但戒严的目的是限制一切反动分子及破坏分子的行动自由，保障一切革命分子及革命群众的行动自由，绝不要因为戒严而妨害一切革命工作的进行。戒严也只在必要时临时断绝交通，或临时在夜间断绝交通，而不要经常断绝交通或进行封锁。"①

和平解放北平的决策是在1948年12月底做出的。东北野战军在解放东北全境后，秘密入关，华北军区野战部队发动新保安战役，全

---

① 《中共中央关于军事管制问题的指示》（1948年11月15日），见中央档案馆编：《中共中央文件选集》（第17册），中共中央党校出版社1992年版，第488页。

歼傅作义看家部队第35军,傅作义集团固守天津、北平几个孤立的大城市,已成瓮中之鳖。在此前后,华北军区司令员聂荣臻建议毛泽东以和平方式解决北平之敌,得到毛泽东的首肯。经多次秘密、艰巨和耐心的劝说、谈判,傅作义最终决定接受改编,平津战役结束。同时中共中央也全面谋划、布局和实践接管北平的工作。

1948年12月17日,中央军委致电东北野战军首长,提出对北平、天津的工业区、文化古迹区要加以重点保护。电报指示说:丰台、门头沟、石景山、长辛店是重要工业区,部队在此作战,"望令他们充分注意保护工业,其办法是一切原封不动,用原来的工人、职员、厂长、经理办事,我军只派员监督,派兵保护"。"沙河、清河、海淀、西山系重要文化古迹区,对一切原来管理人员亦是原封不动,我军只派兵保护,派人联系。尤其注意与清华、燕京等大学教职员、学生联系,和他们共同商量如何在作战时减少损失。"①这个电报是中央对接管北平工业设施、大学与文物单位的第一个重要指示。

12月20日,为制止可能出现机关、团体、部队多占房屋、争夺房产与家具,干部设立私人会馆、转移资产等乱象,中共中央致电北平市委,对公共房产问题做出专门规定,指示成立房产管理机构——公共房产管理委员会,下设公共房产管理处,统一管理与分配该城市中一切公共房产,任何机关与个人均不得私占民房,非经特许不得私租民房;公共房产管理委员会接收所有公共房产后,即拟订房产分配计划。按照驻在该城市的公共机关团体、工厂、学校的实际需要,将所有房屋包括家具、衣被及其他设备在内,一律重新做一次统一的合理的分配,以免产生多少好坏不均、浪费房屋及其他不合理现象。"这种分配计划由该城最高党委批准,并召集有关各部门的工作人员大会说明后,由军事管制委员会或政府及军事机关首长以命令执行之。各机

---

① 毛泽东:《充分注意保护北平工业及重要文化古迹》(1948年12月17日),见《毛泽东文集》(第五卷),中央文献出版社1996年版,第227页。北京市档案馆编的《北平解放》也有收录,但标为致电平津战役总前委,有误,平津战役总前委成立于1949年1月10日。

关团体不得擅自霸占或争夺。但在重新分配公共房产时一般地应使原有机关、学校、工厂仍分配以原有房产,使其在原处工作以利人民来往和工作进行。"电令要求设立集中的办公室,实行集中办公制度,严格办公秩序,严格办公制度,"一切在巩固城市中办公的机关,必须设立集中的办公室,实行集中办公制度,建立办公规则,按时上班下班,非经准许不许迟到早退(外出办公属于办公时间内)。某些机关因业务需要应建立夜间值班制度,设立值班员,除申明理由经当地最高机关批准外,不准任何人在自己家中办公,这种办公室应依党的、政府的、军队的、群众团体的、财经部门的,各种系统分别建立"。党政军民系统工作人员(公务人员)须集体居住寄宿舍,非经中央及中央代表机关特许任何私人不得设立个人会馆。关于多余公共房屋的分配办法,电令指示,"依照上述各项将城市公共房产统一调整分配后,所空出的许多公共房屋,由管理委员会计划,分别作为公共场所、文教机关、工农群众的招待所等,并可酌量出租一部分房屋给市民,对原有的公共场所、学校、古迹名胜应予保护,不得破坏,除非有十分的或暂时的必要,不要无代价地分配房屋给贫民居住。但在某些已有工人免费寄宿舍的城市中仍应允许其免费居住"。所有公房必须交付房租。"所有公共机关和个人被允许居住公共房屋办公者,均须向房产管理处付出必要的房租,作为修理房屋与水电设备、添置家具及管理人员的经费与建造新房之用,否则公共房产将永远无人员负责管理和修理而迅速毁坏。"房租解交市政府,由专门管理室管理。

电令特别指出,取消部队外的警卫员制度;所有汽车必须统一地合理地分配,禁止任何私人霸占汽车。"必须适当地统一地规定与组织一切工作人员的生活,才能免除城市工作人员各种散漫现象,及不适合城市工作的各种生活样式,保持工作人员饱满的工作情绪。一切城市工作人员中不能容许有不守纪律及贪污和腐化现象,如有不守纪律及贪污和腐化的行为,必须立即加以处理,令其离开城市工作。"[1]

---

[1] 《中共中央关于城市中的公共房产问题的决定致北平市委电》(1948年12月20日),见北京市档案馆编:《北平解放》,中国文史出版社2017年版,第10—13页。

同月，中共中央华北局（简称华北局）也专门做出指示，详细规定中共北平地下党、工作人员迎接解放军入城的政策。指出，目前平津解放在即，共产党员"在最紧急时必须站在群众前面，起领导、带头、模范作用，这是考验党和党员最重要的标志。领导上必须积极、沉着、细心并慎重选择行动时机，勿麻痹大意，警惕敌人在未停止抵抗前的残酷镇压，而使党在最需要人时遭受损失"。工作重点是"有组织有重点地进行保护机关、学校、仓库、物资、水电、交通、工厂、银行、企业、公司及一切市政机构，维持秩序，监视敌人等"。文件强调，在此非常时刻，各机关应该成立两个指挥机构，以备不测。"学校、电话局等党员群众较强的单位，党应组织二套指挥机构，在紧急时一旦遭受特务破坏，第二套组织即可继续掌握工作。对党员应按其能力特长、能带动多少群众，分别给以具体任务。"所有党员必须严格遵守三项革命纪律：绝对服从党及军管会的指挥；无军管会的书面命令者，任何人不得接收一针一线，纠察队只限于保护维护社会秩序，监视敌人，不得擅自接收和逮捕；绝对禁止任何破坏、掠夺，并严禁假借党员或地下人员名义威胁敲诈。①

　　正是中共中央的强有力领导和明确具体的指示规定，使北平接管工作得以始终紧张有序、有条不紊地进行。

二、成立华北统一领导机构

　　基本原则确定后，成立接管华北的党政军机构提上了议事日程。

　　北平接管的行政领导，一直是在北平市军管会直接领导下进行。北平市军管会直属于华北局，受北平市委领导。

　　1948年2月16日，在西柏坡主持中央工委工作的书记处书记刘少奇致电主持华北工作的彭真等，提出完全合并晋察冀、晋冀鲁豫解放

---

① 《中共中央华北局对北平党准备迎接我军入城的工作意见》（1948年12月），见北京市档案馆编：《北平解放》，中国文史出版社2017年版，第13—15页。

区，成立华北局，管辖太行等7个以上区党委，打破战争时期的晋察冀、晋冀鲁豫解放区的分界线，从前这种分界线"违反地理历史诸条件，严重妨害解放区经济、政治、军事与文化的发展，而成为一种完全人为的障碍"。华北局的成立"不论在军事、政治、经济、文化各方面，均有极大利益"。机关可以精简，从中可抽出大批干部到黄河以南去工作；对太原作战也有好处；财政可以节省，对财经之合并也有很大便利；这两大解放区合并与统一后，即成为关内的基本解放区，发动五千万人民统一的力量，去支援西北、中原与华东，是不可限量的。①20日，毛泽东复电同意，指示由刘少奇组织中央工委开会商议。

3月3日，刘少奇主持召开中央工委会议并指出：过去是敌人分割我们，现在敌人已经消灭，界线完全成人为的了，以致发生许多纠纷。两局合并，两政府现名义不变而合并办公，两军区合并，野战军仍为两个，南北兵团，其余是大军校、大党校、大报纸、大银行，这样尽可能不发生"巴尔干现象"②。合并起来以后，在生产方面还可以从经济的自然发展上求得分工合作。中央要吸收这种太平区域的管理国家的经验，以便将来管理全国。两区合并后必须一切统一，一直统一到村，为将来中央的全部统一打下基础。③会议一致同意成立华北局，并报中央批准。

3月6日，毛泽东复电同意中央工委会议决定，"合并两个中央局，成立北方局，有利无害。时机亦已成熟，拖下去无必要。我们意见即以中工委为中心合并两个中央局成为北方局，刘少奇兼任北方局第一书记，薄一波为第二书记，聂荣臻为第三书记。两区的军政两项机构，暂时不合并。但将财经逐步集中于华北财经办事处。华北财办

---

① 刘少奇：《关于晋察冀与晋冀鲁豫两区合并的提议》（1948年2月16日），见中央档案馆等编：《中共中央在西柏坡》，海天出版社1998年版，第374、375页；见中共中央文献研究室编：《刘少奇年谱》（下卷），中央文献出版社1996年版，第130页。

② "巴尔干现象"，即"巴尔干化"（Balkanization），指地方政治权力在诸多地方政府之间的分割，及其所导致的地方政府体制的分裂，即"碎片化"（fragmentation）。

③ 中共中央文献研究室编：《刘少奇年谱》（下卷），中央文献出版社1996年版，第134页。

实际上管两区财经，同时在政策方面领导华东、西北两区的财经。经过几个月，待党务及财经两方面工作在统一之后有了头绪，再将军事机构合并。待开全区人民代表大会，选出华北人民民主政府，再将两区政府合并"。9日，刘少奇再电中央，提出华北局党、政、军、财一律统一的建议，电文说：和各同志商量的结果，认为合并党务财经机构，而不合并军政两项机构，势不可能，因主要机构均需迁至石家庄附近，才便利工作，如不合并，工作人员不安心。我们意见，两个军区司令部、政治部亦一道合并，暂由朱德主持。两区政府亦合并办公，但仍各保持独立领导，指定党团负责人，由董必武主持。关于华北金融贸易问题，拟以冀南银行为基础，合并晋察冀银行，成立华北银行，发行华北银行新钞，统一两区货币；并拟在第二步即以华北银行新钞统一西北货币，再下一步即以华北银行统一渤海与山东的货币。如此才能使天津和胶东、渤海等海口与华北、西北内地联系，才能统一组织对外贸易，使货畅其流，否则无法与国民党做经济斗争，而内部的经济斗争则无穷尽。10日，中共中央复电同意。①

华北局的成立，对于华北党政军领导机构集中统一领导有重要意义，也是华北主要城市解放工作顺利进行的重要基础，使得华北解放区成为全国最大、最巩固的解放区，为中共中央进驻华北，并逐步将其发展为领导中国革命取得最后胜利的中心准备了条件。

5月9日，中央正式发文公布成立华北局，晋冀鲁豫及晋察冀两解放区合并为华北解放区，晋冀鲁豫及晋察冀两中央局合并为华北局，刘少奇兼第一书记，薄一波为第二书记，聂荣臻为第三书记；晋冀鲁豫及晋察冀两军区合并为华北军区，聂荣臻为司令员，薄一波为政委，徐向前、滕代远、萧克为第一至第三副司令员；晋冀鲁豫及晋察冀两边区政府在华北人民代表会议未召开前暂成立华北联合行政委

---

① 中共中央文献研究室编：《刘少奇年谱》（下卷），中央文献出版社1996年版，第136—138页。

员会，董必武为主席，黄敬、杨秀峰为副主席。①

5月20日，刘少奇、董必武、聂荣臻、薄一波、杨秀峰、滕代远、黄敬等10多人齐集西柏坡南山坡村，召开华北局扩大会议，传达中共中央5月9日决定。刘少奇特别指出：以前因为日本人封割，所以成立两个战略单位进行斗争。今天没有封割了，故无任何理由再分成两个战略单位进行斗争，要合并起来，统一进行斗争。合并了，有利无害，这是人民的要求，还可以节省干部。华北解放区是全国最大的解放区，四面八方都有我强大的人民解放军对敌人实行攻势，华北是个中心，这一特点决定了华北解放区最巩固，故中央才搬到这里来。华北的方针是建设的方针，进行土改，发展生产，训练干部，支援前线，改善人民生活。我们现在建设的各种制度将来要为全国所取法。我们从陕北出发，落脚华北，今天又从华北出发，走向全国。②华北工作带有全国性意义。

5月26日，华北局召开常委会议，决定华北局、华北军区驻在西柏坡烟堡村，华北联合行政委员会驻在王子村，统一后的华北党政军领导机构开始办公。随之，9月26日华北人民政府宣告成立，董必武任主席。华北人民政府是中国共产党在解放战争期间建立全局性政权的一个尝试，既有地方政权性质、政府职能，又行使着中央政府的部分职能，对新中国成立后的党政权力关系、确立民主协商政治制度有借鉴作用。中央交给华北人民政府的重要任务之一是："摸索、积累政权建设和经济建设的经验，为全国解放后人民共和国的建立做准备。"③"华北人民政府的功能，过去本是具有中央和地方双重性的。这是因为革命的需要而形成。实际上在经济上、财经上也都起了它

---

① 《中央军委关于改变华北、中原解放区的组织、管辖境地及人选的通知》（1948年5月9日）。

② 中共中央文献研究室编：《刘少奇年谱》（下卷），中央文献出版社1996年版，第148页。

③ 薄一波：《七十年的奋斗与思考》（上卷），中共党史出版社1996年版，第478页。

一定全国范围的作用。"①如中央银行的工作就是由华北人民政府承担的。该银行于12月1日成立，以原华北银行为总行，合并华北银行、北海银行、西北农民银行组成，发行中国人民银行钞票。这是由华北人民政府将华北、华东、西北三区的经济、财政、贸易、金融、交通和军事工业的领导与管理工作统一起来的重要举措，实现了华北、华东、西北三区货币的统一。

又如南下干部的主要构成来自华北人民政府的培养、输送。1949年1月29日，华北局决定，华北大学②、华北军事政治大学③、华北军政干部学校④等干部学校进入平津后放手招生，准备接收2.5万～3万青年知识分子，加以短期训练后输送到南方去，以完成中央规定的1.7万干部的征调任务。新中国成立后，中央人民政府干部队伍的很大一部分就是从华北人民政府直接调来的。"在中央的直接领导下，华北人民政府为中央人民政府的成立做了组织上的准备。中央人民政府的许多机构，就是在华北人民政府所属有关各机构的基础上建立起来的。"⑤

这时，中共中央已有动议定都北平。薄一波回忆说：这一年（1948）的11月8日，党中央和毛主席决定把接管平、津的任务交给

---

① 中央档案馆：《共和国雏形——华北人民政府》，西苑出版社2000年版，第13页。
② 华北大学简称华大，由华北联合大学与北方大学于1948年合并成立，华北联合大学是1939年中央决定由陕北公学、鲁迅艺术学院、延安工人学校、安吴堡战时青年训练班等4校合并组成。1949年华大迁入北平后改名为中国人民大学。华北大学还是众多大学的母体，工学院发展为今天的北京理工大学；农学院与北京大学农学院、清华大学农学院合并，逐渐发展为中国农业大学；二部外语系同外事学校合并为外语学校，后来发展为北京外国语大学；三部戏剧系与南京国立戏剧专科学校合并，组建了中央戏剧学院；三部音乐系与东北鲁迅艺术学院音乐系等合并成为中央音乐学院；三部美术系与北平艺术专科学校合并为中央美术学院。王律：《华北大学——培育建国英才的摇篮》，载《中共石家庄市委党校学报》2011年第3期。
③ 华北军事政治大学简称华大，1948年6月以抗大二分校为主体，由晋察冀军区和晋冀鲁豫军区两大军校合并组成。1950年9月，改为华北陆军军官学校，后主体发展为石家庄陆军指挥学院。
④ 华北军政干部学校简称华干，1937年12月以豫北政工干部训练班为主体成立。
⑤ 薄一波：《七十年的奋斗与思考》（上卷），中共党史出版社1996年版，第478页。

华北局；同时还决定在北平解放后，由我先行赴平，为党中央机关进驻北平打前站。毛主席指示进北平要依靠工人阶级。他说："蒋介石的国都在南京，他的基础是江浙资本家。我们要把国都建在北平，我们也要在北平找到我们的基础，这就是工人阶级和广大的劳动群众。"①党中央、毛主席决定后，华北局马上着手进行赴平的各项安排。

三、成立中共北平市委、北平市军管会

北平接管工作是由北平市委、北平市军管会具体领导进行的。

北平市军事管制委员会对外宣布是1949年1月1日成立的，但在1948年的12月21日党内已经建立。军管会主任为叶剑英（兼北平市市长），副主任为谭政。军管会是北平城郊的辖区内在军事管制时期的权力机关，统一全区的军事、民政管理事宜；镇压反革命分子活动并肃清一切隐藏在民间的反动分子的军火武器及其他违禁品，解散国民党三青团、蒋介石集团系统及其他一切反动党派团体和特务组织；接收并管理一切公共机关、公共产业、公共物资及其他一切公共财产，并没收应该没收的官僚资本；保障一切中国人民及守法的外国侨民生命财产的安全，保障工农

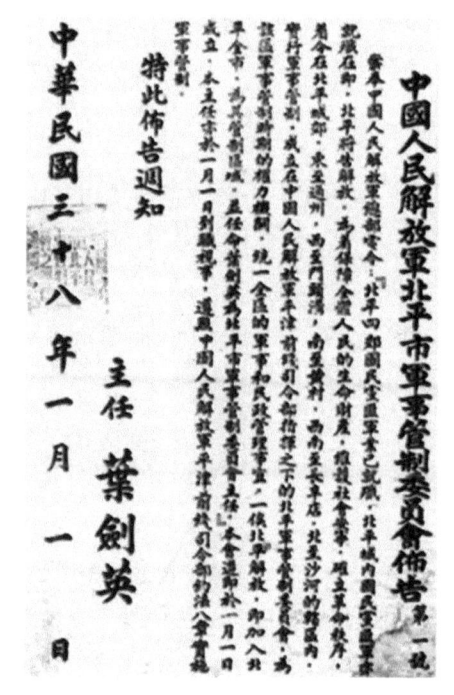

《中国人民解放军北平市军事管制委员会布告》

---

① 薄一波：《若干重大决策与事件的回顾》，中共中央党校出版社1991年版，第4页。

商学各界一切正当的权利,迅速恢复市政建设事业,恢复与建立正常的社会秩序,消灭一切混乱现象;动员一切公私力量沟通与建立城乡经济的正常秩序,特别是指导与组织公私各种力量解决城市人民的粮食及燃料的供应;发动与组织革命群众团体,帮助建立系统的人民民主政权机关。①

北平市军管会下设四郊(通州、门头沟、黄村、沙河镇)4个分会②,并设警备司令部兼防空司令部、市政府、物资接管委员会、文化接管委员会4个部门,概要如下:

名称	下设机构	职权	办公地址	负责人
警备司令部兼防空司令部	秘书处、供给部、行政处	负责肃清一切反革命武装及散兵游勇,执行军纪、军法及戒严、解戒等;组织防空	东交民巷旧德、意、日大使馆及兵营,德国饭店,东长安街平汉铁路局内空运指挥部,伪中央航空站及三青团招待所	警备司令员兼政治委员程子华,副司令员彭明治、吴克华,副政委莫文骅③
市政府	民政局、财政局、教育局、卫生局、公安局、公用局、工务局、工商局、外侨管理处、贸易公司、合作社、人民法院、银行等	负责市区内民政、公安、司法、交通、卫生、消防等一切市政建设,管理市区内工农商学各业,管理财务、贸易、金融及有关外国侨民等事项	伪市政府旧址,北京饭店,南河沿翠明庄	市长叶剑英,副市长徐冰

---

① 《北平市军事管制委员会成立布告》(1949年1月1日),见北京市档案馆编:《北平和平解放前后》,北京出版社1998年版,第85页。

② 后实际设有5个分会,分别是西北区(青龙桥)、西南区(长辛店)、东南区(黄村)、东北区(通州)和丰台区。《北平市军管会关于成立西北区等五个分会的通知》(1949年1月5日),见北京市档案馆编:《北平解放》,中国文史出版社2017年版,第200页。

③ 北平市警备司令部正式公告成立在1949年2月2日,见北京市档案馆编:《北平解放》,中国文史出版社2017年版,第221页。

续表

名称	下设机构	职权	办公地址	负责人
物资接管委员会	财经部、后勤部、交通部、电讯部、卫生部、军政部、房屋地产部①	负责接收并处理敌伪产业及公共物资财产，没收官僚资本，直接代管国家企业，指导粮食、燃料等供应，接管不属于本市范围的军政机关及设备等	西交民巷市立银行，储汇局，中央银行，华北水泥公司，平汉铁路管理处，伪统税局，第五补给区司令部，地方法院，伪审计处，伪空运大队，绒线胡同三青团部	主任叶剑英，副主任苏井观、戎子和
文化接管委员会	教育部、文艺部、文物部、新闻出版部	负责接管公共文化教育机关、一切文物古迹	东城东总布胡同记者公会，艺专旧址、宿舍，方巾巷、赵堂子胡同旧日本警察宿舍	主任钱俊瑞，副主任沙可夫

1949年1月20日，军管会主任叶剑英在良乡对正在进行培训的接管干部做报告，宣布军管会的工作职责、任务。叶剑英首先指出，北平和平谈判正在进行，傅作义集团打、守、逃各种选择已经断绝，只能"和"，北平和平接管已成定局。"我们则要他缴械，不缴械就打，只还有一两天时间，已经到了焦点。"和平接管北平是好的选择，对人民有利，对新民主主义社会建设有利。接管工作将采取"代表与联络员制度"，"使真正立场坚定、有声望的人去作代表，不能去个小娃娃盛气凌人，不能滥竽充数。联络员的任务则是调查研究情况，提供给代表，不要随便讲话。一般干部先少去，要尽量精干，其余的人先住着，开训练班，俟旧人员逐渐有辞职调走，慢慢将我们干部放进去，最后达到完全控制"。叶剑英在讲话中特别强调，"北平是一座名城，举凡一切带政策性的问题必须事先请示"。中央对此非常

---

① 与组织条例（草案）有5个部不同，实为7个部。见北京市档案馆编：《北平解放》，中国文史出版社2017年版，第196页。

关心、非常重视，即便一个街名问题，中央都会关注，要加强请示报告制度建设，这是不犯错误的方法，是处理好上下级关系、全体与局部的方法，下级必须服从上级，局部必须服从全体。①到此，北平市军管会正式开始工作。②

北平市军管会属于党的权力机构，主要处理社会性的军政事务、民政事务，北平市委则是党内的决策系统。北平市委在华北局领导下，彭真任书记；叶剑英任第一副书记，同时兼北平市军管会主任、市长；赵振声（李葆华）任第二副书记；刘仁、徐冰（兼副市长）、赵毅敏、谭政文、萧明、王鹤峰、张秀兴、韩均为委员。

1948年12月17日，北平市委在保定召开第一次会议。在这次会上，叶剑英将进城任务总结为4点：迅速消灭混乱现象，安定社会秩序，系统地进行接管工作；肃清反革命残余；动员力量，向城市输送煤、粮等生活必需品，力求保证对城市人民的供应；迅速恢复生产。③会议颁布了入城工作人员的"六项纪律"：不准乱抓东西；凡涉及人民人权、财权的问题，须按其性质分别经军管会主任或市委批准；凡关于外侨问题的处理，统一由军管会主任负责处理，重大问题必须经市委讨论，请示中央批准；逮捕人犯统一由公安局执行，军事犯由警备司令部负责执行（现行犯除外）；所有各解放区党政军民入城人员，须一律服从市军管会约束；建立严格的报告与请示制度。④随即北平市委进驻北平城郊。

12月18日凌晨，北平市委抵涿县，同中共中央统一调配陆续前来准备接管北平的部分干部会合，并召开第二次会议。20日，抵达

---

① 《叶剑英关于北平情况和接管任务的报告要点》（1949年1月20日），见北京市档案馆编：《北平解放》，中国文史出版社2017年版，第36—40页。

② 《北平市军管会成立半月来工作情况的报告》（1949年1月），见北京市档案馆编：《北平解放》，中国文史出版社2017年版，第213页。

③ 本书编写组：《叶剑英传》，当代中国出版社2015年版，第249页。

④ 《彭真、叶剑英、赵振声关于入城前所做的准备工作向中共中央及华北局的报告》（1948年12月22日），见北京市档案馆编：《北平解放》，中国文史出版社2017年版，第24页。

长辛店，与负责保卫北平的警卫部队负责人程子华、万毅会合。29日，彭真在河北良乡同北平市委政策研究室的人员谈话，强调进入北平后党的主要工作任务，第一件事就是要研究粮煤供应问题，并把老百姓生活必需品的供应问题指示为政策研究室的中心工作，第二件事就是了解群众需要什么，第三件事就是关于城乡关系、经济领导权问题，并规定研究这三件事是政策研究室的基本任务。①

1949年1月6日，彭真对准备接管北平的区委书记、区长讲话，特别强调要掌握基本方针、基本政策。彭真指出，进城以后，"我们总的任务是推翻旧的政权和建立新的政权，彻底摧毁、肃清反动势力的残余。但必须注意把旧的国家机构和企业机构区别开来。国家机构即指政权机关、军事机关、警察、法院等，对敌人的此种机构，我们必须彻底粉碎。至于工厂、商店等企业机构，我们应予以接管和改良"。首先要做三件工作。一是掌握政权，"政权是阶级压迫的武器、阶级斗争的武器。所以我们必须将政权拿在手里，用以保护自己和消灭敌人，否则，不但推行工作不易，甚至受人之欺"。二是建立民主，要求在不清楚情况、敌我难分时，不要采取民主选举、无记名投票的办法，而采取召集座谈会，再召开临时代表大会，再召开人民普选的代表会的办法。三是工商业问题，要求以组织合作社的方式解决城乡贸易问题，"经过合作社调查统计农民的需要，按需要组织生产，可以减少一些生产的无政府状态"。

彭真指示工作的重点，须按照工人、学生、农民、城市贫民的顺序开展：对待工人，要耐心解释，不要期望每一个工人会立刻拥护我们，提高他们的觉悟；对待公营、私营工厂要有区别，"应说明私营工厂在今天还有利于经济的发展，还有利于国计民生。我们是为了发展社会经济而保护工商业，并不是为了资本家的私利而保护工商业。还必须说明我们一方面与资本家联合生产，一方面也必须有斗争。资

---

① 《彭真关于先了解情况后决定政策的讲话》（1948年12月29日），见北京市档案馆编：《北平解放》，中国文史出版社2017年版，第25页。

本家必须遵守我们的工厂法，必须服从我们政府的领导。当然工人也要服从工厂纪律"；学生工作，首先要确立10万大中学生正确的人生观，其次要发动他们到工人、农民中去，大多数学生的阶级意识比较模糊。与工人常在一起，有利于他们确定阶级立场。与农民接近，主要应与贫雇农接近，使他们实际体验贫苦农民的生活。农民工作，要多宣传土地政策，对贫雇农、中农和地主要有分别的政策，但"对中农，我们决定采取不侵犯态度，对其土地不动，应该团结他们。对地主不打不杀，对地主的工商业也不侵犯，但对少数保甲长（坏分子）则必须进行斗争"。城市贫民，总的来说是革命的、支持共产党的，但"这些人共同之点是穷，但气味又各不相同，有的接近无产阶级，有的接近剥削阶级，情况比较复杂。所以我们一开始不要先找贫民，而要先找工人、学生、手工业工人等，然后再做贫民工作"。

彭真还谈到对待保甲长、国民党，原职原薪和尊重、团结地下党员的问题。保甲制度是反动的国家机构的一部分，保甲长是国民党的爪牙，不得原职原薪。保长、甲长有别，保长多是国民党的工具，多半对人民有罪。要求他们严格负责现管领域、事务，"一旦发生事件，唯保长是问。这些须立字为证，让各保长互相作连环保，搞得好的，可将功折罪，如果要辞职，我们不准。此外，也不准其阻碍群众运动。开群众大会时，保甲长不准坐，并令其宣布再做错事愿受处罚"；关于国民党问题，彭真指出，"蒋介石集团的根基是一定要挖的，特务组织一定要摧毁，对国民党、三青团进行登记，分别处理，不要一律对待"。对待工人中的国民党员问题，可以区分，"我们处理的办法是将特务组织彻底摧毁，对国民党及三青团进行登记后，再区别情况，研究处理。必须防止对国民党忽视的态度，不要认为他们已经树倒猢狲散了，要尽量防止此种右倾的态度。我们对反革命分子，决不搞逼供信，不加肉刑，主要靠调查，这样才能不犯错误"；关于原职原薪问题，对企业职工、学校教职员大体原职原薪，政府职员不原职原薪。"但原职原薪的口号不要宣传"。工人工资问题，过渡期间原职原薪，保持技术工人及一般工人的工资比例，反对平均主义；关于尊重、团结地下党员的问题,彭真指出,准备进城的有农民党员,有知识分子党员,大家应该互相学习,以虚心的态度处理问题,不要自以为是,凡事不要骄傲,一骄傲就要糟。对地下党员要谦虚,尊重他们的意见,彼此好好团结。①

4天后,北平市委即依此颁布《关于入城后几个具体工作的决定(草案)》,成为和平接管北平的主要政策。这对于接管工作的顺利、高效展开起到了重要的指导作用。

1月10日,中共中央通知,由林彪、罗荣桓、聂荣臻组成平津战役总前委,统一管理北平、天津、唐山及附近区域的所有重要工作,"以一事权而免分歧"。平津两市委、两军管会均向总前委请示工作,由总前委向中央负责。

四、集中培训干部

干部是接管工作的中坚力量,是党的政策的执行者、体现者,也是重大决策制定的参与者,还是官民关系、群众工作的具体践行者、联络人。没有足够的干部力量,就难以进行城市接管;没有一支训练有素、德才兼备的干部队伍,就难以顺利开展接管工作,党的方针政策难以有效实现,北平市的解放和建设也就难于快速取得成就。华北局、北平市委、北平市军管会成立后,立即着手接管北平的准备工作,干部的征调、整训和培训成为重中之重。

实际上,早在华北局成立之前,中共中央就已经开始征调各地干部来平,进行接管北平的干部储备。

1948年4月,中共中央社会部根据党中央的指示,向中共中央西北局、华北局、华东局、晋绥分局发电报,要求选调县团级以上、具有初中以上文化程度、身体健康的保卫干部于6月底前,到中社部报

---

① 《彭真关于掌握党的基本政策做好入城后工作的讲话》(1949年1月6日),见北京市档案馆编:《北平解放》,中国文史出版社2017年版,第29—32页。

到。具体分配指标是华北局50人、华东局28人、晋绥分局12人、西北局10人,共100人。另有从北平来的大学生党员8名,合计108人组成训练班。训练班设在河北省平山县(建屏县)中社部所在地东黄泥村淖沱河对岸的西黄泥村。这108人是后来进入北平城、保卫北平安全的政法系统的重要力量,通称为"108将"。

9月17日,训练班举行开学典礼,中共中央社会部部长李克农主持,中央书记处五大书记除毛泽东、周恩来外,其他3人——朱德、刘少奇、任弼时都亲临大会,并做讲话。学员被分成两个班,主要学习情报保卫人员的修养、公安、情报、侦察、审讯等课程。12月21日,训练班学员坐火车到达良乡。良乡是12月14日解放的,北平市委、北平市军管会主要党政领导彭真、叶剑英、刘仁等都在这里办公。良乡位于北平市西南部,是河北省良乡县的县城,距北平市中心约20公里,交通便利。

1949年1月6日,驻在良乡的北平市委组织部招待所改称干部训练班,主要负责培训接管北平的干部。这时各地来的干部达2800多人,主要有高级干部200多人,由西柏坡中央机关部分干部,彭真从中央组织部及政策研究室带来的干部,叶剑英带的一批军队干部,中国人民银行总行、后勤部、卫生部及交通部等单位抽调的干部组成;还有华北局党校的干部、华北大学师生、华北局城工部干部等。[①] 干训班隶属北平市委学委直接领导,成立学委分会,下设组织、教育、供给、管理4股。干训班把每3个区的工作组编为1个队,共编为10个队,由每区的支部书记组成队部,队部设队长1人,副队长1~2人,文书1人,通讯员1~3人(由各区通讯员组成)。[②] 干训班的学习形式以自学文件、分组讨论、开大会等为主,学习材料主要是城市政策、工商业政策、知识分子政策和形势文件等4种。[③] 其中,北平市军

---

① 许冬梅:《接管北平干部在良乡培训纪事》,载《北京党史》2007年第4期。
② 同上。
③ 窦坤:《北平接管前干部的配备与培训刍议》,载《北京社会科学》1998年第4期。

管会主任叶剑英、北平市委书记彭真等都专门为学员讲课,宣讲和平接管工作政策。叶剑英说:北平是个大学,我们这几千个干部都是小学生,要向北平人学习,但又要帮助他们改造他们,从他们中培养出大批新干部来。若我们对北平无充分认识,则不能严肃地负起责任完成任务。我们要能把北平管理好,就必须战战兢兢严肃地面对任务。中央下了很大决心调出大批干部,这表示中央重视北平工作,要求我们无条件地要把北平工作做好。叶并传达了中央交给军管会肃清一切反动势力、接管敌人遗产、建立人民政府秩序、宣传教育群众的4项任务。[①]2月1日,彭真在干训班上做《关于进城后的工作与纪律问题的讲话要点》的报告,明确入城的摧毁旧政权、建立新的人民民主政权,经济建设,按新民主主义方针改造学校教育3项根本任务,和安定秩序、接管、肃清特务、人民生活问题4项具体紧急任务。关于入城纪律,彭真指出,进城工作人员是有计划地陆续进去,不经组织批准一概不许进去,以免有的人乱说话。要看北平城过几天再看。进去后,任何人发表有代表性的意见,要经过党组织的批准,"我们讲的话要负责任,每个人讲话不是代表个人的,你靠党的组织去骗人更不行"。彭真在讲话中还特别强调,"对工作如果有不同意见,就提出来,如果没有的话,进去后就这样做。人家说我们管不了城市,我们要争一口气,做出个样子,按商定的方针把城市管好,不允许少数人乱搞,给大家丢人"[②]。

学员集中学习有7个月时间,实行供给制,以组为单位住在老百姓家。一个班一个食堂,大家穿得都一样,夏天是驼黄色老土布单衣,裤子不分男女一律系带,冬天则每人穿一套灰色老土布棉衣。开设了社会发展史、中国近代史、哲学和政治经济学、时事政策、革命纪律等课程,吴玉章、成仿吾、范文澜、钱俊瑞、胡华、田汉等知名

---

① 叶剑英:《关于军管会问题的报告要点》,见北京市档案馆编:《北平解放》,中国文史出版社2017年版,第198—199页。

② 彭真:《关于进城后的工作与纪律问题的讲话要点》(1949年2月1日),见北京市档案馆编:《北平解放》,中国文史出版社2017年版,第46—48页。

教授都亲自来授课。学生以班为单位，几个班一起听大课，班内分小组讨论。虽然条件艰苦，但学员学习非常认真。

  2月5日，良乡干部培训工作全部结束。实际上，自元旦过后这些培训干部就陆续乘火车离开，开始了接管北平的工作。这批人成为接管北平的主要力量，其中，文化接管委员会118人，物资接管委员会210人，市政府141人，公安局521人，军管会所属各单位组织系统负责人近40人，以及军管会领导下的秘书部门等，共1000多人。

第二节　入城接管有章可循

到1949年元旦，和平解决北平问题已经胜利可期。中共中央做出的接管北平大政方针基本确定，北平市委、北平市军管会前期工作有序展开、进展顺利，北平市地下党有力配合进城干部、解放军，汇成和平解放北平、和平接管北平的人民洪流，古都北平终于在20世纪中叶掀开了新的一页。

一、接管北平时间表

中共中央、北平市委接管北平的大致时间表是先军事后政治，一切有条不紊、有章有法。

（一）发动平津战役

1948年10月底，中共中央指示东北野战军主力部队隐蔽入关，全力解决平津问题。11月17日，中央电示提早进行平津战役，东北野战军结束休整，以最快速度包围唐山、塘沽、天津。29日，平津战役打响。12月5日，东北野战军先遣兵团一部攻克密云，打开北平门户；至12月中旬，北平四周各县城全部解放，解放军完成了对北平城的包围。傅作义集团龟缩在狭小的市区内，北平城已成为一座孤城，傅作义开始主动出城联络，要求谈判。12月11日，中央军委做出指示，对平津战役进行整体战略规划，决定依次攻击、解决塘芦区—新保安—唐山区—天津—张家口—北平区各个傅作义集团军队。解放军以摧枯拉朽之势将傅作义集团各据点军队大都消灭。1949年1月15日，天津解放。傅作义困守北平的25万人已完全陷入绝境，开始寻找出路。北平战火渐熄。

至此，解放军占据北平战局的绝对主动，傅作义集团投诚谈判也在不断加速。1949年1月21日，傅作义接受解放军和平条件，双方签署《关于北平和平解决问题的协议》；31日，傅作义军队全部开出城外接受整编，人民解放军入城，北平正式宣布和平解放，平津战役结束。

1949年1月31日，北平和平解放。图为解放军接管北平防务（新华社　提供）

（二）接管北平

在用军事手段、和平手段促成北平解放的过程中，中共中央也在同期谋划、统筹北平市接管工作中的组织建设。

1948年12月13日，中共中央和华北局决定成立中共北平市委，同时决定叶剑英任北平市军管会主任兼北平市人民政府市长，正式组织起北平市的组织领导架构。21日，北平市委通告成立北平市军管会，北平市军管会文化接管委员会成立；26日，主要负责对北平市内党政军领导机构纪律维护的平津卫戍区司令部纠察总队北平总队成立。同时，北平近郊周围地区的接管工作也同步展开，门头沟煤矿、

1949年2月3日，解放军举行北平入城式。图为入城部队通过西四牌楼（齐观山　摄，新华社　提供）

城子煤矿、西山煤矿接管成功。

1949年1月1日，北平市军管会、北平市人民政府公告成立。10日，清华大学被接管。12日，平津前线指挥部由河北蓟县移驻通县宋庄办公。15日，北平市军管会5个分会成立，近郊正式被接管。29日，解放军代表与傅作义方面代表在颐和园益寿堂举行会议，宣布成立联合机构，处理有关军政事宜。2月1日，联合机构被命名为"北平联合办事处"，叶剑英为主任，傅作义方面代表郭宗汾为副主任。

1月31日，北平市正式宣布解放，北平市委迁入城内办公。2月2日，北平市军管会、北平市政府迁入城内办公。3日，人民解放军举行入城式。4—5日，北平市地下党员全部公开活动，北平市全面接管工作正式展开。

（三）成立北平联合办事处

北平联合办事处是傅作义部接受和平改编后，由北平市政府与傅作义方面联合组成的一个处理傅方善后事宜的咨询机关,重点处理傅方的军政机构、人员改编、移交问题。

关于北平联合办事处的性质,在1月29日的筹备会上,北平市市长、北平市军管会主任叶剑英明确指出,它是在旧的政权机构没有被摧毁前的一个临时过渡性工作机构,并非傅作义方面提出的小联合政府(政权机关)或联合政府机关。叶剑英说,毛主席提出的"八项和平条件"第三条,就是废除伪法统,对旧的政权机构必须彻底废除和粉碎,不能在旧的政权上重建新政权。认为小联合政府是"政权机关",这是对时局的幻想,会种下恶果,会使人产生错觉,这是不对的。①结合后来的事实,联合办事处只是一个协助解放军与人民政府改编国民党军队、接管公共机关与一切公共物资的咨询机关,只是在移交、接管方面起到沟通双方的作用,并非直接执行改编与参加接管的权力机关。②

成立北平联合办事处的动议,最早出现在解放军与傅作义方面达成的《关于北平和平解决问题的协议书》中。这个于1949年1月19日达成的协议附件第一条规定:联合办事机构由7人组成,解放军方面为叶剑英、陶铸、戎子和、徐冰4人,傅作义方面由傅方自行指定。

1月21日,傅作义宣布北平城内守军接受和平改编,晚上即在北平市市长叶剑英驻地——颐和园益寿堂举行会议,商议联合机构的各项细节,以及军队改编,军事、后勤、工矿企业、军政机关的移交事宜。28日,叶剑英致函傅作义,告知29日下午2时在城郊召开筹备会议,请傅方指派人员与会。次日,傅复信,告知郭宗汾、焦实斋、周北峰将参会。

29日下午2时,北平联合办事处在颐和园景福阁召开第一次会议,办事处组成人员均到会,北平警备司令部司令员程子华、副

---

① 《北平联合办事处第1—13次会议记录》(1949年1月29日—2月22日),见北京市档案馆编:《北平解放》,中国文史出版社2017年版,第81页。
② 梅佳:《北平和平解放中的联合办事处》,载《北京党史研究》1989年第6期。

政委莫文骅列席。会议决定：解放军进城驻地双方共同商定，解放军建立军营委员会，住公共宿舍；联合办事处办公地点设在东交民巷御河桥2号，采用集体办公方式。叶剑英在会上提出联合办事处应成立1个秘书处，下设整编、接管2个委员会。会后，联合办事处正式设立军事（包括联勤）、文教行政、经济物资3组，军事组由陶铸、郭宗汾负责，文教行政组由徐冰、焦实斋负责，经济物资组由戎子和、周北峰负责，另设主任秘书1人、副主任秘书1人、秘书若干。

2月底，傅部改编任务基本完成；3月上旬，北平接管的工作基本结束；4月中旬，联合办事处终结办公。

二、接管纪律是最好的见面礼

接管北平是中国共产党解放战争的重大战果，是"以德服人"、以人民意志战胜强权政治的重大胜利。要接管成功，不完全取决于军事力量是否强大，更在于人民群众是否发自内心真心拥护，这依赖于接管后是否公正、是否能做到物资的公平分配、是否能做到司法正义、是否能保证人民政权长治久安、是否能做到社会秩序井然有序、是否能做到人民群众安居乐业。接管初期的制度措施、纪律法规规范的制定，以及党员干部的模范执行，是接管北平顺利进行的重要保证。

（一）《约法八章》

入城之初，中共中央特别强调入城纪律，提出了《约法八章》《纪律守则十四条》等规定。《约法八章》是《中国人民解放军平津前线司令部约法八章》的简称，是1948年12月22日毛泽东以林彪、罗荣桓两位平津前线司令部司令员、政治委员的名义发布的，主要是规范解放北平、天津诸城市解放军的入城纪律、政策。

《约法八章》主要内容：

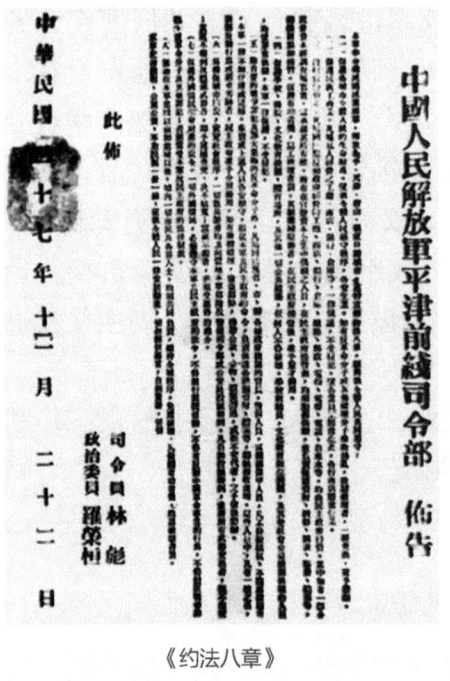

《约法八章》

保护各城市全体人民的生命财产;保护民族工业商业;没收官僚资本;保护学校、医院、文化教育机关、体育场所及其他一切公共建筑,任何人不得破坏;除首要的战争罪犯及罪大恶极的反革命分子外,原属国民党省、市、县各级政府机关官员、警察人员、区镇乡保甲人员,凡不持枪抵抗,不阴谋破坏者,一律不俘虏和逮捕;一切散兵游勇均应向当地部队及警备司令部或公安局投诚报到;保护外国侨民生命财产的安全;城内一切市民及各界人士,均需共同负责,维护社会秩序,免遭破坏。凡保护有功者奖,阴谋破坏者罚。

布告最后强调,"本军纪律严明,公买公卖,不取民间一针一线,望我全体人民一律安居乐业,切勿轻信谣言,自相惊扰"①。

这个《约法八章》内容相当完备,反映了中国共产党新民主主义的政治、经济纲领和新中国将要采取的主要建国方针政策,1949年1月14日,毛泽东发表《关于时局的声明》时,在此基础上形成了与国民党政府和谈的"八项条件":(1)惩办战争罪犯;(2)废除伪宪法;(3)废除伪法统;(4)依据民主原则改编一切反动军队;(5)没收官僚资本;(6)改革土地制度;(7)废除卖国条约;(8)召开没有反动分子参加的政治协商会议,成立民主联合政府,接收南京国民党

---

① 《中国人民解放军平津前线司令部约法八章》(1948年12月22日),见北京市档案馆编:《北平解放》,中国文史出版社2017年版,第127页。

反动政府及其所属各级政府的一切权力。①

为此，1月26日，毛泽东还专门致电平津战役总前委林彪、罗荣桓、谭政（政治部主任），并告北平市委、天津市委并转所属，并告各中央局、分局、前委——这几乎是党内所有的高级领导单位——"不要在约法八章等之外再发任何口号"。"我军入北平，只宣传约法八章及毛主席1月14日声明，不要再发出任何口号。不论军队或党、政，都应如此"。指示批评了东北野战军政治部所拟的"十六条口号"，一是口号重复，二是空洞无意义，特别是有些内容与党的政策不一、在大城市搬用乡村工作的作风，要讲请示报告的"规矩"。毛泽东指出："总之，在大城市工作的作风，决不能搬用在乡村工作的作风。在大城市，凡事均须从新仔细考虑，一举一动都要合乎城市的情况。凡属处理较重要的新事件，均须事前向上级请示，以免犯了错误，收不回来，影响很坏。务望注意。"②

4月25日，毛泽东在《中国人民解放军布告》中，再次重申了这个《约法八章》，只是部分内容兼顾到全国各地形势有些变化，如将"保护民族工业商业"改为"保护民族工商农牧业"，另加了一条"废除农村中的封建土地所有权制度"。

（二）《入城纪律十四条》

《入城纪律十四条》是《北平市军管会入城纪律守则》的简称，是1948年12月28日《北平市军管会关于做好入城准备工作的通告》中的一项规定。该通告要求全体入城干部要认真学习中共北平市委27日的会议决定，严格执行入城指示。即各单位所属人员分第一、第二梯队入城，病弱人员、大车骡马编入第二梯队；各单位按乘车顺序到丰台集合，按序入城，8个单位顺序是坦克武装部队、文工团组成的摩托宣传队、北平纠察总队、公安部队、市委及军管会直属单

---

① 毛泽东：《中共中央毛泽东主席关于时局的声明》（1949年1月14日），见《毛泽东选集》（第四卷），人民出版社1991年版，第1389页。

② 毛泽东：《不要在约法八章等之外再发任何口号》（1949年1月26日），见《毛泽东文集》（第五卷），人民出版社1996年版，第246—247页。

位、物资接管委员会、文化接管委员会、北平市政府；各单位全体人员要自带两天熟粮；入城后按指定驻地宿营，未经许可，不得自由移动；入城头两三天，不要分散，早出晚归，汇报情况；按级实行口头或书面报告、请示；建立请假、值班、收发等制度；任何人员必须服从纠察总队、警察、路警等指挥，并遵守《入城纪律守则》。在此期间，市公用局保证公用事业正常工作，不得停顿。①

作为附件，《北平市军管会入城纪律守则》共14条。全文如下：

一、入城机关、部队人员必须佩戴符号，或持有证件，并遵守政策、纪律与规则；

二、入城军人须注意军风纪律，服装整齐，注意礼节；

三、通行时靠右边走，不准在市内乘马驱驰，汽车速度每小时不得超过40里，慎勿发生意外；

四、不准在街上吃东西，不准随意大小便，维持公共卫生；

五、不准私入民宅，不拿人民一针一线，必须公平交易，遵守群众纪律；

六、战斗结束后不准无故鸣枪；

七、无事不得擅自出游，外出时必须请假，不准外宿；

八、乘坐火车、公共汽车或电车时，必须遵守乘车规则，听从指挥，不准扒车跳车，免出危险；

九、服从纠察队、警察及路警之正当指挥，不得违反其规章；

十、居住房舍内的陈设家具等，不得私自搬动；

十一、注意组织防空，严格遵守防空规则与纪律；

十二、保护自来水、电灯、电话、民教馆、图书馆、文物古迹等公共财产与社会公益机关，不得损坏或搬运其设

---

① 《北平市军管会关于做好入城准备工作的通告》（1948年12月28日），见北京市档案馆编：《北平解放》，中国文史出版社2017年版，第189页。

备，或妨害其工作；

十三、任何人均有协助警备部队和公安机关举发破坏分子、特务分子的责任，但非紧急情况下（如抢劫、放火、杀人等），不得直接逮捕；

十四、人人要宣传共产党及人民政府的政策法令。①

这个通告所规定的"须知""纪律守则"是培养文明之师、优秀公民和合格共产党员的基本条件，以日常言行举止的正规化、规范化、制度化为起点，形成好的文明习惯、严谨态度和为公为民的理想信念，造就好的个体人格，培育优秀的党的干部、部队将士，展示共产党领导的军队、干部形象，以赢得人民的理解、信任与忠诚，从而为维护党的政权安全、制度安全和执政安全，人民生活的稳定发展、安居乐业，交上一份"进京赶考"的优秀答卷。

（三）《接管人员工作条例》及接管纪律

为保证接管北平工作的顺利进行，北平市军管会于1949年1月22日公布了《接管人员工作条例》及接管纪律。

《接管人员工作条例》一共7条，主要是规定军管代表、联络员的工作职责、工作任务、工作方式方法和注意事项。接管人员主要包括军管代表、联络员，军管代表、联络员3人以上组成代表组、联络组，代表组受该部门负责人领导，联络组受代表组领导。军管代表的任务有7项：向被接管机关原负责人宣布政策要点、接管命令；向全体被接管机关人员讲话，说明政策、接管命令及具体接管办法；提出被接管机关人员去留意见，呈请上级批示；解决一般生活问题，订立制度须请示上级；审查接管的资材、档案、账册，并负责签收；教育联络员切实执行接管政策；执行请示报告制度。联络员的任务有4项：深入了解并反映接管对象的情况；传达并解释接管的方针与办

---

① 《北平市军管会入城纪律守则》（1948年12月28日），见北京市档案馆编：《北平解放》，中国文史出版社2017年版，第189—190页。

法；清理点收接管的资材、档案与账册；登记被接管人员，并做初步审查。军管代表或组长每日须汇报一次工作情形，临时重要问题随时汇报；接管人员须待该单位人民政府的正式负责人办理交接手续后其任务才告终结，代表或组长须做工作总结报告，呈报上级。

接管纪律共6条，主要是对工作过程中的方法和言行的规定、规范。全文如下：

一、严格遵守人民解放军的"三大纪律八项注意"与本会颁布的入城纪律守则。

二、对接管的资材，只有清点保护的责任，没有私自处理与动用的权利。

三、严格执行按级请示报告制度，必须用书面递达，如因时间关系已由口头请示或报告者亦须事后补送书面报告。

四、不得接受被接管机关的任何公私馈赠。

五、发言及回答问题，不得超出上级既定的原则、方针及办法。

六、未经准假，不得擅离职守。①

中国共产党与其他党派、解放军与其他军队、人民政府和其他政府最重要的区别是纪律严明，这是保证全党、全军和接管干部统一意志、统一行动、步调一致的重要保障，也是组织队伍凝聚力、执行力、战斗力和生命力的重要保障。北平市军管会在接管北平之前，把纪律挺在前面，把制度建设放在前面，是保证接管工作顺利开展、迅速取得实效、得到人民群众衷心拥护的重要原因。

4月13日，时任北平警备司令部副政委莫文骅在《关于北平警备工作的经验总结》中特别提到了警备战士的优良军纪、良好的政策素

---

① 《北平市军管会接管人员工作条例及接管纪律》（1949年1月22日），见北京市档案馆编：《北平解放》，中国文史出版社2017年版，第207—209页。

质和军容,指出,两个月来由于全体人员认真负责、积极努力,表现了高度的阶级觉悟与严明的政策纪律观念,干部影响战士,党员影响群众,老战士影响新战士,互相监督检查,互相推动鼓励,在维护与执行政策纪律上真正做到了秋毫无犯、原封不动与统一集中。"部队进城后,普遍的宁肯露营外宿,忍苦受冻,宁肯吃自己带的冷干粮,喝冷水,也不侵犯群众一点利益和给群众找一点麻烦"。莫文骅在此举例说:

> 在群众纪律上的范例是不胜枚举的。……364团4连驻铁狮子胡同,副营长见到国民党军丢失的毛皮鞋,叫文书尹登岐拿9双给连里没有鞋子的同志穿,尹当即拒绝:"这是政策!"副营长说:"这是命令,出事由我负责!"而尹才拿了3双并立即报告连部。连里征求大家意见,都说:"不缺鞋穿。缺鞋,违反了政策不干",又把鞋原封送回去了。……正由于提高了自觉性,处处安分守己,作风正派,大家互相影响与推动,以及干部的认真负责、以身作则的模范作用,有事就请示,做后即报告,不批准不动用,不同意不强迫,因而博得群众的许多赞扬与好评,称为"秋毫无犯""仁义之师",白塔寺的群众送给364团"纪律严明"锦旗。八九十岁的老汉和老太婆则说:"什么队伍都见过,从未见过这样好的队伍",361团2营驻区青年房东便说:"这是毛主席领导的解放军!"

城市政策上,"在看管仓库、工厂及公共建筑方面,根据'只准看守,不准动用'的原则,发挥了高度的艰苦与负责精神,宁睡空房湿地,挨冷受冻,不动用公家一点东西"。真正做到了"原则要严,态度要和蔼,谦虚有礼节",坚定立场,不为利诱。

军容整齐上,表现了相当的正规化。"集体进城时,在市民印象中是严肃整齐,雄壮有力。进城之后,普遍做到了请假外出及会议的各种制度之规定。没有军人遛街遛市场的"。不酗酒,礼节周到,得到了市民的交口称赞,认为解放军有四大优点:一不吵闹,二不乱跑,三不进民房,四在晚上站岗不吓唬老百姓。①

---

① 《莫文骅关于北平警备工作的经验总结》(1949年4月13日),见北京市档案馆编:《北平解放》,中国文史出版社2017年版,第252—253页。

第三节　全面和平接管

北平和平接管始于1948年年底的郊区大型厂矿企业的物资接管委员会接管。北平和平解放后,接管工作全面启动,主要是改编国民党军队和接管物资系统、文化系统、政府系统,至4月1日接管工作基本完成,历时约3个月。

一、改编国民党军队

1949年1月22日,傅作义宣布接受《关于北平和平解决问题的协议书》,对国民党军队的整编工作正式开始。此前一天,傅作义召集华北"剿总"及军以上将领会议,宣布北平城内的国民党守军接受和平改编,并发布公告,要求全部守军开出城外听候改编。22日上午10时,北平国民党守军第101军及骑兵第4师按照协议首先开出城外听候改编,对傅作义部的改编工作全面铺开。该工作主要由平津前线总前委负责,由于林彪、罗荣桓忙于军务,聂荣臻领导组织实施。[1]

中央军委对国民党军队的改编工作非常重视,在1949年的1月22日也就是傅作义签订和平解决北平问题协议的次日,毛泽东指示平津前线总前委林彪、罗荣桓、聂荣臻:"北平20余万敌军出城改编,你们须令各兵团各纵队首长均看作一件大事,全军紧张地周密地在你们的统一指挥下对付这一个大事件,达到完满地处理此事件之目的,务必不要有轻敌疏忽之观点。"[2]

对傅作义部改编,总的原则是"分步骤的编散,不得留旧机构",

---

[1] 本书编写组:《聂荣臻传》,当代中国出版社2015年版,第274页。
[2] 《中央军委关于重视改编原国民党军队工作给林、罗、聂的指示电》(1949年1月22日),见北京市档案馆编:《北平解放》,中国文史出版社2017年版,第76页。

实行"兵收留、官放走、不安于位的去"①政策。"首先将团以上干部全部调出，愿回家者听其自愿；然后以解放军两师溶其一师，将之编散，排以上3万名军官全部调出教育、遣散。"②

由此，2月21日，解放军平津前线司令部政治部召集受编部队师以上军官会议，宣布改编方案。撤销原华北"剿总"，第4、第9两个兵团和8个军部的3级指挥机构，其所有工作人员及直属队分别编入解放军平津前线司令部与各兵团部、各军部，所属25个师改编为解放军独立师，各特种部队与解放军特种部队合编；政工人员愿留解放军部队工作的，须经过训练再行录用；各级军官凡愿留的，本人和家属均按解放军干部和家属同样待遇；愿意学习深造的亦可，学习期间，待遇与在职干部相同；军官愿回家的，一律发原薪3个月薪饷，发给车票，沿途供给食宿(包括家属)，除武器与公用资材外私人财物均可带走，可酌带一两名护兵同行；在解放区的，可分得土地，过去不予追究；回家的官兵一律发给"参加和平解放证明书"，以后愿来解放军部队工作，仍然欢迎。

在此次会议上，平津前线司令部司令员林彪专门做了讲话，说：此次改编的目的是要使北平原有的国民党军队在实质上成为人民解放军，成为为了人民利益、解放人民、属于人民的军队，这就必须从政治性质上、思想作风上都来个彻底的改变。罗荣桓政委指出：这次改编不只是简单的军事改编，不仅仅是改旗易帜、换个番号，而是一种政治的改编，这是将蒋介石指挥的大地主大资产阶级的军队改编为人民的军队，这是要根本改换一个立场的问题。③

傅作义集团接受改编的军队共2个兵团6个军25个师，但因为各

---

① 《林彪、罗荣桓、聂荣臻关于与傅方会谈改编情况给中央的电报》(1949年1月31日)，见北京市档案馆编：《北平解放》，中国文史出版社2017年版，第96页。

② 《聂荣臻关于做好改编国民党军队的准备工作的电报》(1949年1月22日)，见北京市档案馆编：《北平解放》，中国文史出版社2017年版，第76页。

③ 《新华社北平电：人民解放军平津前线司令部宣布对北平周围听候的原国民党军的改编方案》(1949年3月1日)，见北京市档案馆编：《北平解放》，中国文史出版社2017年版，第117页。

军师编制都残缺不全，军仅1万余人，师仅三四千人，改编时就不能按原编制，否则须填补数十万新丁；傅作义曾提出或原封不动，或全数复员进行改编，但由于傅部军纪较差、对解放军的敬服心理弱，甚至有阶级仇恨，如解放军宣传队演出时，傅部竟有人投了3颗手榴弹，活埋了两个村干部，原封不动绝无可能；如全数遣散，则会成为社会乱源。同时，傅部能否改编成功，又会成为全国其他城市解决类似问题的一个样板。①因此，中央军委决定采取"溶合"的办法，即把傅部打散，保持较完整编制，按解放军2、改编军1的"2—1组合"，"火腿夹面包，把他们夹起来"，把傅部"溶合"到革命队伍中。

在改编时，傅军代理军长成为改编后的解放军副军长兼师长；改善士兵的伙食，其中每个士兵每天5钱油、5钱盐、2斤炭，每月1斤肉、6元菜钱，这比之以前生活大有改善，"士兵很欢迎，能够吃饱，情绪很高"。但军官的生活费用下降，其时解放军干部生活全由公家负担，师以上干部每人每月发2条香烟、6斤猪肉。军官尤其是高级军官要求离开的不少，解放军总的政策是不强留。"既要彻底又要合理，傅部的军官认为我们已做到了仁至义尽，一般下级军官士兵则更为满意。"②

4月25日，傅部改编正式执行。由于统一规划、高效运作，改编工作非常顺利。傅部队的官兵编入解放军后，在南下作战、剿灭土匪和抗美援朝等战斗中，涌现出了不少优秀指战员，起了很大作用，他们为新中国的解放和建设，做出了不小的贡献。

二、接管旧政府、警察机关

在军管会开始工作的两个多月，接管工作相当顺利，基本上没有

---

① 《陶铸关于改编傅作义部队问题的报告》（1949年3月3日），见北京市档案馆编：《北平解放》，中国文史出版社2017年版，第119—120页。

② 同上书，第121页。

出什么乱子①，物资、人员的接管、清点、恢复和处理都能按部就班，进展顺利。企业及军政机关资产交华北人民政府及北平市政府经营、使用，军用物资归平津战役总前委处理，一般物资作为财政收入，统归华北人民政府财政部；文化资产方面，高等教育、文物、文艺分别归华北人民政府大学管理委员会、文物管理委员会、文艺管理委员会管理。

各部门总共接管人员15万余人，其中物管会接管职工及主管人员、技术人员9万人，文化接管委员会接管教职员等近3万人，市府及警察局系统接管警保人员2.5万人，收容流散军人1.6万人。②为此，专门成立人事处理委员会，确定对旧政府人员采取留用、开除、回籍3种处理办法，留用人员又分直接留用、确定留用和暂时留用3种。

国民党政府机关是其政治中枢之一，是国民党政权的重要权力基础，接收处置其中的主要成员是北平市军管会工作的重心。对这些旧政府机关人员的处理，大致经历了和平联合办公、大部留用到大部遣散的过程。

解放军进城之初，首先接管了国民党北平市政府。对原国民党机关工作人员的处理，彭真、叶剑英联名请示中央是否可以以较和缓方式进行，即先派代表进驻、原机关人员原职原薪，最后粉碎旧政权机构。3月1日，平津前线司令部人事委员会为此发布指示，要求北平联合办事处设立人事处理委员会，负责统计、审核及安置问题。市政府、军管会下物管会、文管会均须设立此类单位，为人事甄别专门组织。这个指示同时提出甄别条件、处置原则，基本意见不是大部留用，而是大部遣散，重新学习，再予留用，回原机关工作为主。③

---

① 《叶剑英关于北平军管工作在民主人士座谈会上的讲话要点》（1949年3月2日），见北京市档案馆编：《北平解放》，中国文史出版社2017年版，第239页。

② 《北平市军管会接管工作概况》（1949年3月），见北京市档案馆编：《北平解放》，中国文史出版社2017年版，第264页。

③ 《中国人民解放军平津前线司令部人事处理委员会对原国民党机关人员的处理方案》（1949年3月1日），见北京市档案馆编：《北平解放》，中国文史出版社2017年版，第479页。

这一政策遭到中央的否决。3月22日，中央指出这样的安排是不对的："必须区别国民党的企业机关与政治机关的不同性质，而采取不同的办法。"对于旧企业的人员，先原封不动地接收，等生产恢复、秩序安定即进行人事改革，清除反动分子、无用人员；有技术、能力，受到国民党负责人压制的，调高薪水、位置；旧职员均须受训（政治训练）。对于国民党、司法、军事、警察等机关旧职员，可采取更激进办法，必须打乱原有机关。原职员除少数必须留用者外，原则上集中训练，不能进华大、军大或人民大学，须由华北政府或市政府特别创办学校特训，训练结束，一般人员不应回原机关工作，"而应根据我们的工作需要，分派其他机关，或其他地方工作，或平、津、唐、张几个城市对调任用，或派到江南去，或派到各县区工作，以便分散他们"①。

当时据初步摸排，国民党北平市政府除公用事业、警察外有1300名职员，加入国民党者800人，其中军统、中统和党务工作人员140余人，呈现两头小、中间大的格局，国民党特务、党务人员约占11%，进步分子数量少，大部分是不问政治的当差人，加以改造愿为人民政府服务的约占45%。北平市委为此指示，对政府机构中的旧人员，清洗反动分子、贪污分子、冗员；粉碎旧的政府机构，另起炉灶建立新政府，以共产党的干部与地下党员组成精干队伍负责工作，未被清洗的旧人员照旧上班，但得组织学习，逐渐分别吸收利用；年轻者送入大学学习，年老无用者资遣。②

到4月初，旧政府接管工作大致完成。根据1949年6月《北平市军管会各大单位处理原国民党机关工作人员的工作总结》统计，包括市政府、文管会、物管会、公安局等四大单位处理国民党机关工作

---

① 《中共中央关于北平各机关旧人员处理原则的指示》（1949年3月22日），见北京市档案馆编：《北平解放》，中国文史出版社2017年版，第485页。

② 《中共北平市委关于政府机构及人员处理问题向中央的请示报告》（1949年3月24日），见北京市档案馆编：《北平解放》，中国文史出版社2017年版，第486—490页。4月18日，中央复电同意。

人员39135人（内有送归军事系统处理者1852人），留用者占大多数，开除者占极少数。留用人员30570人，占78.9%，加上介绍入学、参加南下工作团者，则超80%；资遣者4395人，占11.3%；开除者889人，占2.3%。军政机关留用者少，学习者多；文化企业机关留用者占绝大多数，官僚政治机构取粉碎性办法，旧人员多介绍学习与转业。科长以下低级人员留用者占多数、开除者极少，科长以上高级人员留用者占少数，资遣与学习者居多。①

人民公安是武装性质的国家治安行政力量和刑事司法力量，是国家暴力机器的重要组成部分，在和平时期"国家安危公安系于一半"，在政权安全、社会稳定、城市治安诸多方面具有极为重要的地位，其人员构成政治性要求极高。因此，对北平国民党警察局的接管就显得尤其重要。

1948年12月17日，北平市公安局在河北保定正式成立，主要领导就是前述的"干部训练班"。谭政文任局长，同时担任北平市委常委；刘尽中任秘书长；下设秘书处（一处）、侦讯处（二处）、治安处（三处）、行政处（四处），分由刘涌、冯基平、赵苍璧、曲日新担任处长。全局干部开始有114人，后来陆续增至入城时的539人。②12月21日，经北平市委批准，谭政文、刘尽中、刘涌、冯基平、赵苍璧、张廷桢（公安大队大队长）、曲日新7人组成北平市公安局机关党委，刘涌任党委书记。同时，还任命了"内七外五郊八"20个分局局长，即内城7个区，外城5个区，郊区8个区。

1949年1月17日，中央电令各解放区在北平的情报工作站（组）撤销，并入北平市公安局。这部分干部人数较多，有冯基平负责的中央社会部直属平津站，王兴华负责的华北社会部保满情报站，刘景平负责的华北局平西情报站，任远负责的东北局社会部冀热察情报科，李宁负责的晋察冀北岳区党委社会部平汉情报站，张烈负责的华北社

---

① 《北平市军管会各大单位处理原国民党机关工作人员的工作总结》（1949年6月），见北京市档案馆编：《北平解放》，中国文史出版社2017年版，第533—534页。

② 于行前：《接管国民党北平警察局》，载《北京党史通讯》1989年第1期。

会部冀中公安局平保工作站，安林负责的冀东区党委情报处北平情报委员会，刘茂田负责的冀察热辽情报处平津站北平组，阎塘负责的房涞涿情报站，王森负责的中央社会部直属五人情报组。此外，还有晋绥调查局单线联系的闵步瀛和华北局社会部单线联系的刘光人等100多人。1月下旬，北平市委组织部又从北平各大学、中学选调新参加工作的大、中学生130人，从东北南下的干部队伍及华北、中央社会部和华北社会部等处调入243人，分配到公安局所属各处室工作。①

1月31日，北平市公安局全体人员进城（公安大队728人、公安干部539人）。2月2日，谭政文等北平市局主要领导以北平市军管会军管代表的身份，宣布对国民党北平市警察局进行接管。3日，市局指派张廷桢、刘涌、武创辰3人为公安军事代表，进入北平市警察局，成立公安军事代表办事处，代表局长督导工作。随之，各分局也开展接管工作。

2月17日，谭政文主持召集警察局20个分局局长、警士代表及

1949年2月18日，北平市人民政府公安局挂牌

---

① 刘涌：《我们接管北平市警察局》，载《人民公安》1999年第9期。

局内各科室新旧工作人员1000余人开会。会上，谭政文宣布警察局接管的"约法八章"：尊重群众利益，不得仗势凌人；维护法令，服从命令，严格遵守纪律；爱护公物公产，不得玩忽职守；廉洁奉法，不得贪赃舞弊、假公济私；保护社会治安，不得包庇敌特、袒护坏人；积极忠诚服务，不得消极怠工、阳奉阴违；革除恶习，改造自己，不得赌博宿娼；加强改造自新，努力立功，将功折罪，不许言行相违、心怀叵测。同时宣布，警察局各单位、各分局已正式接管，停止军事代表制。

2月18日，北平市公安局在前门公安街挂牌办公，启用新印，局属各单位开始办公。

当时，国民党北平市警察局下设督察处、机要室等局属机构19个、20个分局、84个分驻所、322个派出所，共有员警13600余人，分为雇员、警长、警士、公役4种。接管过程中，先将武器收缴，再将敌特分子集中缴械，集训审查处理；由行政处接管科负责物资接管，先接文件、档案、电台、武器，后接一般物资。接管国民党警察局机构与人员的方针是"粉碎旧机构，逐步洗刷坏分子"。对市局原有机构、特务与官僚机构解散，业务机构加以改造合并到新的公安局机关中，最终解散了组训室、政工科、机要室、督察处、专员室等5个机构和警察学校。分局内的三组二室改组合并。"三组"指一组（勤务、政训、总务）、二组（消防、卫生、组训、户政）、三组（司法）；"二室"指人事室、会计室，改并为公安分局秘书、侦保、治安、总务4科。分驻所、派出所暂时未动。6月30日，按北平市委统一部署，取消街政府、警察分驻所，加强派出所，基层警察所的改编基本完成。

对警察局人员处理，依据罪恶轻重，先处理反革命分子，后处理一般旧警人员；先处理上层，后处理中下层。最后分4种情况处理：特务分子、反革命分子集中管训，有重大罪恶的逮捕关押；敌党团分子历史不清、不坦白，或品质不好、有劣迹、群众痛恨的开除，重者社会管制；思想顽固或老弱病残、不称职、无改造前途的资遣；无反动行为和劣迹、旧警恶习不深、年轻或有改造前途，或有一技之长的留用教育改造。主要做法是：召开群众大会，利用公开场合，打击上层分子，揭露其罪恶，挫其政治威风，并教育一般警察，对上严，对下宽，缩小打击面；召开警员大会，宣布政策，消除疑虑与顾忌；政治上严格，生活上给以适当照顾；大胆使用，严格管理；个别谈话，指责其错误；带领旧警察走向群众，承认错误。①

全北平市警察局人员13600多人，到1949年年底处理、离职的6972人。后鉴于首都特殊地位，剩余人员也陆续调出。②

至此，北平人民民主政权巩固工作取得重大成绩，城区政府建立，基层保甲制度废除，基层政权建立了起来，北平市的管理工作进入了一个新的时期，军管会工作重心开始由"接"向"管"、"管"向"治"转变。③

三、接管物资系统

物资系统接管由北平市军管会物资接管委员会负责，分为财经、后勤、交通、电讯、卫生、军政、房屋地产7个部，主任由军管会主任叶剑英兼任，副主任为苏井观、戎子和，委员有王铮等11人。

物资接管委员会接管时，接管代表为各部各处派驻代表与联络员，财经部分为金融处、农业水利处、贸易供应处、财政处、企业处5处；交通部分为公路、铁路、邮政3处；后勤部分为总部、供给、军械、兵站4处；卫生部分为市卫、军事2组；军政部分为本部、航空、战车3处；电讯部、房屋地产部未分处组。

接管过程分为3步：准备实习期，自1948年12月17日成立到

---

① 《北平市军管会接管工作概况》（1949年3月），见北京市档案馆编：《北平解放》，中国文史出版社2017年版，第266页。

② 于行前：《接管国民党北平警察局》，载《北京党史通讯》1989年第1期。

③ 《北平市军管会接管工作概况》（1949年3月），见北京市档案馆编：《北平解放》，中国文史出版社2017年版，第267—268页。

1949年2月2日正式进驻,主要工作在调集干部、建立机构,计调集了2800多名干部;深入教育、整顿队伍,并进行资料、人员的先期摸排、郊区战争接管和物资筹备等准备工作。大量接管时期,2月3—20日,奉命入城后,开始普遍地大量接管,先高级机关、大单位、物资多的单位,再及旁支、零散单位。清点移交与建设时期,2月20日—4月中旬,主要进行照册清点、清查贪污、追查隐匿物资和清查"废品"。

接管工作中,主要按系统自上而下接管。采取赶毛驴(羊)式的方法,紧抓首脑机关、首脑人物等"头羊",擒贼先擒王;按敌人的组织系统划分进行"以系统接系统"。合法接管的,以接管命令、正式介绍信为依据,依靠地下党员、进步分子等发现应接管的对象。

接管实行军事代表制,首先是严格军事代表制的构成,宁缺毋滥,审慎选择政治强、能力强并有相当威望的干部作为军事代表;其次是依靠群众,吸收地下党员、进步分子、工人、中下级职员的力量参加清点委员会。在接管过程中,快接管、细交代,以群众运动的方式组成清查委员会,普遍清查、重要物品先点查、零星物品暂封等,注重物资、人员、档案并重,后期再慎重清查贪污问题;特别是注重接管工作与建设工作相结合。明确接、管工作的轻重,接是为了管,管是主要的,尽一切可能迅速复工、不中断生产,从实际出发,对国民党的企业机构、生产方法不急于否定,保持好的方面,废弃不合理的部分,逐步加以必要和可能的改革。

在金融、物价、财政税收、原职原薪与工资、吸收专门人才和处理旧职员等安定民生问题上,接管工作做到:一是稳定金融,宣布以人民券为本位币,赋予人民对伪金圆券拒用、议价权利,促进人民券占领市场,禁止白洋流通,但准许人民保存;二是稳定物价,尽全力准备物资,保持城乡物价合理差距,扶植大煤矿等快速复工,确立贸易公司向工人、职员倾斜的照顾政策,减轻私商对市民的盘剥;三是原职原薪,定时发放,优待高级技术人员,使北平市民普遍地提高了生活水平。在吸收专门人才和处理旧职员方面,采取区别对策,注意防止关门主义、右倾思想,有相当能力思想不反动者量力录用,有能力而思想落后者送入学校,特务分子送公安局受训,贪污有据的重大案件送法院法办,老弱无能、思想顽固者资遣回籍,高级职员有相当能力、技术但无适当位置者成立研究室安插。整个接管工作留用者占大部,遣散者次之,受训者最少。

到1949年4月16日,物资接管委员会共接管军政机关、工业、农业、交通、邮电、卫生、银行等799个单位,

北平解放之后设立中国人民银行(高粮 摄,新华社 提供)

接管主要物资包括军械、子弹、炸药、车辆、油类、被服、布匹、粮食、纸张、卫生器材、气象仪器、机器、电讯器材、航空器材等,物资接管取得了很大的成绩,是"空前成功的一次接管"。有系统、有步骤地接管了主要物资,初步安定了民生,生产复工得以稳定推进,有力地保证了人民政权的建立与巩固,保证了北平市人民生活的稳定,也为新中国政权的顺利建立奠定了基础,得到了市民一致的赞扬。①

北平市军管会物管会4月16日的工作总结报告特别提出,这些成绩取得的原因是:"首先应归功于党中央政策明确、掌握得紧及北平彭、叶领导的正确;第二,是由于警卫部队纪律严明,尽忠职守;第三,由于其他大城市接管经验;第四,由于老区人民与政府热烈支

---

① 《北平市军管会物管会接管工作总结报告》(1949年4月16日),见北京市档案馆编:《北平解放》,中国文史出版社2017年版,第388页。

援,准备工作比较充分,特别在政策纪律教育与物资准备上;第五,由于地下党、进步分子、工人及其他劳动人民的积极努力与其他机关的配合;最后,由于本会3070余同志的艰苦奋斗。入城以来,许多同志好长时间睡地板、吃生饭,每天工作达十五六个小时以上,有的还轮班站岗,看守物资,均毫无难色。在工作态度上,一般均能顾大局识大体,小心翼翼,恪遵纪律,许多同志都瘦了,还有些同志因劳成疾。"①

四、接管文化系统

文化教育、新闻出版、文物文艺等是北平市的"强项",在旧中国始终占有重要地位。入城之前的1948年12月21日,军管会指定成立文管会,负责文化系统的接收工作。钱俊瑞为主任,陈微明(沙可夫)为副主任,有18位委员,均是北平文化系统的知名人士,下面分设教育、文艺、文物、新闻出版4部。

文管会接管从1949年1月10日进驻清华大学接管开始,至3月20日告一段落。在这2个多月时间,共接管17个教育单位、6个文物单位、17个文艺部门单位、21个新闻出版单位,包括非常有影响的清华大学、故宫博物院、北平图书馆等。接管原单位人员近3万人,主要采取维持原状、逐步改进的方针,即除新闻出版单位的员工立即停工外,其他各机关学校一律以留用为原则,再行调查甄别,分别处理。留用人员以在职学习为主。对流浪北平的学生、员工一律迁返原地;鼓励各院校学生报考华北大学、华北人民革命大学、华北军政大学和南下工作团,报名上大学的学生多达5600多人。各大学组成校制商讨委员会,举办教育座谈会,实行校制课程改革。到3月下旬,即开始移交。教育部、文物部分别由高等教育、文物管理两个委员会

---

① 《北平市军管会物管会接管工作总结报告》(1949年4月16日),见北京市档案馆编:《北平解放》,中国文史出版社2017年版,第388页。

管理，文艺部交由华北文艺工作委员会管理，最后全部整体移交华北人民政府。

文化系统接管工作的基本做法是：充分地准备工作，详备地学习政策，仔细地调查研究，与地下党建立密切联系，熟悉接管对象，并拟出方案；掌握政策，有计划、有步骤、有系统地进行接管，对高校采取审慎稳妥的方针，接与管同时进行，军管代表与联络组有密切的联系与分工，代表有一定的资望，须由处长以上人员担任，建立代表组，集体讨论决定问题，联络员走出办公室，密切联系接管单位的下层人员。关于旧人员的处理，文管会采取宜缓不宜急、逐步进行的政策，动大的，不动小的；动少数，鼓励多数。先处理自愿回籍、转业和要求学习的，坚决辞退少数违法、训导人员（特务分子）；举办研究机关，吸收可改造的知识分子，予以教育，配备强有力的领导干部主持业务与行政；有特务嫌疑但无确切证据者，予以调训或撤职；严格组织与纪律，建立正规的工作制度，防止事务主义。

北平和平接管是对共产党执政的重大考验，是新生共和国建立前夕的一次大考，最后取得了完满的成功，得到了国内外的一致赞誉。国民党统治区出版的《新闻天地》评价说："叶剑英领导的中共干部，为了打稳中共未来首都的基础，接管是审慎、周到、仔细、严密的"，"几乎做到了尽善尽美的程度"[①]。

---

① 本书编写组：《叶剑英传》，当代中国出版社2015年版，第254页。

第四节　古都新秩序

"接"与"管"工作是"新北平"重建系统工程的两个方面，具有一致性、整体性。"接"的过程中就必须实现"管"，是边"接"边"管"，主要是为了新政权的有效统治、管理与治理。这主要包括三项工作：一是新生政权的建立与旧的国家暴力机器的摧毁，包括基层政权的重建；二是治安秩序的恢复，清除各种危险因素；三是发展生产，稳定市场，安定民生。

一、建立人民政权

北平的接管工作始终是边"接"边"管"。在基本掌握北平市政权、社会大局基本稳定之后，北平市政府便着手基层政权的重建工作，废除伪保甲制度，建立街乡政府。

国民党政府设立的北平市城区政权建制是市公署—区—保甲三级制，将北平城区分为12个区，其中内城37平方公里，为第一至第七区（相当于今东城和西城两区二环以内），依次也称内一区至内七区；外城25平方公里，为第八至第十二区（相当于从前崇文和宣武两区外、二环以内），依次称为外一区至外五区。每区设区公所，为办理民政事业的市府辅助机构，设区长1人，采取"委任"方式。区长以下设4个股，分管民政、兵役、户政、警卫（民众组织）等事务。区下设保，每保设正、副保长各1人，干事4人（主任干事、户政干事、文经干事、警卫干事各1人）；保下有甲，每甲有甲长1人，执行本甲一切自治事项。保长、甲长是国民党基层政权的骨干分子，一般都是国民党员、特务分子。保甲制度是国民党政府推行的基层政权组织，按照"管"（清查户口、实行联保连坐法），"教"（进行党化教育），"养"（向保甲内居民摊派名目繁多的保甲经费），"卫"（抽选壮丁、编练民团、修筑工事、搜查缉捕）原则进行活动，兼有治安组织和行政组织双重功能。①

1949年3月，北平市人民政府做出废除保甲制度建立街乡政府的决定，要求对基层政权的行政系统连同国民党警察系统、党务系统一起彻底粉碎，基层政权建立城区为区政府—街政府—闾（或居民小组代表）、郊区为区政府—乡政府—自然村（或闾）的新系统。工作人员采取自上而下、自下而上相结合的办法产生。街镇长或副镇长由委派干部担任；以下工作人员（一般干部）由积极分子、骨干充任；下层工作人员训练地下党员、同情分子、工人学生的进步分子充任。彻底废除伪保甲制度，伪保甲人员按各人情况分别予以处理或使用，清洗、清算有民愤的贪污腐败分子，一般作恶不多、贪污不大、民愤不严重的分子予以撤职；比较正派、人民能谅解的保甲人员（特别是保长）继续留用，在工作中加以改造。街（乡镇）政府组织设正副街长各1人，业务委员3~5人，文书1人；郊外200~500户设独立村，不再编乡，200户以下设闾，村设村长1人，闾设闾长1人。②

这一基层政权设置，不便于权力集中管理，造成"政出多门""步调紊乱"的治理缺陷，在刘少奇的指示下，北平市政府改革了这一政权建制，取消街政权、取消警察分驻所，加强派出所职能，由公安分局直接领导派出所，规定派出所的任务是维护人民政府法令、保护人民生命财产安全，其具体职责有8点：肃清敌特及其他反革命分子；清除盗匪及其他破坏治安分子；管理交通秩序，管理消防、卫生；处理违警案件，并受理群众要求调解之纠纷；调查户口，管理户政；保护公共建筑物及取缔违章建筑物；协助指挥防空；进行社会调查，反映社会情况。"在城市政权中，公安局派出所一级组织是甚为重要的，它是政权的手脚，它是直接联系人民、保卫人民和为人民服务的机关，原来街政府或街工作组负担的一些工作应交由派出

---

① 黄利新：《抗战后国民政府在北平城区的基层建政》，载《辽宁大学学报》（哲学社会科学版）2010年第4期。

② 《北平市人民政府关于废除伪保甲制度建立街乡政府初步方案》（1949年3月），见北京市档案馆编：《北平解放》，中国文史出版社2017年版，第545—546页。

所负责。"①

街政权取消后，其工作一部分转由市府专门局主管，一部分托付区公所执行。区公所即原区政府，为市府派出机关，向市府负责。具体工作是4项：办理优抚、救济、婚姻登记及其他民政工作；一般民事纠纷调解工作；市府委托之工商行政工作；一部分市民、小贩及零散劳动者之社会教育工作。②

肃清潜伏的国民党特务、处理散兵游勇、捕捉盗匪，建立人民民主革命的社会秩序，是进行各项建设的前提。新政权在政权建制的同时，也紧锣密鼓地进行着打击清理工作，并取得了相当丰硕的成果。据统计，在新政权建立半年多时间里登记特务3200余人，其中特务组长、站长以上170人；反动党团分子3100多人，其中市级以上180余人；逮捕法办了一批罪大恶极、死不悔改的分子。破获潜伏特务土匪策划的重大案件80余起，逮捕首要特务分子562人，其中包括"保密局"系统及"剿总"系统潜伏的特务组织3个站、14个组，破获伪华北救国军和伪华北民众别动军等军事暴动8起，逮捕现行犯230人。③

基层政权的建立、特务分子的肃清与打击，保证了北平市的政治安全，有力地促进了社会大局的稳定和人民生活的安居乐业，为新中国定都北平提供了一个安全稳固的政治环境。

二、恢复社会秩序

建立安定有序的社会环境，是北平接管的重要目的。安定有序

---

① 《中共北平市委关于区街政权机构派出所改造问题的总结报告》（1949年8月），见北京市档案馆编：《北平解放》，中国文史出版社2017年版，第593页。

② 《北平市军管会关于改革区街政权组织及公安局派出所的决定（草案）》（1949年6月30日），见北京市档案馆编：《北平解放》，中国文史出版社2017年版，第565—569页。

③ 《北平市半年来治安工作——谭政文在北平市各界代表会议上的报告摘要》（1949年8月10日），见北京市档案馆编：《北平解放》，中国文史出版社2017年版，第678页。

的社会环境，需要北平市政府尤其是北平市公安局依法严厉打击各类违法犯罪活动，清除旧社会的污泥浊水、各种丑陋现象，安置底层社会的基本生活，整顿街道市容，推进社会治安防控体系建设，加强公共安全管理。在这方面，新生的北平市政府也做出了很好的成绩。

（一）处理散兵游勇，收缴枪支弹药

北平和平解放，国民党流散军人数字巨大，且有很多敌特分子隐匿其中，敌我斗争形势复杂，迫切要求北平市军管会尽快恢复社会治安秩序。

国民党散兵游勇的处理以解放军部队为主，市公安局配合进行。2月5日，市军管会颁布《关于收缴非法武器的布告》，限令私存武器、弹药者，即日起到各公安分局报缴或登记。12日，北平警备司令部发布《关于责令国民党宪兵十九团官兵限期报到、登记、交出武器、证件的布告》；19日，北平市公安局与北平警备司令部、北平市纠察总队、卫戍部队组成"流散军人处理委员会"，发布《北平市流散国民党官兵登记收容办法》的通告，限流散国民党官兵在25日前到指定地点报告登记，并交出私存武器、军用物资器材等，过期不登记者以非法军人论处。

处理散兵游勇的方法：一是公开搜捕；二是号召自动登记，同时发动群众秘密检举。在城内人口比较集中的地区采取清查户口的办法，在郊区人口稀少的地区采用盘查并布置检查哨进行收容。在散兵游勇集中清理一段时间、人数渐少的情况下，利用保甲长、旧警察中的户籍警等熟悉地方情况的人进行工作，进一步深入进行收容。

3月24日，在军管会领导之下，平津前线卫戍司令部、北平市纠察总队、市公安局等单位联合组成"北平市治安委员会"，叶剑英亲任主任，副主任徐冰，委员有谭政文、张廷桢、李肖川、张乃青、张明河、赵苍璧、武创辰。委员会成立伊始，立即发布《关于治安运动的指示》，要求集中力量，协同作战，粉碎国民党潜伏的特务，肃清反革命残余势力；集中力量肃清流散的国民党官兵和收缴散存的武器弹药，开展以处理散兵游勇、收缴枪支弹药为中心的治安运动。与此同时，各区也都成立有警备部队、纠察队、区公安分局局长、区委书记等参加的区治安委员会，加强治安工作的领导。

2月3日—3月21日一个半月时间内，北平市军管会共收容、处理流散官兵30912人，平均每天处理625人，破获了数十起案件，收缴长短枪691支、轻机枪3挺、战防枪4挺、各种弹药19箱6321发、汽车30辆，还有其他军用物资。4月5日，在总结大会上，兵团敌工部报告说："这次我们在与隐藏敌人的斗争中，打了一个大胜仗。各分会接收国民党的军、警、宪、特人员共35000余人，其中尉以上军官5000多人，还收缴了大批军用物资，从人数上看相当敌人的一个军的兵力。"① 5月底，流散军人处理委员会工作结束。

（二）整理市容

市容不仅是北平市的城市管理、市政建设的大问题，还是安定民生、改善民生的大问题，也是稳定政治局势、促进政治安全的大问题。在建政之初，北平大约有摊贩4.5万～5万户，占全市总户数的10%～15%，其成分复杂、行业繁多，隐患不少。

北平市人民政府发现摊贩、棚户收入低，经营效果差，营业环境不佳，多麇集在交通要道和繁盛市街，严重影响交通秩序，并且藏污纳垢，有很多敌特分子窝藏其间，散兵游勇混迹其内，严重威胁社会安全、政治安全。如，不少摊贩把摊子摆在闹市，占据人行道，甚至挤占机动车的路线，造成交通拥塞，秩序混乱，车祸时有发生；一些摊贩抢占原来商场、商店的生意，有些商家为占地方也在店门前摆摊，企图逃避纳税。"已对市容治安发生严重影响，如交通秩序之不易维持，天干地燥易生火警，便于特务活动与隐匿，并已影响到工商

---

① 王瑞堂：《北平"散兵游勇处理委员会"的胜利斗争》，载《北京党史通讯》1988年第2期。

业之正常发展",还影响到观瞻与市政建设。① 为此,北平市政府成立专门的办公机构市容整顿委员会,安排专门人员,由公安局牵头,联合工商、民政两局,各公安分局具体执行,统一领导、统一组织,进行市容整理工作。

5月23日,彭真、叶剑英召集北平市摊贩代表座谈会。会上,彭真、叶剑英表示,摊贩是人民群众的一部分,共产党是人民的政党、政府是人民的政府。"共产党领导中国人民革命就是为了把受压迫的受苦的人解放出来,从事建设与生产,逐步地使大家有饭吃,有衣穿,有屋住,有书读,生活得好"。对摊贩问题,叶剑英代表北平市政府提出三条意见:摊点位置要适当,不得阻碍交通,有碍观瞻,须择地迁移,或就地整顿;依法办理登记手续,领取营业牌照,照章缴纳租税;组织起来,维持内部秩序,防止坏人侵入。②

随之,北平市政府相继颁布《北平市人民政府管理摊贩暂行办法》《北平市人民政府处理棚户暂行办法》,成立专门指导整理摊贩问题的摊贩指挥部,由市委、市府、公安局、纠察队、总工会各派一人组成;区级成立摊贩整理委员会,先易后难,以解决底层民众生活困难为基础,加强市政基础建设;组织市场秩序管理人员,把摊贩按行业组成小组,指定积极分子为组长,有重点地整理、有分别地处理。

经过一个月左右的时间,整顿工作取得了显著成效。全市共登记摊贩50029户,其中46229户摊贩分别迁进12个市场。③ 随后,各市场相继建立了摊贩管理处,在比较重要的市场中还设立了摊贩市场派出

---

① 《中共北平市委关于整顿市容问题的意见》(1949年5月),见北京市档案馆编:《北平解放》,中国文史出版社2017年版,第729页。
② 《叶剑英在北平市摊贩代表座谈会上的讲话》(1949年5月23日),见北京市档案馆编:《北平解放》,中国文史出版社2017年版,第732—736页。
③ 朝阳门大街、宣武门内、北新桥以北东四北大街、阜成门大街、德胜门大街、南池子、东单、前门到珠市口、菜市口、东晓市崇文门大街、广安门大街、天桥。

所。"因为在领导思想上对摊贩的复杂性和整理工作中的种种困难,预先有足够的估计。对敌特可能乘机拨弄是非,进行破坏,也早就引起了警惕,因此无论是'择地迁移'或'就地整理',都没有发生大的乱子。"① 到9月底,整顿摊贩工作基本结束,共取缔摊贩3200余户,其中介绍工作343人,动员农民返乡320余人,收容、救济280多人。②

经过近5个月的摊贩整顿工作,"已使过去秩序混乱的交通要道和繁华街市,变得秩序井然。迁入新市场的摊贩,由于人民政府尽量给予各种便利条件,并花费人民币千万元左右,帮助他们解决了水、电、交通等项需要,都安居乐业,生意欣欣向荣"③。

(三)收容乞丐

乞丐问题一直是旧中国的社会顽疾,也是北平市的一个痼疾。乞丐数目大,残存时间久远,受社会欺压严重,但又存在好吃懒做、小偷小摸等恶习,并且恶性滋生,群居麇集,严重影响社会秩序和市容风貌。北平解放后,这种情况仍然存在。北平市政府在一份报告中说:"解放后,由于忙于各种接管工作,对处理乞丐的工作无法兼顾,同时在政策宣传解释上也做得不够,以致乞丐们误解'解放',横行市面,认为共产党来了,乞丐也该大翻身了。甚至有些乞丐自称为无产阶级,强乞恶讨、'要死狗'、打碎玻璃等事件时有发生,商人因一时不了解我们政策,也不敢加以干涉,一个乞丐每日最多竟讨到二三百元,约合当时市价小米15至20斤,比一个劳动工人赚钱还多。东安市场乞丐集伙将大小商号定出乞讨官价,金店每家40元,普通商店10元,轮流乞讨。据商人反映,对乞丐开支每天最多400元,最

---

① 《中共北平市委关于整理摊贩工作的总结》(1949年8月),见北京市档案馆编:《北平解放》,中国文史出版社2017年版,第766页。

② 《市委统战部柴泽民同志关于管理摊贩、代写书信及取缔无照摊贩问题的请示》(档案号022-010-00028),转引自尹传政:《市场秩序的重构——解放之初北平的摊贩整顿》,载《北京社会科学》2017年第12期。

③ 《巩固摊贩秩序实行严格管理》,载《大众日报》,1949年7月27日。

少也得百元以上。"①这种不劳而获甚至有巨利产生了示范效应,临近地区很多无业者、失业者甚至从业者群集北平,行乞拾破烂,严重影响了市民、从业者的正常生活、工作秩序,社会反映强烈。

北平市政府于5月正式开始大规模收容乞丐。规定收容方针是一面收容,一面组织劳动,区分不同性质予以不同方法处理,"以期使乞丐劳动生产,或学习技艺,使其达到改造教育、自谋生活为目的"②。

北平市政府决定组织成立处理乞丐委员会,由民政局牵头,公安局、卫生局、纠察总队、人民法院等单位及华北人民政府民政部各派代表参加,并要求各单位派遣干部到各收容所工作。同时还按收容对象和职能分工成立救济院、安老所、育幼所、平民习艺所和妇女教养所5个收容单位。救济院为收容乞丐总办公地点,负责联络督导等任务。凡不能从事生产的老弱孤寡残疾乞丐,由区直接送安老所之外,其余一律送救济院,然后根据不同情况,经过审查后再分配到各收容单位;安老所主要收容无依无靠之老弱孤寡残疾及有病之乞丐,收容后先予以教育,能回原籍者使其回籍,不能回籍者收容留养,逐渐使其参加部分生产;育幼所收容8~15岁儿童,主要为学习,年纪较大儿童也从事适当的劳动;平民习艺所收容有劳动力的青壮年男子,经过教育启发后,编成劳动大队,赴指定地点参加劳动生产;妇女教养所收容青壮年妇女和回籍之乞丐,回籍者经甄审后遣送回籍,青年和壮年妇女经教育后使其参加缝纫等手艺学习。

收容乞丐行动在5月27日正式开始,到11月底,整个北平(京)市的乞丐收容工作基本完成,总共收容2935人,街上乞丐基本绝迹。

乞丐收容后,进入收容所,首先是思想教育。"第一,首先说明我们收容的目的,解除其思想顾虑,稳定情绪。第二,是诉苦,各自述说各自的痛苦经历。第三,帮助他们认识这些痛苦是由于地主的剥

---

① 《北平市人民政府关于收容乞丐工作总结》(1949年7月),见北京市档案馆编:《北平解放》,中国文史出版社2017年版,第743—744页。

② 同上书,第744页。

削与蒋匪之绑架抢劫等种种原因造成的,引导他们认识谁使我们穷困,谁是我们的敌人。第四,指出当乞丐是可耻的,是被人所看不起的,过寄生生活对人民对社会都是有害的。第五,树立劳动观念,劳动是最光荣的。新民主主义的新中国,就是人人都有工作,有饭吃,有书读。我们要立志做一个新民主主义的好公民,就要人人都参加劳动生产,自食其力。"[①]

其次是生活管理。订立严格的作息时间表,对乞丐以集体化的生活方式、严肃严谨的生活规则、基本的生活保障进行集体看管,结合思想政治教育,改变其自由散漫、生活无规律等陋习。乞丐被收容后,先经医生检查,然后办理入所手续,乞丐所带的物品除讨饭工具没收外,其余的由收容所代为保存。生活规则规定:(1)不调皮、不捣蛋、不逃跑,服从组织领导。(2)上课静听,不乱讲话,认真学习。(3)注意公共及个人卫生。(4)爱惜公物。(5)不准吸烟。(6)不准造谣生事,煽惑群众。(7)做事说话要老实。(8)不打架不吵嘴,互助互让。(9)要改正乞讨小偷思想,今后努力学习生产。(10)上述规则自公布日起实行,违者由全体乞丐公意处理。[②]

各收容所订立了严格的作息时间和生活规则,由纠察队负责武装看守;粮食统由救济院造册领取,发给每人1条毯子和1条手巾,并准备一部分鞋和衣物以作备用。收容初期,利用随收随编班的方法,每12人为1班,选择表现较好的乞丐暂任正副班长,每3班为1分队,设分队长1人,3个分队为1中队,设正副中队长各1人。每日按一定时间起床、睡觉、吃饭、学习、游戏。每日每人小米22两,菜金22元,集体吃饭,吃的是窝头、高粱米、菜汤和咸菜,每隔七八天改善一次伙食,赶上过节和特殊事情时还能吃到白面、大米和猪肉。病了由卫生局和巡回治疗队治疗,为了防止疾病传染,卫生局在各收容所喷洒了DDT,扑灭虫蚤、病菌等,使乞丐过上有规律的生活,绝大

---

① 《北平市人民政府关于收容乞丐工作总结》(1949年7月),见北京市档案馆编:《北平解放》,中国文史出版社2017年版,第753页。

② 同上书,第748页。

数革除了恶习陋习。

乞丐收容工作取得了极大成功,尤其是使其自食其力、主动参加劳动生产的改造,得到了乞丐的极大拥护。"劳动大队出发时情绪很好,出发前设宴招待,当场有积极分子讲话,保证如期完成政府给我们的任务,并对干部们热心照顾表示谢意。出发时高举劳动光荣的旗帜,边走边唱,高呼共产党万岁等口号,沿途受到市民热烈欢迎,赞叹不已"。市民们说:"这些小伙子过去真厉害,不给钱下不来台,要多少得给多少。小偷们更凶,偷罢东西有钱了不干正经事,吃喝嫖赌一齐来。现在人民政府领导下,都变成好人了,参加劳动生产,以后这些小子,可不能再来了。共产党真有办法,使流氓小偷也能变成好人。"①

(四)封闭妓院

北平市妓院问题是旧中国遗留的巨大毒瘤,妓女人数多、妓院多,各种妓女2000多人。其中,挂牌营业的明娼妓院230户,妓女1421人,直接依靠妓院为生的老板、领家、伙计1462人,间接依靠妓院为生者(如歌女、盲人)400余人;暗娼场所170家以上,妓女近400人,游妓(旅馆、公园、市场、马路拉客)百余人,暗门子(以卖淫为副业的家庭妇女)也很多。②分布地区广,主要集中在外二(前门大街以西,西珠市

封闭妓院

---

① 《北平市人民政府关于收容乞丐工作总结》(1949年7月),见北京市档案馆编:《北平解放》,中国文史出版社2017年版,第752页。

② 《中共北京市委关于本市妓女情况和处置方针向中央、华北局的报告》(1949年11月7日),见北京市档案馆编:《北平解放》,中国文史出版社2017年版,第769页。

口以北，宣武门大街以东）、外五（东西珠市口以南，东至天坛之东外墙，西至黑窑厂、陶然亭）两区；残存年代甚久，内部十分黑暗、关系极其复杂，妓女没有人格，又有很多恶习，是"北平市最黑暗、最惨无人道的一个角落"①。

　　封闭妓院、处理妓女的摸排工作在四月即已开始，到9月26日，北平市政府提出全面处理办法。11月7日，北京市委再电中央、华北局，决定改变重税寓禁于征的政策，采取断然禁绝政策，封闭所有妓院和暗娼场所，征收妓院财产，训练妓女，改造思想，治病学艺。市委书记彭真、市长聂荣臻②为此专门向毛泽东报告请示，得到毛泽东的同意。21日，北京市第二届各界人民代表会议通过决议，决定立即封闭一切妓院，没收妓院财产，集中所有妓院老板、领家、鸨儿等加以审讯和处理，并集中妓女加以训练，改造思想，医治疾病，有家者送其回家，有结婚对象者助其结婚，无家可归、无偶可配者组织学艺，从事生产。③

　　当日晚上8时，公安部部长兼北京市公安局局长罗瑞卿亲自带队担任指挥部总指挥，在有妓院的地方设立分指挥部，出动2400余名干部、警员，37部汽车，分成27个行动小组，对分布有妓院的5个城区及东郊、西郊进行集中整治。卫生部的一个消毒组随行，带了消毒药水和药品，公安总队负责警卫、看守、押送工作，市妇委、民政局、卫生局抽调干部负责收容妓女、教育改造、医治性病的工作。

　　出发前，罗瑞卿向行动组成员再次强调6条执行纪律：一是必须立场坚定，态度严肃，依法执行任务，不得与妓女调笑或受其勾引，不得有讽刺、看不起的态度；二是不得接受任何贿赂或款待；三是对

---

① 《北平市处理妓女办法（草案）》（1949年9月26日），见北京市档案馆编：《北平解放》，中国文史出版社2017年版，第768页。

② 1949年8月19日，叶剑英到广东任职，中央军委任命聂荣臻继任北平市长兼军事管制委员会主任。

③ 《北京市第二届各界人民代表会议关于封闭妓院的决议》（1949年11月21日），见北京市档案馆编：《北平解放》，中国文史出版社2017年版，第770页。

妓院财物须按规定手续进行登记，不得疏忽；四是不得私自拿取妓院物品或假公济私；五是执行任务应小心谨慎，严防意外；六是服从命令听从指挥。

全市224家妓院12个小时内即全部封闭，集中妓院老板269人、领家185人，收容妓女1268人。随后，对妓女进行集中学习改造、医治疾病的工作。到1950年6月，共处理妓女1316人（小孩94人未计入其中），结婚者505人，回家者374人，参加工作者34人，送安老所者13人，其他安置者62人；对妓院老板、领家处理，收案363起，结案356起，处死刑者2人，10年以上徒刑者19人，5年以上徒刑者74人，1年以上徒刑者260人，课以罚金与劳役者4人，缓刑、警诫教育释放者20人；没收全部妓院房产共154处。"北京市此次封闭妓院，彻底摧垮妓院制度，是正确的，完全成功的。对消灭封建残余，解放妇女，保护国民健康，巩固治安，都有莫大裨益。是一件有历史意义的事情，也得到广大社会人士的热烈同情和支援，对全国来说，也创造了一些经验，起着一定的推动作用"[1]。

与此同时，北平市政府还通过成立北平市清洁运动委员会，组织开展了为期91天的清洁运动，清户清巷，清除城市所有垃圾，不留死角，共计运除垃圾219280公方、201638吨，使用人力73537人，汽车807辆，人力车手推车3294辆，兽力车32113辆，汽油5409.5加仑，机油285.5加仑，全部用款22466895.4元。新政权可谓尽到了最大的努力，为北平市民赢得了一个洁净干净的生活空间，得到了市民极大的拥护，正如当年的报告所引十一区南横街一位老大娘的话："在北平住了这些年，实在是头一天看见这样干净，每早起来遛弯也闻不着臭味了。"[2]

8月，北平市政府颁布《公共娱乐场所管理暂行办法》，对全市

---

[1]《北京市处理妓女工作总结》（1950年6月9日），见北京市档案馆编：《北平解放》，中国文史出版社2017年版，第777—778页。

[2]《北平市清洁运动委员会清运工作总结》（1949年7月），见北京市档案馆编：《北平解放》，中国文史出版社2017年版，第755页。

所有公共娱乐场所集中办理营业执照、演出剧目审查及剧场文明管理。到1949年9月底，市容整理卓有成效，全市面貌焕然一新，呈现欣欣向荣的气象。

三、安定民生

入城之前，北平市委书记彭真在北平市第一次党员大会上就明确指出："为什么要革命？革命的最终目的是为了解放生产力，发展生产。为什么要解放工人？因为工人代表生产力。为什么要解放农民？因为农民代表生产力。要解放生产力就得改造生产关系。旧政权是保护旧的生产关系的，所以必须粉碎。如果取得了政权，可是生产不发展，则革命没有达到目的。所以，要革命，一定要把生产搞好。生产大批工业品、农产品来改善人民生活。"① 北平市委、北平市政府入城之初，将安定民生置于工作的重要地位，将百姓生活的安定、市场秩序的稳定和发展生产、改善民生作为政府工作的重要方面，并取得了丰硕的成果，使得北平市在短时期内出现人民安居乐业、社会安定有序和政权安全稳固的局面，赢得了民心，得到了社会各界的高度肯定。

北平市的安定民生，首先在恢复正常的社会生活秩序，保证粮食、燃料及工业原料的市场供应，沟通城乡的经济联系。

第一项重要工作就是保证金融市场稳定。市场稳定重在金融稳定、物价稳定和货源充足。入城伊始，北平市军管会即开始进行稳定金融的工作，首先，用人民券兑换伪金圆券，即以中国人民银行发行的人民币为本位币，以冀南银行发行的钞票（冀钞）和东北银行发行的流通券（东北券）为辅币，以单位集体兑换为主，以保为单位派工作团专门办理，挨户兑换；② 兑换以贬值限额，向外排挤，尽力照

---

① 《彭真关于当前的方针、政策和任务的讲话》（1949年4月18日），见北京市档案馆编：《北平解放》，中国文史出版社2017年版，第553页。

② 《彭真关于安定民生给中央、华北局、总前委的报告》（1949年3月3日），见北京市档案馆编：《北平解放》，中国文史出版社2017年版，第714页。

顾工人、学生、店员、独立劳动者利益为原则，一周即告完成。最后共计兑换伪券约8.3亿元，优待兑入4.9亿元，普通兑入3.4亿元，享受优惠兑换人口99万人，内计职工17万、学生16万，其他为贫苦市民、独立劳动者。

其次，严禁倒卖金银外币券，打击金银黑市交易，保障金融市场货币稳定。2月28日，北平市军管会发出《关于禁止银元在北平市流通和买卖的布告》，组织力量于3月4日出动，严缉查拿，打击黑市，3天内共拘捕金银贩子380人，缴获银元1778枚。3月9日，市军管会发出金字第3号布告，对禁绝银元流通、买卖的检查处理做出具体规定：凡以银元计价、违法携带、投机倒把等，分别情节予以强制兑换、贬值收兑、没收一部或全部，奖励检举揭发者。4月4日，市军管会发布金字第4号布告，规定自即日起，禁止金银与外币券私相买卖、计价流通及携带出境；公私团体或个人仍允许保有金银，如因迁移须携带出境者，得有区级以上政府证明，如自愿出售可向人民银行按牌价兑换；凡持有外国币券之商民得向中国人民银行按牌价兑换。由此，北平市公开的金银黑市交易基本上被取缔。

第二项重要工作是准备粮煤，稳定物价。北平市委通盘谋划，预先规划好和平接管后的市场供应问题，尤其是市民生活主要日用品短缺问题。入城前，北平市委准备了3700万斤粮食，并且还要求察哈尔省储备3000万斤备用；燃料煤门头沟有10万余吨，油盐储备也相当充足，因此使商人不敢囤积居奇，只得向外抛售，北平、天津粮价不升反降。北平市委见各地粮价下降过多，就主动收购粮食，让利于商，使北平市的粮价略高于四周地区，以免谷贱伤农。通过这些政策，北平市虽经过政权更替，但未发生剧烈市场动荡，尤其是百姓基本生活得到了稳定的保障。

第三项重要工作是促进特殊群体、特殊行业的团结与就业。如在处理北平市10万回民的问题时，北平市委要求团结回民中的最大多数，反对压迫回民的回奸回霸，组织回民生产合作社，举办回民干部教育、文化教育（回民学校），积极争取回民团体的积极分子，成立

"回联会",反对大汉族主义与大回族主义。

当时,北平市有4万三轮车夫、洋车夫,由于电车增加、物价比三轮车车价上升快,特别是坐车人数减少、车主害怕斗争不敢收取车租,三轮车行业修理瘫痪、市场萎缩,三轮车夫的收入下降较快,车夫多有怨言。北平市委采取动员车夫转行、酌增电车票价、组织消费合作社等办法,改善了三轮车夫的生活状况。

四、发展生产

发展生产、繁荣经济、改善人民生活,是新政权获得民心、巩固政权物质基础的工程。"经济建设工作是我们城市工作的中心"[①]。北平市政府在北平接管基本完成、生产初步恢复以后,将发展生产、把北平市由消费城市变为生产城市作为重要工作来抓。

此时,毛泽东、中共中央总结出经济建设的"公私兼顾、劳资两利、城乡互助、内外交流"的"十六字总方针",北平市委认真贯彻落实。4月16日,专门开会讨论并通过由彭真起草的《关于北平市目前中心工作的决定》,指出:"恢复改造与发展生产乃是北平党政军民目前的中心任务,其他一切工作都应该围绕着这一中心任务来进行,并服从于这一任务。"[②]

市委由此提出8条具体措施:迅速制定出指导公营和私营企业的生产和贸易的计划,减少无政府状态;首先恢复和发展一切可以供应城乡人民需要的有益于国计民生的工业、运输业和商业;把公营工厂的工人、私营工厂工人、作坊的手工工人和大商店的店员组织起来;在公营工厂中建立和健全工厂管理委员会,工人代表至少占半数;在私营企业中,正确地系统地处理劳资纠纷,调整和稳定劳

---

① 《中共北平市委关于加强城市管理与生产建设的决定》(1949年4月12日),见北京市档案馆编:《北平解放》,中国文史出版社2017年版,第800页。

② 《中共北平市委关于北平市目前中心工作的决定》(1949年4月16日),见北京市档案馆编:《北平解放》,中国文史出版社2017年版,第803页。

资关系，提高劳资双方的生产积极性，"这是目前恢复和发展私营企业生产的重要关键"；为恢复和发展本市工业提供机器、原料和产品市场，打通并用极大力量恢复和发展城乡贸易，尽可能恢复对外贸易，建立指导城乡贸易和对外贸易的专门机构；审查旧的税则，拟订新的税则；保护城市房屋所有权及其买卖租赁的自由，并解决城乡土地问题。①

为了使广大干部和党员更好地贯彻执行上述决定，加强对生产工作和工会工作的领导，北平市委又于4月17日发布了《关于生产与工会工作的初步计划》《关于公营企业机构及员工薪金问题的指示》，对于公营企业、私营企业、手工业、机关生产、商业、郊区农业、工会工作，企业机构的保持和改良、原职原薪、人事薪金调整和处理、员工生活等问题做出了具体规定。

在此基础上，北平市委又特别为解决私营工厂工人要求改善待遇、部分工厂工资过高、劳动纪律废弛、厂长不能指挥工人等问题，消除资本家对共产党政策的怀疑与顾虑等问题，于4月中下旬连续召开一系列座谈会，广泛听取各方意见。市委书记彭真、市长叶剑英、全国总工会副主席李立三都亲自参加了有关座谈会并讲话。6月，北平市政府组织举办工业展览会，邀请华北各地和其他解放区派代表团参加。叶剑英在会上就工业、农业和商业相互关系，以及城乡关系等问题做了重要讲话，强调北平工业、农业、商业要共同发展。指出，在恢复和发展生产的任务中，中心工作当然是发展工业；但要更好地发展工业，就必须重视发展农业生产；农业生产发展之后，能供给城市以原料和粮食，能提高购买力，扩大市场。城市要供给农村农具、肥料等生产资料；为了工农业的发展，城乡必须互助，而工农业经济又需要经过商业才能沟通起来；如果工农业产品没有销路，工农业生产就不能继续发展。因此，只有正确地指导贸易，发展贸易，去扩张

---

① 《中共北平市委关于北平市目前中心工作的决定》（1949年4月16日），见北京市档案馆编：《北平解放》，中国文史出版社2017年版，第803—808页。

销路，才能发展工农业。

与此同时，北平市合作社供销总社也纷纷成立，积极推动占国民经济很大比重的个体小生产经济走向合作经济，到1949年年底各种类型的合作社都达到一定规模，消费合作社209个，社员34万余人；农村供销合作社82个，社员近6万人；城市手工业生产社29个，社员1300多人，通过供销合作社共吸纳40万人，占全市总人口的20%。①

经过半年的努力，北平市经济的恢复、改造和发展生产的工作取得了明显的成效。8月9日北平市长叶剑英在北平市各界代表会议上做《北平市接管与施政工作》的报告，指出，"北平的工业生产是有进步有成绩的"。门头沟煤矿提高产量13%，燕京造纸厂产量提高263%。私营工业的生产大部分恢复，并且有一些行业已经超过了北平解放前，个别行业还超过了去年前半年。②

北平市的建政成绩，得到了毛泽东与中共中央的肯定。5月16日，毛泽东向华东局、华中局、西北局、南京市委通报了平津接收企业的经验：

> 据平、津经验，我占城市初期，如果接收企业的人员只准备接收，不准备经营，待接收之后再派人经营，则接收人员存"五日京兆"之心，无心经营，浪费物资，对企业生产损失甚大。因此，接收初期派去接收企业的负责人，即应尽可能选择那些可以付托他们经营的人们，嘱咐他们不但要接好，而且要管好，使生产不受损失，此点务请注意。此外，不可把企业物资（存厂的或已交给国民党政府、政府尚未付

---

① 王亚春：《解放初期北京城市生产的恢复与发展》，载《北京党史》2004年第1期。
② 《北平市接管与施政工作——叶剑英在北平市各界代表会议上的报告摘要》（1949年8月10日），见北京市档案馆编：《北平解放》，中国文史出版社2017年版，第573—578页。

价的都在内）当作战利品没收、分配、消耗掉。如果把企业物资（纱布、被服及其他制造品）当作战利品消耗掉，则政府势必要向企业付价，企业才能继续开工，否则企业即将停工，无力继续生产。此点亦是平、津的经验，前已告华东局，现再重说一遍，请你们转知所属注意。①

---

① 毛泽东：《通报平津接收企业的经验》（1949年5月26日），见《毛泽东文集》（第五卷），人民出版社1996年版，第301页。

第二章

进驻香山:"进京赶考"谱写历史新篇

1949年3月23日，毛泽东率领中共中央机关，离开中国革命的最后一个农村指挥部——西柏坡，向北平进发。周恩来见毛泽东醒来就过来询问是否睡得不错，毛泽东表示非常满意，并说，今天是进京的日子，"进京赶考"去。周恩来笑着说，我们应当都能考试及格，不要退回来。毛泽东说，退回来就失败了。"我们决不当李自成，我们都希望考个好成绩。"3月25日，毛泽东等中央领导进驻香山。中共中央驻香山虽然只有半年时间，但这里是中国共产党领导解放战争走向全国胜利、新民主主义革命取得伟大胜利的总指挥部。中共中央进驻香山是中国革命重心从农村转向城市的重要标志。

第一节　中共中央定址香山

定都北平是中华人民共和国成立的重要内容和步骤,也是毛泽东与中共中央建立新政权重大决策的组成部分。这个重大决策有一个形成与完善的过程,体现了毛泽东审时度势、高瞻远瞩的领袖风范。

一、新中国定都北平的决策

定都是国家政权建设的大事,甚至可以说是开国建设的头等大事。都城不仅是一个重要的城市重镇,更是一个国家政权的核心。在我国漫长的历史发展中,都城始终是国家的政治、军事、经济、文化、社会和外交中心,是国家的主权象征,也是国家、民族命运的引擎、核心和命脉。所以,建国由定都开始,政权衰亡或复兴也是以都城陷落或还都作为标志。

传统中国的都城选址的要素中主要是两项,一是在全国领土中的地理方位,包括是否是全国的地理中心、能否有效控内御外、是否接近统治集团的发源地;二是备选城市本身的地理环境、人文环境。[①]

古代中国王朝政权定都大致以南宋为界。南宋之前的主要政权定都在黄河中上游的西安(长安)—洛阳一线,即在关中平原的长安和东边的"崤函帝宅,河洛王国"的洛阳。长安处泾渭平原的腹地,是汉、唐政权的核心区域,也是威慑匈奴族的重镇;洛阳是晋豫大地的要津,是中华民族向东发展的枢纽,随着中华民族经济重心的东移,洛阳渐成为固守中原腹地、旁顾东西南北四面八方的地理中心。其中,赵匡胤建都开封,也只是洛阳建都的一个插曲。到了南宋之后,中华民族的经济重心南移,江南(包括长江中下游区域的长江三角洲和两湖区域)开发为国民主要粮食的供给地区,文明发展也俨然与北

[①] 周振鹤:《行不由径:周振鹤演讲访谈录》,东方出版社2018年版,第5页。

方区域分庭抗礼,而保障华北、东北地区的边境稳定一直是王朝政权的重要安全战略,南京与北京的重要性就凸显了出来。元明清三个王朝的都城就是在这两处中进行选择。

孙中山在《建国方略》中明确提出南京应为中华民国的首都,其理由就是南京的地理、人文、经济优势:南京为中国古都,在北京之前,而其位置乃在一美善之地区。其地有高山,有深水,有平原,此三种天工,钟毓一处,在世界中之大都市诚难觅如此佳境也。而又恰居长江下游两岸最丰富区域之中心,虽现在已残破荒凉,人口仍有一百万之四分一以上。且曾为多种工业之原产地,其中丝绸特著,即在今日,最上等之绫及天鹅绒尚在此制出。当夫长江流域东区富源得有正当开发之时,南京将来之发达,未可限量也。

由于是给袁世凯政府提出的建国之策,孙中山有一点没有明言,国民党革命的中心和主要力量在南京、在长江中下游地区。即便如此,南京位于江南、长江三角洲的重要经济带,有着重要的政治、历史、地理优越性,作为中华民国首都,是当然之选。但是,此时因蒋介石集团倒行逆施,国民党政府败亡指日可待,新中国的定都计划就提上了议事日程。

中共中央和毛泽东定都北平是历史的选择、时代的选择和人民的选择。

历史的选择,是指北平的历史地位。北京(平)自古以来是北方尤其是华北的军事、政治、经济与文化中心,是元明清三朝都城。把北平定为新中国的首都,这是对中华民族悠久历史的传承,中国人民从内心深处是很容易接受、认同的。

时代的选择是指北平当时的状况。1948年年底北平和平解放在即,北平的城市建设能够在最大限度上得到保护,是一个完整的大城市。同时,在中华民国时期,北京(平)也一度是国家首都,在其后的22年历史中也一直是国民党政府直隶中央的特别市之一,在1948年的人口统计中,北平市的城市人口是200多万,居于全国特大城市前列。①

　　同时，革命力量的重心此时也在东北与华北，北平的地理位置较接近于苏联。斯大林一直坚决支持中国共产党早日建国，定都是政权稳固的关键因素之一。米高扬密访西柏坡，对于毛泽东、中共中央决定定都北平是肯定与支持的。②这在米高扬向斯大林汇报会谈成果的报告中可以得到证实。米高扬在1949年1月31日的电报中说："关于组建联合政府的问题。毛泽东说，还需要三周的时间进行准备，来清除北平的敌对分子，以便在此之后把北平作为首都，组建联合政府。"毛泽东表示这样做有两个主要理由，一是支持中共的中国政治活动家绝大多数支持在北平建都，二是斯大林来信也希望在北平解放后就在这里组建政府。③

　　人民的选择，是指中国人民要求中共中央将革命的中心、建国的中心置于北平。1949年1月初，北平已被解放军团团围住，华北"剿总"司令傅作义认清大局，请已被国民党政府免职的前北平市长何思源遍访驻北平的高级将领，要求他们支持何思源发起和平解放北平运动。1月17日，在华北七省市参议会上，以北平荣誉市民身份与会的何思源督促与会将领接受毛泽东与中共中央的条件：

　　　　就国共蒋、毛二位先生的通电内容和出城和谈的条件，我想讲几点意见。几天前我在南京时看到白崇禧的湖北参议会和河南张翰的通电，都是些陈词滥调，政客故伎。我们不要那样，我们要简单直说，一是要求将北平改为北京。北京人最讨厌叫北平而不称北京，这个要求是最符合民心的。二

---

①　韩光辉：《民国时期北平市人口初析》，载《人口研究》1986年第10期。该文资料来源是1956年北京市公安局人口统计资料。

②　宋传信、郑学伟：《新中国定都北京研究述略》，载《当代北京研究》2013年第1期。

③　沈志华、崔海智：《毛泽东与苏共领导人第一次正面接触——关于米高扬访问西柏坡的俄国解密档案》，见《冷战国际史研究辑刊》(18)，世界知识出版社2014年版，第321页。

是要求在北京设中央政府。说句俗话,北京人以前最喜欢自称"天子脚下之臣",越靠近中央越好。三是按中共毛泽东主席的八条进行改革。刚才一些先生提出的那些,如干部留用、军队改编等等,那是中央政府应当操心的事,我们不要管。我认为这才是真正的民意。①

何思源所提三点方案:将北平改称北京;在北京设立中央政府;中央政府统一全权,得到与会者的同意。何思源也被推举为"华北人民和平促进会和平代表团"的首席代表,出城与解放军前线指挥部接洽。这反映了北平市政界、商界和社会精英对人民政府定都北平的期待。

还有一个最重要的因素就是中共力量的重心在北方。其时,解放军的兵力已达280万人,野战军即有149万,解放区面积达235万平方公里,人口1.68亿,东北全境解放,东北、华北连为一体,北中国的广大区域成为中国共产党的稳固根据地和大后方。"华北人民解放战争的伟大胜利,连同东北、华东、中原、西北人民解放战争的伟大胜利,以及南方人民游击战争的胜利在一起,已经奠定了人民解放战争在全国胜利的巩固基础。"②

毛泽东、中共中央在西柏坡时,已经开始谋划成立新中国、定都北平。毛泽东率中共中央由延安迁移至西柏坡,在某种程度上已经明确了共和国首都的指向。在革命不断走向胜利的过程中,毛泽东与中共中央决定定都北平的决策指向也越来越清晰,毛泽东多次向当事人尤其是在北平周围战斗与工作的主要领导人征询意见。

1948年5月,中央要求晋察冀、晋冀鲁豫解放区合并,组成华北局、华北人民政府。"华北人民政府的成立,中央是试图以此作为一个

---

① 晓鸥:《参与和平解放北平的何思源》,载《炎黄春秋》1995年第1期。
② 《中国共产党中央委员会贺平津解放电》(1949年2月2日),载《人民日报》,1949年2月4日。

国家的蓝图来试点的"①。11月8日,中共中央、毛泽东决定由华北局接管天津、北平。北平解放后,指示薄一波先行进入北平,为中央进驻北平打前站。毛泽东说:进北平要依靠工人阶级。"蒋介石的国都在南京,他的基础是江浙资本家。我们要把国都建在北平,我们也要在北平找到我们的基础,这就是工人阶级和广大的劳动群众。"②这表明到1948年11月毛泽东已经明确决定新中国将定都在北平。

1948年12月底,在平津战役进行正酣时,聂荣臻直接发电报给中央,"在打下天津以后,争取和平解放北平",以为定都北平做好准备。聂荣臻回忆说:"毛泽东同志以及其他中央领导同志,看了我发去的电报以后,回电表示完全同意。"③

时任北平市军管会主任兼北平市长的叶剑英在1948年12月24日对接管北平的干部讲话时指出,新中国将定都北平,要求广大干部要高度重视北平的接管工作:"北平是一个有关国际观瞻的城市,是我们自己的城市,是红色的首都。……我们接管北平工作的好坏及所发生的影响,不是孤立的某个干部或北平本身的问题,而是联系着整个世界的观瞻,是中国人民能否在共产党领导下管理自己的问题。现在我们要向全世界、全中国人民表示,中国人民能管理自己。"④要求广大接管干部要用庄严的态度对待一切,去掉诸如报复、享受等不正确的思想,健全党的生活,接受批评,彼此监督,完成这个重大、光荣的任务。在这个讲话中,叶剑英已经明确地表明北平将是新中国的首都。

前述1949年1月底2月初米高扬密访西柏坡时,毛泽东也告知中共中央准备建都北平。3月初的七届二中全会上,毛泽东宣布说:"我们希望四月或五月占领南京,然后在北平召集政治协商会议,成

---

① 《聂荣臻元帅回忆录》,解放军出版社2005年版,第543页。
② 薄一波:《若干重大决策与事件的回顾》(上卷),中共中央党校出版社1991年版,第4页。
③ 《聂荣臻元帅回忆录》,解放军出版社2005年版,第558—559页。
④ 《叶剑英关于军管会的任务、组织机构及如何工作的报告要点》,见中共北京市委党史研究室、北京市档案局编:《北平的和平接管》,北京出版社1993年版,第28、36页。

立联合政府,并定都北平。"①

至此,新中国定都北平一事,成为中央决定,并告知全党。

二、中共中央决定迁驻香山

中共中央明确定都北平,毛泽东和中央临时驻地选址又摆上了议事日程。当时备选为中央驻地的有两处,一是中南海,二是香山。

中南海为北平的中心,在故宫西侧,彼时是一个开放性公园,不便于安全保卫;香山地处北平西郊,山势较高,安全保卫有自然屏障,而且,山上以双清别墅为中心的建筑群,可以供四五千人居住,是理想的驻营场所。

杨尚昆回忆说:首先是驻地的选择。1月中旬,我先后派李克农和范离②去北平选地。中南海曾经是国民党华北"剿总"的驻地,地处闹市,安全警戒条件不成熟。他们和叶剑英、彭真同志商量后,建议先以离北平市区20公里的香山为中央机关的临时驻地。那里林木葱郁,环境幽静,又利于防空。中直机关共有工作人员5500多人,香山的慈幼院有一批现成的房屋可以利用,这个慈幼院是曾任北洋政府国务总理的熊希龄创办的,只要牵动一家,将房舍略加修缮,便可供中央机关使用。双清别墅是熊的住宅,可以供毛主席临时居住。③

范离到达北平后,经过初步勘察,认为最好临时驻扎在香山,因为香山现有住房较为宽敞,只需动用慈幼院的房子即可基本解决中央机关用房。这个意见得到叶剑英的同意。1月底,范离带着叶剑英的亲笔信,回到西柏坡向杨尚昆汇报。④

---

① 毛泽东:《在中国共产党第七届中央委员会第二次全体会议上的报告》(1949年3月5日),见《毛泽东选集》(第四卷),人民出版社1991年版,第1436页。
② 范离时任中共中央直属供给部副部长。
③ 《杨尚昆回忆录》,中央文献出版社2007年版,第284页。
④ 中共北京市海淀区委党史研究室编:《中共中央在香山》,中央文献出版社2003年版,第4页。

1月31日，杨尚昆听取汇报后，向周恩来建议派李克农去北平，"赶办一切"。周恩来表示同意。2月1日，李克农和杨尚昆商议进平"安家"事宜。杨尚昆说：我们这两年来连续"搬家"三次。1947年3月被迫撤离延安，中央一分为三。1948年3月中央三合一，进入西柏坡，中国革命进入高潮。此次"搬家""安家"大不相同。一是由乡村搬入城市，而且是特大城市；二是现在时局处于最紧要关头，指挥工作一刻不能中断，应速战速决，尽早落实落地。三是北平还未完全解放，是局部和平，敌特分子仍很活跃，敌人力量并未彻底扫除，政治安全、干部作风的建设均需要特别加强。所以，中央移驻北平香山，加强政治保卫极为重要。

2月初，李克农带领12人的考查小组来到北平，在北平市警备司

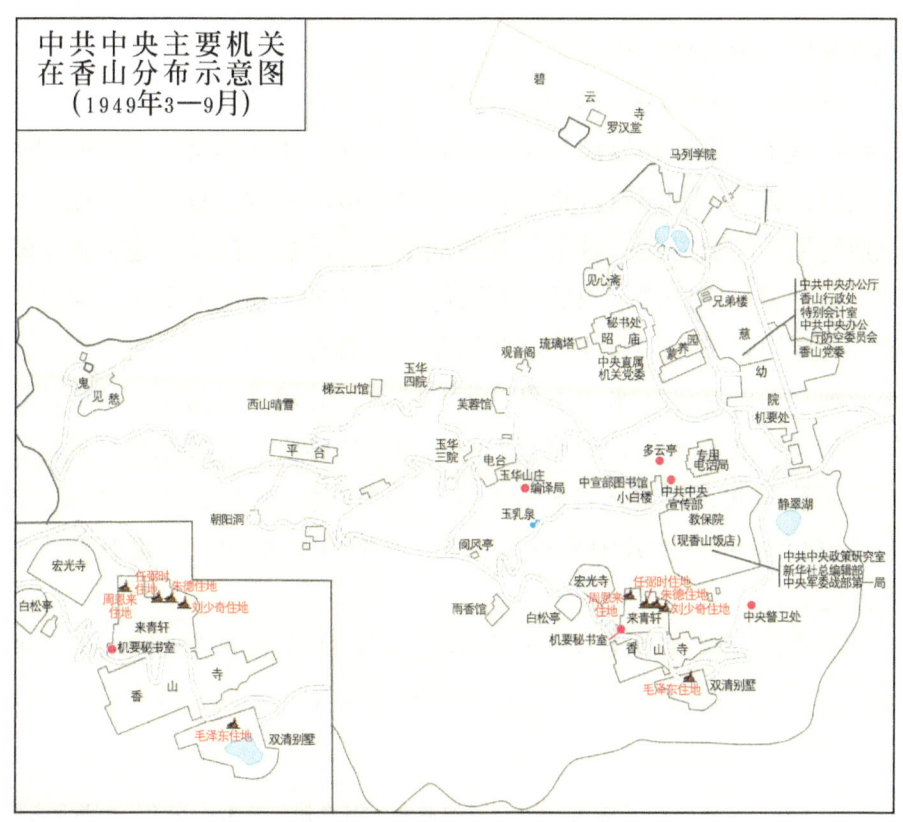

中共中央主要机关在香山分布示意图（1949年3—9月）

97

令部司令员程子华陪同下到香山勘察。2月9日,李克农报告中央,认为把中央临时驻地定在香山是适宜的,并且林彪已同意调吴烈师为警卫部队,已经调派2个连的工兵修理房舍、修筑防空洞工作。李克农在电报中还建议,中央驻地对外简称"劳动大学",下设3个处:筹备处位于弓弦胡同15号,由赖祖烈主持,负责办理交涉、筹备日用物资;收发处位于颐和园青龙桥,中央社会部干部王范主持,负责调查社会情况,布置警卫,安排机关人员的驻地等;招待所位于香山,中央组织部干部边纪忠、中央办公厅行政处办公室主任田畴主持,负责香山驻地房屋修理、布置、租借、建设等事宜。中心在香山,中央社会部、组织部、招待所、直属机关供给部均进驻香山。中央警卫团负责颐和园、香山、西直门的全部警戒任务,范离专门负责筹备"劳动大学"全体人员供给事宜,香山公安分局(郊五分局)协助收发处、招待所工作。①

香山已于1948年12月14日被解放军接管。当时,中共在北平的主要首脑机关都驻在以颐和园为中心的西部,如叶剑英为市长的北平市政府即驻在颐和园益寿堂。香山是北平市的名胜,有很多名流在此筑造房屋,避暑游玩。香山的双清别墅是北洋名流熊希龄建造的慈幼院中心,是一座幽静别致的别墅庭院,一排坐北朝南的平房,典雅精致,房屋可供一家人居住。以此房屋为中心有一个小院,院内有一个小池塘,荷叶满池,水流不息;旁有翠竹,并建有六角亭,亭前两棵猕猴桃树,藤蔓繁茂,阴凉宜人。院内清凉静雅,云雾缭绕,犹似仙境。再往西北,则是来青轩等庭院,是慈幼院主建筑群,房舍众多,共有3000余间。中共中央机关驻此,既便于防空保卫,也有利于尽快搬住。

熊希龄是湖南著名士绅,担任过民国总理,是清末民初的开明派。北洋时期南北分裂,熊氏对政治日益失望,转向公益事业,主持

---

① 《杨尚昆日记》(上册),中央文献出版社2001年版,第37—38页。中共北京市海淀区委党史研究室编:《中共中央在香山》,中央文献出版社2003年版,第5—6页。

香山慈幼院工作，收留、抚恤孤残幼儿。熊氏与毛泽东有旧，当年毛泽东赴京领导驱逐湖南督军张敬尧的社会运动、组织湖南青年赴法勤工俭学，得到湘籍名士的支持，其中就有熊希龄。毛泽东后来评价熊希龄说："一个人为人民做好事，人民是不会忘记他的，熊希龄做过许多好事。"①

由此，中共中央正式决定迁驻香山。

---

① 毛泽东等1918年组织湘籍学生赴法勤工俭学，所筹款项主要由熊希龄所助。时毛泽东向老师杨昌济求助，杨推荐毛去拜访时在北京议和的南方护法军秘书长章士钊。章士钊转求已经在野的熊希龄，熊拿出存放在交通银行、由其保管的湖南税收2万元资助。此事毛泽东直到晚年仍以为是章士钊的个人资助。

第二节 "进京赶考"忠告全党

中共中央同意、确定迁驻香山后,杨尚昆即与北平市政府、中央相关部门紧急行动起来,为中央正式进北平做准备。准备工作主要为三个方面:一是提高认识,要求全体干部深刻认识到这次是"迁都",是中共中央进驻北平这样的特大城市,任务艰巨、光荣;二是必须万无一失,保证中共中央驻地的绝对安全;三是妥善安排各路保卫工作,尤其是沿途警戒的时间、人员和部署。

一、迁平筹划与准备

1949年2月10日,杨尚昆召集西柏坡驻地的各单位负责人开会,要求全体同志务必正确认识到这次搬迁的重要性、紧迫性和艰巨性,因为存在三大困难。一是进入大城市,这对于20多年来一直在农村革命的部队来说,"不能不说是大变动",面临很多新情况、新挑战;二是北平是和平解放,没有经过肃清运动,还有反动势力的残余,阶级斗争的情况非常复杂;三是走得快,来不及充分筹划,"同志们应警惕、应小心,同时要正确认识,不要希望太高、要求太高,更要保持我党朴素的作风"。

周恩来对香山的安全警戒十分重视。2月9日,当陈云、罗荣桓从东北到西柏坡向书记处汇报工作时,周恩来当面要求四野先抽调一个师到香山一带驻守,准备保卫党中央,并指示杨尚昆将扫雷、无线电等专业人员和范离等一起,作为先遣人员去香山进行侦查勘察。后来,四野派吴烈所部一个师进驻香山一带,并在香山制高点"鬼见愁"建立了一个高射炮阵地。同时,为了保证交通电讯问题,中央在1月底指示滕代远到西柏坡,周恩来亲自和滕代远、吕正操、黄克诚商谈,布置中央机关进北平的交通安排。从西直门到香山,当时没有正规的公路,汽车上不去,决定从四野调来一个工兵连,用20天赶修了一条公路，让汽车可以直上香山、双清别墅，这是中共中央进北平前修的第一条公路。周恩来还指示廖承志把电台广播的交替问题安排好，此前电话已经接通香山。这样，中共中央进驻香山前所有通信联络就都畅通了。

3月16日晚，杨尚昆将迁移的准备情况向朱德和周恩来汇报。朱德说：毛主席的意思是想在这里再留驻两个月，如果和平谈判，也可以在这里进行。但周恩来和任弼时主张快些进北平，因为北平的政治活动日渐频繁，中共中央偏居西柏坡，工作很难适应。大批民主人士、社会各界代表也已经到达北平，主要的社会团体会议也相继在北平开幕，北平的政治中心地位越来越突出，从客观需要到主观准备，中央机关迁移北平的条件已经成熟。周恩来、任弼时的意见为中共中央书记处所接受。3月17日晚，中央书记处决定：23日启程向北平进发。①

这时在北平负责防务的四野部队是中央警备团，已经入城7个连800人，他们经过良乡整训，编入北平市公安局，番号为"北平市公安总队"，由张廷祯、魏传连负责，直接归属谭政文指挥，负责北平警戒任务。吴烈正率部在天津以南的汉沽港地区整训，接到命令后马上赶到了香山负责警戒。吴烈是老资格的政治保卫干部，长期负责中央安全，在延安时曾担任警卫团团长。吴烈师得到罗荣桓的高度肯定，罗荣桓亲自向周恩来推荐来保卫中央。3月13日，吴烈师（第207师）1.5万人全部进驻新任务区，师部驻颐和园后大有庄，所属第619团驻海淀、第620团驻磨石口、第621团驻清河。

执勤业务由中央社会部领导，与中央警备团一起担负中央首长、机关和首都的警卫任务，主要是清剿京郊地区的游勇散兵，肃清敌特分子，打击流氓，稳定社会秩序。②征得周恩来同意，李克农以中央社会部的名义组织了一支150人的"中央便衣警卫队"。

这支部队在1949年1月中旬组建，招收队员的条件是家庭出身

---

① 《杨尚昆回忆录》，中央文献出版社2001年版，第287—288页。
② 孙国：《秘密警卫行动——访北京军区原顾问吴烈》，载《党史博采》2005年第1期。

贫下中农，政治上绝对可靠；年龄25岁以下，身体健康；3年党龄，5年军龄。1月18日，招收160多人集中到建屏县西黄泥村训练班集中学习，称"中共中央社会部便衣人员训练班"，分3个区队、11个分队和1个女生分队。学员主要是华北军政大学的连排干部、中央警备团的连排干部和中央社会部的部分干部，负责人是队长高富有（中央警备团手枪连连长）、指导员焦万有，由李克农部长直接领导。

由于中央决定提前入平，训练班较早地结束了训练任务，3月8日即先期开赴北平。在迎接毛泽东、中共中央移驻香山途中，便衣警卫队除去抽出来准备化装隐蔽搞商业摊点的以外，大多数人被分派到香山至西直门公路沿线的警卫区域担任警戒，一区队负责香山至颐和园东宫门，二区队负责颐和园东宫门至白石桥，三区队负责白石桥至西直门。三区队还抽出一部分人负责八大处至香山沿途的警卫工作。西直门以内的路线警卫归北平卫戍区纠察总队负责。①

3月17日，中央迁驻香山的工作正式开始。中央书记处会议决定将在西苑机场举行入城仪式、检阅部队，毛泽东将发表主席声明。20日，中央组成杨尚昆、曾三（时为中央办公厅秘书处处长）、邓典桃（时为中央直属机关供给部部长）、邓洁（时为中央直属机关经济建设部部长）、廖志高（时为中组部干部处代理处长）、方志纯（时为中央社会部二室主任）6人组成"转移委员会"，全盘负责中央搬迁工作。

3月21日，按照中央要求，在北平的几乎所有主要领导人，包括平津前线司令部林彪、罗荣桓、聂荣臻、刘亚楼等主要军事首长，华北局副书记薄一波，北平市委书记彭真，北平市军管会负责人叶剑英、程子华等悉数到会，召开迎接中央迁平会议。会议按中央要求成立了叶剑英、聂荣臻、程子华、刘亚楼、李克农5人组成的迎接中央迁平组织委员会。会议对毛泽东、中央迁平沿途的警卫、对空警戒、阅兵保卫、城市庆祝等活动都做了严密的部署：华北军区负责从唐县到涿州段；四野42军负责涿州到长辛店段；四野41军负责长辛店到

---

① 孙有光：《新中国第一代便衣警卫亲历记》，载《百年潮》2006年第8期。

西直门段；李克农负责西直门铁路以西到香山段。刘亚楼负责对空警戒和阅兵总指挥，阅兵参战部队由四野组织3个步兵团、1个摩托化团、2个炮兵团、1个坦克营组成；毛泽东到时，36门礼炮鸣炮各4响，共144响示敬，炮弹为演习弹。①

随即，叶剑英、李克农将布置电告周恩来、任弼时、杨尚昆。22日晚7时，周恩来代表中央复电，基本同意所提各项布置，但对鸣炮表示反对，要求代以军乐队，并要求派一负责干部到达涿州，中央将在涿州歇息一晚。至于是坐火车还是汽车进平，到涿州再定。

3月22日，叶剑英、李克农再次致电中央，提出由于从广安门穿城经西直门到西苑机场，公路不好走，建议乘火车，并表示铁路沿线已做好安排：从涿州到清华园60余公里，一共12站，2小时即可到达。现每站派两个负责人，一人看守电话，一人紧盯道岔、监督车辆通过。在中央首长换乘火车进平时，编列3列车，每列8个车皮。第一列车挂8个客车，为轧道车，载警卫部队、少数干部及警卫人员，到西直门后下车，坐卡车直到香山；第二列车挂8个卧车和1辆餐车，直开清华园站；第三列车有5个客车、3个行李车，直接开到前门车站。3列车错开，是为安全起见。该方案得到周恩来同意，这也是后来毛泽东、中共中央的进平路线。②

21日早晨，四野政治部保卫部部长兼联络部部长钱益民、司令部作战科科长尹健带着100辆大卡车、20辆中小吉普车，分别从北平、天津出发，赶往西柏坡，迎接毛泽东、中共中央迁平。22日，车队赶到西柏坡。

二、"进京赶考"

中央进北平分两拨行动。先是中央书记处要求杨尚昆3月23日

---

① 中共北京市海淀区委党史研究室编：《中共中央在香山》，中央文献出版社2003年版，第9页。
② 同上书，第9—10页。

午夜12时先走，24日到达北平，等待中央25日到北平。杨尚昆坐小吉普车当日午夜12时到达保定，24日早晨9时再出发，中午12时到达涿州，下午3时再动身，黄昏时分到达香山。这一路走了近20个小时。

3月23日下午2时，毛泽东等书记处大队人马开始动身。有人说本来毛泽东要警卫战士早晨9时叫他起床，但周恩来看他睡得不错，就没让叫醒他，直到快10点时毛泽东才自己醒来。但是杨尚昆当日日记记载说，他带第二个孩子先去北平，走时已经是中午12点了，但"毛周尚未起床"[①]。时任中央机要科工作人员的梁守谦也撰文回忆说："汽车启动了，毛主席就要离开住了十个月的西柏坡了。时间是1949年3月23日下午14点30分左右。当时我想一定要把这个时刻记住，将来有人问：'毛主席是什么时间离开西柏坡的？'我能很快地回答他。"[②]周恩来见毛泽东醒来就过来询问是否睡得不错，毛泽东非常满意，并说，今天是进京的日子，"进京赶考"去。周恩来笑着说，我们应当都能考试及格，不要退回来。毛泽东说，退回来就失败了。"我们决不当李自成，我们都希望考个好成绩。"[③]

毛泽东所在的中央车队由11辆吉普车、10辆大卡车组成。走在前面的是中央警备团的警卫员们乘坐的吉普车；毛泽东坐第二辆车，是一辆美国产的中型军用吉普车，坐在这辆车上的还有警卫排长阎长林等人；刘少奇、周恩来、朱德、任弼时、陆定一各家分坐在后；10辆大卡车再在后，前面5辆用来拉机关工作人员和行李，后面5辆拉中央警卫团手枪连和1个步兵排。

---

① 《杨尚昆日记》（上册），中央文献出版社2001年版，第62页。

② 王震宇主编：《在毛泽东身边：106位毛泽东亲属和身边工作人员的回忆》，人民出版社2009年版，第70页。梁记忆的准确时间应是下午2点30分左右。

③ 中共中央文献研究室编：《毛泽东年谱（一八九三—一九四九）》（下卷），人民出版社、中央文献出版社1993年版，第469页。《跟随主席从西柏坡到北平》，见《西柏坡记忆》（第二卷），中央文献出版社2010年版，第281页。阎长林：《我的警卫笔记》，中国青年出版社2009年版，第277—278页。叶子龙口述，温卫东整理：《叶子龙回忆录》，中央文献出版社2000年版，第147页。

毛泽东一行走得很顺利，但也很辛苦。由于是蜿蜒山路、土路路面，坑洼不平，尘土飞扬，毛泽东不得不戴上口罩和不常用的墨镜，穿着雨衣，"全副武装"以抵挡灰尘。300公里走得比较慢，直到天黑，才赶到唐县城东淑闾村住下。

一路上，毛泽东兴致很高，和警卫人员、身边工作人员有说有笑。毛泽东说，这几年的3月我们都有行动。1947年的3月撤离延安；1948年的3月22日由陕北米脂杨家沟向华北前进；今年的3月是差一天（23号）整一年向北平前进，明年3月就要解放全中国了。我们没有想到这么快，没有想到撤离延安两年就进北平了。蒋介石也没有想到。①

东淑闾村位于河北唐县城东北约2000米处，是唐县到保定的一个大邑，也是一个历史悠久的古村。原打算让毛泽东和其他领导人留宿在王鹤寿家，因为王鹤寿是唐县入党最早的共产党员，长期担任重要职务，这时担任东北中央局副秘书长，住在他家安全可靠。后来考虑到他家在县城南关，周围社会和政治情况比较复杂，最后决定留宿在东淑闾村李登魁烈士家。李登魁家是一个革命家庭，其弟李冷是长期从事公安、保卫工作的干部，儿子李成瑞在晋察冀边区政府工作，两人都是抗战初期入党，家庭也完全可靠。同时，这个村村民政治觉悟高，群众条件好。②

李成瑞的弟媳回忆说：那一天，群众把街道和院子打扫得干干净净，屋子里铺上了谷草。"主席带领的部队不扰民，天黑了之后才进村住下，第二天一大早就离开。很多村民们只知道来了一支解放军部

---

① 阎长林：《我的警卫笔记》，中国青年出版社2009年版，第282页。《张耀祠回忆录——在毛主席身边的日子》，中共党史出版社2012年版，第40—41页。

② 《西柏坡五大书记进京　毛泽东："决不做李自成"》，载《燕赵都市报》，2009年9月1日。李登魁原为小学教师，抗日战争时期担任淑闾村村长，1942年12月3日被日伪军逮捕，受尽酷刑，在唐县县城西关英勇就义，年仅40岁。(《唐县志·人物篇》，河北人民出版社1999年版，第771页。)其长子李成瑞，15岁时参加敌后抗战，当时在晋察冀边区政府工作，中华人民共和国成立后，曾任国家统计局局长。后来，这所房子划给了李殿祥。

队,直到几天后大家才知道,原来当时来的就是伟大领袖毛主席。"①

24日早晨9时,毛泽东一行再出发,向保定前进。一路上,路况变好,吉普车也跑得较快。快到保定城时,周恩来提议大家短暂休息,清洗一下风尘。这时围观的群众很多,毛泽东说,这是老百姓相信我们,如果是日本人、国民党,大家都会躲得远远的,要求车队尽量开慢点,不要开快车伤着老百姓。在省委机关,毛泽东一行受到冀中区党委书记兼冀中军区政委林铁等的热烈欢迎。随后,由林铁、万毅(驻军42军军长)陪同共进午餐,简单的餐桌上摆的是保定的甜面酱、白洋淀的鱼虾、满城的驴肉、清苑县的老白干等当地特产。席间,毛泽东再次提到李自成:"李自成是农民领袖,揭竿领兵,前仆后继,好不容易取得了胜利,一骄傲就失败了,连他自己的性命都没有保住,我们可不要当李自成呀!"②饭后一直到下午3点都在开会,听取工作汇报。在会上,省公安厅询问因为有老百姓知道毛泽东等中央首长到了保定,是否需要净街,周恩来表示不必,但要把街上的秩序搞好。

毛泽东等在涿州准备暂住42军军部休息一晚,等待北平市长叶剑英等的安排。按叶剑英等原先的报告,在此毛泽东等要改乘火车进入北平。毛泽东先到街上溜达了一会儿,见街上非常冷清,就问随行的涿县县委书记王成俊。王表示,由于国民党94军驻军时,为了防共,把所有的小商小贩都赶到了东关,百姓难以回城,解放后一时没有顾及这个问题。毛泽东说,老百姓关心的,正是我们要办的。解放了,工作千头万绪,要抓主要的,就是着眼于进行和平建设,恢复和发展生产,繁荣经济,这没有市场不行,要尽快把市场迁回来。③

---

① 《西柏坡五大书记进京 毛泽东:"决不做李自成"》,载《燕赵都市报》,2009年9月1日。

② 李芬:《"中共中央进北平"若干历史细节》,载《北京日报》,2016年10月31日。

③ 《五大书记进京"赶考"记:毛泽东车队被拦下》,载《燕赵都市报》,2009年9月2日。

傍晚,叶剑英和滕代远赶到,汇报进入北平的细节安排问题。叶剑英请示说,明天的安排是,毛泽东和中央领导将乘火车入平,先到丰台,在清华园站下车,改乘汽车去颐和园。这中间,下午将在西苑机场举行阅兵式、入城式,与民主人士见面,晚上在颐和园住宿。毛泽东听后指示不必将入城式搞得规模过大,不要兴师动众,等以后全国完全胜利,再组织群众庆祝。周恩来建议,西苑阅兵式后,毛泽东等要接见民主人士、各界代表,特别是一些党外著名人士,如李济深、沈钧儒、陈叔通、郭沫若、黄炎培、柳亚子、茅盾等人,成立新政权后,他们的工作安排也要考虑。毛泽东对此表示赞同,指出:这些人在与蒋介石反动统治的斗争中是英勇的,为革命斗争做出了贡献。明天见面,是他们欢迎我们,也是我们欢迎他们,要向他们表示感谢。我们希望他们继续同我们合作,在今后的政府工作和其他工作中,他们能够做出应有的贡献。

3月25日凌晨2时,毛泽东等登上进平的火车。火车是3列,毛泽东乘坐的是第二列。上了车,叶剑英报告说,中央机关的住房都安排好了,住在香山,北平的名胜古迹都得到了很好的保护。北平军管会的工作也得到北平市民的支持与拥护,不少民主人士、普通市民都来信来电,表示拥护共产党。工厂照常开工,商店照常营业,学校照常上课。

毛泽东对此表示很欣慰,说:和平解放的城市一切照常,这就好了。我们不但要能解放大城市,也要能管理好大城市。我们全体解放军和干部,都要学会管理城市工作和经济工作。周恩来也说,我们要比蒋介石政府强,我们能管理好大城市,也能管好国家经济。

毛泽东还回忆起以前来北平的情景:"我30年前来过北平,那时为了寻求救国救民的真理而奔波,在北平我遇到了李大钊同志这样的大好人,在他帮助下我才成了一个马列主义者。他是我真正的老师。"[1]

---

[1] 阎长林:《我的警卫笔记》,中国青年出版社2009年版,第294页。

凌晨6时，毛泽东的专列到达北平的清华园车站。这个站点很破败，但为了安保需要，叶剑英、李克农特意选择此地作为转换站。

毛泽东第一个走下火车，受到在此等候的聂荣臻、彭真、李克农等的热烈欢迎。毛泽东没有在此休息，立刻乘汽车前往颐和园。到达颐和园后，毛泽东一行进入景福阁休息。

颐和园万寿山东部山顶上的景福阁，初建于乾隆年间，原名叫昙花阁，是个礼佛场所。咸丰年间被英法联军烧毁，光绪年间重建为单层三卷歇山式，改叫景福阁。慈禧太后曾在此观雨、赏月，接见外国使节。

毛泽东等中央领导在景福阁聚齐后，便移师东边的益寿堂。益寿堂是一所四合院式建筑，5间北房，其中3间临时作为会客室和饭厅。屋里放着3张大圆桌，桌子上铺着洁白的桌布，上面放着餐具、酒杯，还有两瓶白葡萄酒。毛泽东、朱德、刘少奇、周恩来、任弼时、叶剑英、彭真、聂荣臻、陆定一和李克农等领导，围坐在大圆桌边。另外两张大圆桌，坐的是工作人员和首长们的家属。叶剑英举起酒杯说："请主席喝杯酒吧，今天是很值得纪念的日子，应该喝一杯。"毛泽东笑着说："好，咱们都干了这一杯。"

毛泽东一边吃饭一边问："这鱼是什么地方养的？很好吃。"叶剑英答道："这是昆明湖里的鱼，味道非常鲜美。"①

聂荣臻介绍了西苑机场的情况，说："经过研究，阅兵在西苑机场比较合适。那个地方靠近山区，好防空，地方大，部队和群众都能摆开。下午5点钟开始，也有利于防空。就是离市区远了点，没有公共汽车，交通不方便。"周恩来不顾疲劳，稍事休息后就同叶剑英等到西苑机场检查阅兵的准备情况。②

---

① 阎长林：《我的警卫笔记》，中国青年出版社2009年版，第295页。关于毛泽东等中央领导初到颐和园，叶剑英市长设宴招待的说法，也可参见赵桂来：《从宝塔山到中南海——高富有记忆中的一代伟人》，中央文献出版社1998年版，第278页。

② 蔡景惠、张源洪：《中共中央在香山概述》，见中共北京市海淀区委党史研究室编：《中共中央在香山》，中共党史出版社1993年版，第5—6页。

关于毛泽东进城是否顺利吃上了饭,还有另外一说,如叶子龙口述、温卫东整理的《叶子龙回忆录》就这样写道:

进入颐和园,毛泽东提出散散步。在昆明湖边他发现偌大的公园空空荡荡的,竟没有一个游人,就问:"公园里怎么没有游人啦?"

我回答,为了首长的安全,今天公园不开放。

毛泽东不高兴了:"公园不是私园,没有游人像什么样子。好了,不游了,不游了!"

毛泽东来到益寿堂休息。他说肚子饿了,要吃饭。说来奇怪,快到中午了,这里既没有准备饭菜,连个工作人员也见不到。房间里有一个煤炉,但看上去已经很长时间没有生火了,大家都冷得要死。

我们马上开始生火,准备做饭。但是炉子怎么也点不着,还弄得到处都是黑烟,几个人都成了黑脸包公,也无济于事。这也怪不得大家,过去我们都是用柴灶做饭,谁也没有见过这种铁炉子。毛泽东显然还在生气,他很不客气地说:"叶子龙,你们怎么连炉子都生不着?统统撤职!"

我心里觉得委屈,人家从来没干过这活,这种火炉都是第一次见,谁知该怎么摆弄这铁家伙?我采取的方法是:先把煤块放进炉膛,再把木柴放在煤的上面。这样做的结果当然是事倍功半了。

因为毛泽东饿着肚子,我也顾不得别的事了,赶紧跑到街上,买了许多芝麻烧饼和熟肉来。回来一看,不知谁已把炉子生起来了,火很旺,水也烧开了,屋子里挺暖和。我们几个工作人员与毛泽东一起围在炉边吃了一顿烧饼夹肉。

毛泽东显然消气了,他从炉台拿起一个烤得焦黄的热烧饼,掰开,手抓了几块肉放在里边,吃着说:"子龙!你很会采购嘛,这是京城的名吃呢!我30年前在北京时,经常吃的。"

可是我还在为刚才挨批评不高兴，饭也没吃好。①

叶子龙的回忆也得到《杨尚昆回忆录》为佐证。杨尚昆回忆说："中午，叶子龙来电话，让我立刻去颐和园益寿堂。我赶到益寿堂时，只见空荡荡的冷屋子里，没有床铺，没有沙发，只有用木凳搭成的铺位，铺上被褥，供他们午休。"杨尚昆还说，看到这些，对他很有警示作用。在检查完阅兵式后，他立刻赶回香山，再次检查准备工作。"因为在益寿堂的休息室里看到事先没有准备餐饮和休息的床铺，所以急于回到香山检查这些细节。遗憾的是，这一来我没有能够参加中央入城检阅这一次盛事。"②

下午3点，毛泽东等吃完午饭后，坐汽车赶往西苑机场。在出颐和园大门时，毛泽东见公园外马路上行人、马车多，汽车少，和延安差不多，表示大家一定要努力，改变旧中国的落后面貌。他说：以后要发展公共交通事业，乘车方便了，来游览颐和园的人也就多了。这样一来，既是为人民办了好事，国家也有收入呀。这一路上都是行人、马车，没有多少汽车嘛。这一路上看到的汽车，还没有在延安路上看到的汽车多呢。我们这样一个古老国家，北平又是几个朝代的古都，现在还是这么落后。以后这种落后的局面一定会很快改变的。③

---

① 叶子龙口述，温卫东整理：《叶子龙回忆录》，中央文献出版社2000年版，第149—150页。

② 《杨尚昆回忆录》，中央文献出版社2001年版，第289页。

③ 阎长林：《我的警卫笔记》，中国青年出版社2009年版，第296—297页。

第三节　西苑阅兵彰显军威

西苑阅兵是中共中央进入北平的标志，也是中国革命取得决定性全国胜利的重要标志，是新中国定都北平的奠基礼。这个阅兵式比较简单，只有检阅式，没有分列式，但却是解放战争史上唯一的一次阅兵，也可说是半年后所举行的开国大典阅兵式的一个预演。

一、西苑阅兵式

3月25日下午5时，在热烈、欢快、激昂的军乐声、欢呼声中，毛泽东一行来到西苑机场。

这时军乐大作，欢迎的人群欢声雷动，声音震天。在场等候的叶剑英、林彪、聂荣臻、贺龙等趋前迎接。毛泽东与之握手后，来到工人代表、妇女代表等面前，握手致意，并与沈钧儒、李济深、黄炎培、马叙伦、郭沫若、傅作义等民主人士、文化界名流握手问候。

当一发银白色照明弹腾空而起时，部队检阅正式开始。毛泽东登上第一辆浅绿色吉普车，朱德、刘少奇、周恩来、任弼时、林伯渠等也依次登车。毛泽东所乘的吉普车是他亲自指定的，是一辆缴获的美式吉普车。

受阅部队由第四野战军的3个步兵团、1个摩托化团、2个炮兵团、1个坦克营及英雄模范功臣代表和连以上干部组成，迎接中央迁平组织委员会委员、第四野战军参谋长刘亚楼任阅兵总指挥。乐队高奏雄壮的《中国人民解放军进行曲》，刘亚楼向毛泽东报告："受检阅的部队全部到齐！"毛泽东一行随之开始检阅。毛泽东车到之处，"毛主席万岁！"等呼声高涨，气势非凡。阅兵结束后，毛泽东与各界群众合影留念，并和各界人士一一握手。检阅自下午5时10分开始，至5时45分完毕。

据解放军总政治部干部部顾问、时任第四野战军第41军第121师第363团政委、参加过西苑阅兵的周之同回忆,参加受阅的部队和人员是四野的特种兵、步兵。步兵由第41军组织4个步兵团(其中之一是摩托化步兵团)。第121师以"守备英雄团"第361团全体为主,组织立功受奖人员的代表和干部队(各团营连各留一人在家值班),编入第361团方队。每个班轻机枪1挺、步枪12支,班、排长佩冲锋枪,营连干部佩驳壳枪。第363团被授予荣誉称号的第1、第4、第7连全体和团的立功受奖代表、排以上干部上摩托化部队第1团的车辆。大型军乐队由四野总部组织。礼炮用60炮发射500发照明弹。受阅人员一律不带挎包、手榴弹,只带碗筷。炊事员送午饭吃。受阅部队按坦克、重炮、摩托化步兵、步兵方队列队顺序,步兵方队排与排间隔2步,连与连间隔3步,营与营间隔4步,团与团间隔8步;列兵前后间隔3步。①

从3月22日起,全体受阅的指战员精神振奋,夜以继日地进行各项准备工作。拆洗棉衣,整理装备和军容风纪,排练队形。各级领导以政治条件为主确定参加受阅名单。规定在出发时向连以上干部传达,检阅前半小时要验枪,不准带手榴弹,干部亲自负责检查。受阅人员要求精神饱满,严肃纪律。如发生空袭时部队不要乱,放礼炮时,禁止看光景,不准说话,冲锋枪手要把手指放在护圈以外。对于究竟是谁来检阅,受阅官兵只遵照上级布置积极做准备工作,没有人猜,也没有人问,直到检阅的前一天晚上11时后,才通知到团政委层级,次日早晨出发前告诉其他团的干部,到达机场后再向全体受阅人员宣布。周之同在当天日记中写道:"我看见毛主席、朱总司令等领导以及老领导罗荣桓身体健康,对中国革命即将取得胜利,更加坚定了信心。"②

---

① 周之同:《1949年西苑机场阅兵式亲历记》,载《军事历史》2009年第2期。
② 同上。

二、进驻双清别墅

西苑机场检阅完毕，毛泽东等驱车回到益寿堂，设宴招待各民主党派负责人和无党派民主人士。应邀出席晚宴的有陈叔通、黄炎培、沈钧儒、李济深、许德珩、张奚若、张东荪、盛丕华、章乃器、柳亚子、彭泽民、马寅初、郭沫若、蔡廷锴、马叙伦、谭平山、俞寰澄、季龙等。未参加晚宴的杨尚昆在3月26日的日记中记述道："昨夜，毛周同在颐和园请民主人士，夜深始回。"①

关于毛泽东、周恩来等中央领导人在阅兵式后再回益寿堂休息、晚宴的事，也得到任弼时秘书师哲的证实。师哲在回忆录里说：

> 下午5时，毛、朱、刘、周、任出席在西苑机场举行的阅兵式，受到北平各界群众代表和民主人士的热烈欢迎。晚上，李克农安排中央机关人员进驻香山，而让毛主席住在颐和园佛香阁的一楼，刘少奇、朱德、周恩来、任弼时住在万寿山下。佛香阁大而无当，加上行军的劳累和欢迎会上的兴奋，主席没有睡好。第二天，毛主席搬到香山别墅。②

不过，杨尚昆日记中的"夜深始回"，与师哲回忆毛泽东等中央领导人25日晚住在颐和园有些差异。

时任北平市公安局机关党委书记的刘涌回忆说，毛泽东与十几位民主人士商谈结束时，已近深夜12点。散会之前，毛主席的司机肚子疼，担负中央领导人在北平活动随卫工作的北平市公安局秘书长刘尽中想已经深夜了，中央领导同志不会走了，没有请示就把司机和防弹车放走了。没想到司机刚走，周恩来下令马上准备汽车去香山，刘尽中十分焦急，忙对周说天这么晚了，荒郊野外这样大的车队出了问

---
① 《杨尚昆日记》（上册），中央文献出版社2001年版，第64页。
② 师哲口述，李海文著：《在历史巨人身边：师哲回忆录》，九州出版社2015年版，第282页。

题不好办,是否还是住在这里不要走了,但周恩来口气十分坚决,指示立刻走。刘尽中只好把毛泽东让到周恩来的车上,并对周解释了毛泽东的专车已经开走的原因。到了香山,周恩来把刘尽中专门叫到一个没人的小树林,询问情况,刘尽中解释说以为天这么晚了,路上不安全,会住在颐和园。周恩来对此进行了严厉批评。后来,"做警卫工作必须加强请示报告"成为警卫工作的一条纪律,一直保持到现在。①

夜色朦胧,寒气袭人,北平西郊一片寂静,毛泽东等中央领导的车队安全到达香山,毛泽东住进双清别墅。

双清别墅是毛泽东的住地,中央其他领导人如朱德、周恩来、刘少奇都住在离双清别墅两三百米远的来青轩。中间还有一座古庙香山寺,这些都是清时的皇家禁苑,因为遭遇几次大火特别是遭遇英法联军第二次鸦片战争的兵火,荡然无遗。双清别墅与来青轩经民国初年熊希龄等的改造、重建,渐渐成为香山代表性景点之一。

双清别墅(来源:《北平的新生》第151页)

双清别墅内对面山上修建有一个平台,平台上是工兵连半个月前在山崖上开凿的防空洞,不长,平面呈"U"形,里面有3个不大的侧洞,如果发生空袭,这里可以暂时充作办公和休息的地方。洞的两头各有出口,两个洞口都拐了一个小弯,洞口外还有很高的防护墙,万一遭到空袭,可以有效地避免爆炸时四溅的弹片

---

① 刘涌:《政法春秋——政法战线一老兵回忆》,第167—168页。

和强烈的冲击波。在东端洞口外的水泥护墙上，刻着"中国人民解放军第四野战军工兵第二团三营""一九四九年三月十五日竣工"的字样。防空洞内宽敞，进出口相距不远，但非常隐蔽。防空洞口刻有"毛主席万岁！""朱总司令万岁！"后来，毛泽东看到这两个标语，指示涂掉。毛泽东在香山暂住期间，进去看过这个防空洞一次。

负责香山暗处保卫的是中央社会部的便衣队，明处的是207师公开的武装警卫和西郊公安分局沿线各分驻所、派出所的外围警卫。为了协调、统一香山的警卫工作，4月7日李克农主持召开所有相关保卫警卫部门参加的专门会议，决定组成"西郊治安委员会"，由汪东兴担任主任、吴烈担任副主任，主要分工是：中央办公厅警卫处警卫科负责中央领导人的随身警卫、卫士选派；中央警卫团负责香山公园的控制和内部警卫；207师派出2个团6个营兵力负责从香山经青龙桥、海淀、西直门到城内和中南海的路线警卫，保证领导人的行车路途安全；华北军区高炮2团1营3个连的12门高炮、12挺高射枪，保卫香山上空，以防敌机袭扰；北平市公安局负责香山周围的控制和香山至颐和园、西直门的便衣警卫。

在此基础上，中国人民公安中央纵队不久后成立，吴烈任司令员，原207师改称公安中央纵队1师，主要担负中央领导、中央机关、各国使馆的警卫任务；原中央警备团扩编为公安中央纵队2师，主要担负中央书记处及中央各部委的安全警卫工作。①

---

① 邬吉成、王凡：《红色警卫——中央警卫局原副局长邬吉成回忆录》，当代中国出版社2003年版，第31—32页。

第四节 "四面八方"经济思想

1949年是中国革命快速取得全国胜利的一年,也是全国经济包括解放区财政经济较为困难的一年。国民党反动派的腐败统治、国民党政府准备外逃台湾对江南大城市的经济掠夺,导致国统区全国性大中城市的经济凋敝、物价飞涨,全国性的通货膨胀使人民生活出现极度困难,支撑人民战争也使解放区遭受到巨大的财力、物力、人力的压力。为迅速发展生产、恢复和繁荣城市经济、支援全国解放、迎接新中国的诞生,中共中央相继出台了一些重大的经济方针、经济政策、经济措施,有效地稳定了当时的经济局面,为新中国初期经济建设与发展奠定了制度和政策基础。

一、毛泽东提出经济总纲领

新民主主义的中国必然要有新民主主义的经济形态与之相适应,新民主主义的政治、经济、外交和军事思想是毛泽东新民主主义理论体系的完整组成部分。毛泽东的新民主主义经济思想重点在规定经济发展的性质,即怎样将中国半殖民地半封建社会快速转变为新民主主义社会的经济形态,并保证这种经济形态是朝着社会主义的发展方向前进,而不是重新转向资本主义,这是毛泽东经济思想的核心[①];为保证这种发展方向,必须有两项重要的经济保障,一是没收官僚资本归国家所有,坚持国营经济的主导地位,限制、改造、利用私人资本,建立社会主义的经济基础;二是在农村实行土地改革,逐步向集体经济过渡。

毛泽东强调指出,新中国国民经济发展的方向必须是社会主义的,而不是所谓的"新资本主义"。在1948年的"九月会议"上,毛

---

① 《胡乔木回忆毛泽东》,人民出版社2014年版,第543页。

泽东指出，当前有一种"新资本主义"的提法是错误的，我们的新民主主义经济是向着社会主义发展的，是国营经济、公营经济占主导地位，"新中国的经济构成，首先是国营经济，第二是由个体向集体发展的农业经济，第三是私人经济，国营经济是领导成分。现在不提国营经济就不能解决问题了。"所谓的"新资本主义"应是新的条件下的资本主义，是在社会主义经济领导下的资本主义，这种资本主义是处于被领导的地位，"我们的社会经济呢？有人说是'新资本主义'。我看这个名词是不妥当的，因为它没有说明在我们社会经济中起决定作用的东西是国营经济、公营经济，这个国家是无产阶级领导的，所以这些经济都是社会主义性质的。农村个体经济加上城市私人经济在数量上是大的，但是不起决定作用。我们国营经济、公营经济，在数量上较小，但它是起决定作用的。我们的社会经济的名字还是叫'新民主主义经济'好"①。

1949年1月的中央政治局会议上，毛泽东对此再次重申，着重指出：一方面，决不可认为新民主主义经济不是计划的、向社会主义发展的，而完全是资本主义世界。另一方面，必须谨慎，不能急于求社会主义化。合作化必须发展，但不可能很快发展，大概要准备十几年工夫，要长期地稳健地进行。如果希望搞社会主义，太快，会翻斤斗。中共28年，再加两年，完成全国革命任务，就是铲地基，但是起房子，这个任务要几十年工夫。高级干部要懂得，全国打开，事情方开始，那时会感觉比打仗还难。②

毛泽东指出，坚持国民经济的社会主义方向，坚持国营经济、公营经济的主体地位，这是保证社会主义方向，在这个前提下，还要多种经济成分并存，不是完全消灭其他经济形态，而是在一段时间内共同发展，要加强农村的土地改革和合作化运动，"农民在土地革命后

---

① 毛泽东：《在中共中央政治局会议上的报告和结论》（1948年9月），见《毛泽东文集》（第五卷），人民出版社1996年版，第139页。
② 中共中央文献研究室编：《毛泽东年谱（一八九三——一九四九）》（下卷），人民出版社、中央文献出版社1993年版，第430页。

搞合作社，要看在谁的领导之下：在资产阶级领导之下，就是资本主义的；在无产阶级领导之下，就是社会主义的。当然，今天我们农村的合作社，是个体农民在私有财产基础上组织的合作社，不完全是社会主义的，但它带有社会主义性质，是走向社会主义的。"对于一定阶段对资本主义的合作妥协，这是必要的，因为现阶段我国资本主义太少了。①但是，对资本主义必须要求它是有利于国计民生的。

关于有利于国计民生这个重要经济标准，毛泽东在1948年10月26日致刘少奇的信中曾经特别强调："因为就我们的整个经济政策说来，是限制私人资本的，只是有益于国计民生的私人资本，才不在限制之列。而'有益于国计民生'，这就是一条极大的限制，即引导私人资本纳入'国计民生'的轨道之上。要达到这一点，必须经常和企图脱出这条轨道的私人资本作斗争。而这些私人资本虽然已经纳入这条轨道，他们总是想脱出去的，所以限制的斗争将是经常不断的。"②

概而言之，毛泽东新民主主义经济思想强调必须是向着朝社会主义方向发展的社会主义经济过渡，既反对一味发展资本主义的右的倾向，又反对马上进行穷过渡的"左"的倾向。在香山，毛泽东针对当时国内重要的阶级矛盾、经济社会发展的主要矛盾即公私、劳资、城乡、内外4个方面，特别强调要注意正确处理，这涉及国计民生、人民生活改善与经济恢复发展，也关系到社会的安定团结，关系到即将

---

① 毛泽东在党的七大的政治报告中也特别提出了要发展资本主义的问题："有些人不了解共产党人为什么不但不怕资本主义，反而在一定的条件下提倡它的发展。我们的回答是这样简单：拿资本主义的某种发展去代替外国帝国主义和本国封建主义的压迫，不但是一个进步，而且是一个不可避免的过程。它不但有利于资产阶级，同时也有利于无产阶级，或者说更有利于无产阶级。现在的中国是多了一个外国的帝国主义和一个本国的封建主义，而不是多了一个本国的资本主义，相反地，我们的资本主义是太少了。"毛泽东：《论联合政府》（1945年4月24日），见《毛泽东选集》（第三卷），人民出版社1991年版，第1060页。

② 毛泽东：《给刘少奇的信》（1948年10月26日），见《毛泽东文集》（第五卷），人民出版社1996年版，第177页。着重号是原有的。

到来的新中国政治安全。公私、劳资矛盾是指工人阶级、农民与私人资本、农村的剥削阶级之间的关系处理,不能完全进行社会主义的改造,按照国营经济的模式进行资本剥夺、土地没收,而应让资本主义工商业、农村富农经济有一定程度的发展,保障国民经济的恢复和人民生活的需要,这就是"公私兼顾、劳资两利";城乡是指城市乡村经济的相互依存,农村农产品对城市经济的供给、城市工业产品对农村的供给,是关系到工农联盟的大问题;内外是指中国的国际贸易、与世界各国甚至不承认我国的国家做生意的问题,这就要"城乡互助、内外交流"。

据曾任山西省委书记、时任太行区党委书记的陶鲁笳回忆说,4月15日他到北平参加华北局会议结束后的次日,来到香山双清别墅,受到毛泽东、朱德的亲切接见。毛泽东在接见时兴致勃勃地畅谈了经济政策问题,说:"我们的经济政策可以概括为一句话,叫作'四面八方'。什么叫'四面八方'?'四面'即公私、劳资、城乡、内外。其中每一面都包括两方,所以合起来就是'四面八方'。这里所说的内外,不仅包括中国与外国,在目前,解放区与上海也应包括在内。我们的经济政策就是要处理好'四面八方'的关系,实行公私兼顾、劳资两利、城乡互助、内外交流的政策。""关于劳资两利,许多同志只注意到其中的一方,而不注意另一方。你们看二中全会决议中讲到我们同自由资产阶级之间有限制和反限制的斗争。目前的侧重点,不在于限制而在于联合自由资产阶级。那种怕和资本家来往的思想是不对的。如果劳资双方不是两利而是一利,那就是不利。为什么呢?只有劳利而资不利,工厂就要关门;如果只有资利而劳不利,就不能发展生产。公私兼顾也是如此,只能兼顾,不能偏顾,偏顾的结果就是不顾,不顾的结果就要垮台。四个方面的关系中,公私关系、劳资关系是最基本的。二中全会决议中提出要利用城乡资本主义的积极性,不这样就不行。新富农是农村的资产阶级,要发挥他们的积极性,现在他们要求发展生产,是适合我们需要的。""四面八方"缺一面、缺一方,就是路线错误、原则的错误,世界上除了"四面八方"之外再没有什么"五面十方"。照顾到"四面八方",这就叫全面领导。①

毛泽东"四面八方"经济政策的实质,如他在6月15日新政协筹备会第一次会议上所说,是尽一切可能用极大力量从事人民经济事业的恢复和发展,这也成为当时中共中央关于国民经济建设的根本方针,并写入"临时宪法"《共同纲领》中。

4月18日,刘少奇在天津市委会议上引述了毛泽东的这一方针②,刘少奇此时怎么到了天津呢?

二、刘少奇天津谈话

中央书记处书记、负责领导接收城市工作的刘少奇,是在4月10日为贯彻七届二中全会精神,受中共中央委托,专门到天津视察和指导工作的。③

当时天津已经完成接收,正转入管理和发展生产阶段,但出现了很多困难。对于全国大城市而言,天津的问题有代表性,一是天津是资本主义工商业比较发达的城市,大资本家比较多。二是天津是经过激烈战争打下来的城市,敌我矛盾尖锐,反映到劳资关系上,工人比较激进,对资本家的态度相当激烈,劳资矛盾、工会工作比较复杂,"工人、店员误认为我们允许分厂、分店,进行清算斗争。天津解放一个月内,曾发生53次清算斗争。资本家脑子里有三怕,一怕清算,二怕共产党只管工人利益,三怕以后工人管不住,无法生产。就抱着消极等待、观望的态度,甚至跑去香港。据天津统计,当时私营企业

---

① 陶鲁笳:《毛主席教我们当省委书记》,中央文献出版社2003年版,第179—184页。

② 中共中央文献研究室编:《毛泽东年谱(一八九三——一九四九)》(下卷),人民出版社、中央文献出版社1993年版,第493页。

③ 中共中央文献研究室编:《刘少奇年谱》(下卷),中央文献出版社1996年版,第192页。

开工的不足30%"①。三是天津靠近北平，是华北局的工作重心，影响很大。

行前，刘少奇很重视，看了很多天津的资料，并带上了从香港回来的熟悉贸易金融工作的龚饮冰、卢绪章同行。北平市委第二书记李葆华特地派出市委研究室的张文松随行，以便及时把刘少奇的意见进行传达。刘少奇在天津视察前后共28天，视察了5家国营企业、2家私营企业，听取各方面汇报4次、召开座谈会5次、出席其他会议5次、视察市容2次，日程安排得很满。行前，刘少奇来到华北局机关，对华北局副书记薄一波说来向他报到，告知将去天津巡视工作，并说，他在天津的活动，一般情况由天津市委向华北局报告，有些重要问题由薄向中央和毛泽东报告。中央和毛泽东的指示也由薄向他转达。②

刘少奇来天津的主要目的是两个，一是劳资关系问题的处置，二是职员问题的处理。③也就是处理城市经济恢复与发展的政策问题，这是尽快恢复城市经济、巩固新生的革命政权、稳定和发展人民群众的生产生活刻不容缓的工作，涉及改造、管理与发展城市，恢复和发展城市中的生产事业，利用、改造民族资产阶级政策的灵活性、原则性，依靠工人阶级，合理发挥工会作用等问题。

刘少奇在系列讲话、座谈中，首先提出当前党要实现两个转变，一是工作重心由革命转变为执政，这是重大的历史性的转变，方针、任务都须有极大改变；二是工作重心由农村向城市转变，共产党过去是从城市转入农村，以农村包围城市，现在又从农村回到城市，由城市领导农村。

刘少奇指出，要充分认识这两大转变的意义和难题，要准确地理

---

① 薄一波：《若干重大决策与事件的回顾》（上），中共党史出版社2008年版，第36页。
② 同上书，第36—37页。
③ 中共中央文献研究室编：《刘少奇年谱》（下卷），中央文献出版社1996年版，第208页。

解、执行党的七届二中全会制定的路线、方针和政策,要贯彻"四面八方"和"公私兼顾、劳资两利"的政策。必须全心全意地依靠工人阶级,团结其他劳动群众,争取知识分子,争取尽可能多的能够同我们合作的自由资产阶级分子及其代表人物站在我们方面,或者使他们保持中立,以便向帝国主义者、国民党、官僚资产阶级做坚决的斗争,一步一步地去战胜这些敌人。

刘少奇重点针对天津干部在思想上还不清楚如何正确对待资本家尤其是大资本家的问题,进行了政策讲解和指导。刘少奇指出,自由资产阶级不是斗争对象,一般的是团结的对象、争取的对象。对资产阶级也有斗争,但重点在团结,如果把它当作斗争对象,那就是犯路线的错误。对自由资产阶级如果只有团结没有斗争,这是右倾机会主义;如果只有斗争没有团结,这是"左"倾机会主义,但今天重点是团结。甚至在相当长的时期内,这个重点还不会变。因此,公私兼顾、劳资两利政策必须确切执行,这是我们的战略任务中很重要的组成部分。

刘少奇重点传达了毛泽东提出的"四面八方"的经济思想,用了"四个必须"来说明要解决好"公私、劳资、城乡、内外"8个方面的问题,切实执行对外贸易、迅速通畅城乡关系、贯彻公私兼顾和劳资两利的政策。刘少奇特别指出,毛主席说过:我们考虑问题要全面,要照顾四面八方。一定要熟悉资本家,不熟悉不行。党员不熟悉资本家,怎能代表无产阶级?[①]

对于当时的工潮和劳资纠纷、劳资矛盾,刘少奇认为主要原因是没有分清敌我,没有分清当前的主要社会矛盾和次要矛盾。刘少奇指出,当前工人阶级有三个朋友、三个敌人。"三个朋友"是农民、小资产阶级和民族资产阶级,"这四个阶级联合起来进行革命,队伍就大了。""三个敌人"是帝国主义、封建主义、官僚资产阶级,国民

---

① 中共中央文献研究室编:《刘少奇年谱》(下卷),中央文献出版社1996年版,第194—195页。

党是集中的代表者。我们必须分清敌友。如果把民族资产阶级看成敌人，要打倒资本家，那是违背工人阶级的利益的。"对民族资产阶级有斗争的一面，有联合的一面，在政治上要联合他们，和帝国主义、封建主义、官僚资产阶级作斗争；在经济上要联合他们发展生产，但在联合当中不能缺少斗争。因此只斗争不联合是错误的，只联合不斗争也是错误的。但以哪个为主呢？今天来讲，重点是联合不是斗争。因此和民族资产阶级进行必要的适当的斗争，但不能破坏联合。如果斗争到把资产阶级消灭，这样工厂减少了，生产下降，工人失业，对工人，对国家，对人民都不利。今天中国不是资本家太多，太发展了，而是太少，太不发展。""其他国家的资本主义都发达了几百年了，而我们才只几十年，所以在新民主主义的经济下，在劳资两利的条件下，还让资本家存在和发展几十年。这样做，对工人阶级的好处多，坏处少。"①

在批评对待民族资产阶级问题上出现的"左"倾情绪和行为时，刘少奇说：进城了，敌人看不见了，就把眼睛盯准"大肚皮"工商业家，把子弹朝他们打来，像农村分田地一样，要分工厂、汽车洋房、机器；或向他们提出过高的工资要求；或强令资本家不准辞退工人；或在报纸上只说资本家的坏，不说他们的好；干部、工人不敢接触资本家，否则就是立场不稳。总之，只强调斗争的一面，不强调联合和利用，以利于发展生产的一面。这是一种只顾眼前利益，不顾长远利益的行为。"这是一种实际上立即消灭资产阶级的倾向，实际工作中的'左'倾冒险主义和错误路线，和党的方针政策是在根本上相违反的。"②

刘少奇在讲话中并不回避剥削问题，认为当前"剥削"存在，但

---

① 中共中央文献研究室编：《刘少奇年谱》（下卷），中央文献出版社1996年版，第201页。

② 薄一波：《若干重大决策与事件的回顾》（上），中共党史出版社2008年版，第37—38页。中共中央文献研究室编：《刘少奇年谱》（下卷），中央文献出版社1996年版，第212页。

不是要发展资本主义。要工会、工人注意生产问题，不能一味斗争。"发展生产，是全体人民的要求，是国家的要求，也是我们工人的要求。"刘少奇指出：关于剥削问题，这不是几个资本家可以负责的。剥削行为不是由意识决定的，而是历史发展的必然，是整个社会制度问题。中国工人阶级还要忍受一个时期的剥削痛苦。剥削也要分清有几种：奴隶的剥削制度已经废除，封建剥削制度我们也废除；但资本主义的剥削在今天还不能够废除。马克思在100年以前，就认为资本家对发展生产、组织生产是有历史功绩的。我国民族资产阶级有功有过，今天是功大于过。但我们也要限制它。民族资产阶级在历史上还有一定的进步性。即它比小农经济、小手工业经济都进步；在新民主主义经济下，在劳资两利的条件下，还让资本家存在和发展几十年。资本主义剥削在今天还不能废除，私营企业的存在可以帮助政府解决就业问题，也可以发展经济，从这个意义上讲，剥削不但没罪，而且有功。有人说："有人来剥削比没人剥削好"，"没人来剥削，我们就失业了，失业还不如有业。"今天工人痛苦，不是资本主义发展才受痛苦，而是资本主义不发展才受痛苦。在目前中国条件之下，私人资本主义的剥削有若干发展是进步的。①

刘少奇还要求有针对性地做好工人、职员和资本家的教育和团结工作，指出，中国共产党是代表工人阶级，为工人阶级的利益打算的。过去是这样，现在是这样，将来也是这样。工人阶级今天是革命队伍的司令官，这个队伍是由工人阶级、农民阶级、小资产阶级和民族资产阶级组成的。当司令官，就要把这个队伍组织起来，领导起来，这样打仗就可以打胜了。今天特别要注意劳资两利，斗争不要过分，不然就使自己孤立了。工厂关门，生产降低，不符合工人的长远利益。"四面八方"是一个统一的观点，哪一面或者哪一方照顾不到，就要犯严重的错误。比如说如果把资本家搞垮了，如果工资提得过

---

① 中共中央文献研究室编：《刘少奇年谱》（下卷），中央文献出版社1996年版，第203—204页。《刘少奇传》（下），中央文献出版社1998年版，第630—631页。

高，资方恐慌，不纠正就要发生错误。只照顾资本家，不照顾工人和公家，也是错误。所以现在问题复杂，就是因为要照顾"四面八方"。只利于工人或者只利于资本家，都是不对的。①

天津之行、"天津谈话"是刘少奇关于"新中国经济建设思想"的重要组成部分，阐述了党对民族资产阶级的政策，有力纠正了天津等城市工作中的"左"的偏向，对城市经济的恢复与发展、劳资矛盾的正确处理起到了很好的作用。刘少奇天津讲话的基本精神是符合七届二中全会决议的、是力图贯彻毛泽东思想的，其本意是要稳住民族资产阶级、保护和发展民族工商业、迅速恢复和发展生产、建立新民主主义经济秩序。

刘少奇讲话之后，华北局等认为讲得好，对如何处理好"四面八方"的关系提供了重要思想武器。为此，派人到各地择要进行了传达，6月份还起草了一份给太原、石家庄、张家口、唐山等市委的电报指示，要求"普遍宣传少奇同志在天津所讲解的各个问题"，避免重犯过去在土改中侵犯私营工商业的错误。这也得到毛泽东的同意。②

后来，在中共七届四中全会上，邓小平指出：

> 据我所听到的，我认为少奇同志的那些讲话是根据党中央的精神来讲的。那些讲话对我们当时渡江南下解放全中国的时候不犯错误是起了很大很好的作用的。虽然在讲话当中个别词句有毛病，但主要是起了好作用的。当时的情况怎么样呢？那时天下还没有定，半个中国还未解放。我们刚进城，最怕的是"左"，而当时又确实已经发生了"左"的倾向。在这种情况下，中央采取坚决的态度来纠正和防止

---

① 中共中央文献研究室编：《刘少奇年谱》（下卷），中央文献出版社1996年版，第206—207页。

② 薄一波：《若干重大决策与事件的回顾》（上），中共党史出版社2008年版，第38页。

"左"的倾向,是完全正确的。我们渡江后,就是本着中央的精神,抱着宁右勿"左"的态度去接管城市的,因为右充其量丧失几个月的时间,而"左"就不晓得要受多大的损失,而且是难以纠正的。所以,我认为少奇同志的那个讲话主要是起了很好的作用的。①

刘少奇的天津谈话得到了中共中央的认可。后来,他去苏联访问,向斯大林与联共(布)中央报告中共中央对待民族资产阶级、对待劳资矛盾等经济政策,实际上就是这些观点。刘少奇在做报告时说,有人说:"在推翻国民党政权或者实行土地改革之后,中国无产阶级与资产阶级的矛盾,便立即成为主要矛盾,工人与资本家的斗争,便立即成为主要斗争。"中共中央认为这种说法是不正确的,因为一个政权如果以主要的力量去反对资产阶级,那便成为或开始成为无产阶级专政了。这将把目前尚能与我们合作的民族资产阶级赶到帝国主义那一边去,这在目前的中国实行起来,将是一种危险的冒险主义的政策。在推翻国民党政权之后,劳资间的矛盾是客观存在的,并将逐渐加强。因此,工人阶级要向资产阶级进行必要的和适当的斗争,才能保护工人阶级与人民民主专政的利益;但同时,还要和民族资产阶级实行必要的和适当的妥协与联合,以便集中力量去对付外部敌人和克服中国的落后现象。在中国,从现在起到实行民族资本完全国有化,还需要经过许多步骤,需要一段相当长的时间,这一段时间到底需要多久,要看国际的和国内的各种条件来决定,我们估计可能需要10年到15年。②这都得到斯大林的肯定。

刘少奇在视察天津、华北工作期间,感觉到随着革命的胜利、国家建设的全面启动,迫切需要集中统一财政经济工作,需要建立一个

---

① 邓小平:《骄傲自满是团结的大敌》(1954年2月6日),见《邓小平文选》(第一卷),人民出版社1994年版,第205—206页。

② 刘少奇:《代表中共中央给联共(布)中央斯大林的报告》(1949年7月4日),见《建国以来刘少奇文稿》(第一册),中央文献出版社2005年版,第7页。

中央的财政经济统帅部，就在4月24日向中央提出《中国人民革命军事委员会关于国家财政经济的组织大纲（草案）》。

在这份文件中，刘少奇建议建立"自上而下的国家的财政经济机构"，得到毛泽东的肯定。不久，中央财政经济委员会及工作部门成立。规模达到300多人，陈云为主任。中财委是新中国成立初期重要的领导经济工作的中央机构，为稳定金融物价、统一财经管理、调整工商业等做了大量的工作，为完成国民经济的恢复和生产、拟订执行第一个五年计划做出了贡献。

第三章

势如破竹:将革命进行到底

经过三大战役，国民党反动政府在长江以北的力量已全线崩溃，在长江以南也难以组织起系统的防御。1949年1月22日，南京政府代总统李宗仁表示，愿以中共中央提出的"八项条件"为基础进行和平谈判。4月20日，国民党当局拒绝在《国内和平协定》上签字，和谈破裂。4月21日，毛泽东、朱德发布《向全国进军的命令》，吹响了"打过长江去，解放全中国"的伟大号角，中国人民解放军以摧枯拉朽之势向全国各地胜利大进军，彻底结束了国民党在大陆的反动统治。

第一节　国共北平和谈

和谈是战争的继续,也是战争双方实力的综合体现。国共北平和谈是国民党政权进入全面崩溃阶段迫不得已的自欺欺人,是为了最后战争、最后对抗所做的垂死挣扎,既缺乏和平的诚意,又深陷于内部政治斗争的泥沼、受制于美国的掣肘;中共中央明察秋毫,高瞻远瞩,将这次和谈置于教育人民、团结一切可以团结力量、建立最广泛的统一战线的高度进行,有理、有利、有节,取得了教育人民、谈判斗争和争取全国解放的全面成果。

人民解放战争三大战役的胜利,震撼了全世界,也彻底动摇了国民党的政权统治。到1948年年底,一直支持国民党政府的美国政府开始反思过去全面援蒋政策,提出弃蒋(介石)扶李(宗仁)、变革和谈的政治策略。在国民党统治集团内部,出于对蒋介石统治的极度不满,以李宗仁、白崇禧为首的桂系集团也积极活动,希望倒蒋和共、划江而治。在内外交困情况下,1949年元旦,蒋介石被迫下野,企图以辞职方式换取国共和谈、骗取国人信任,为国民党统治续命。一些民主党派人士和第三种势力不了解国民党"和谈"的本质,对国共和谈尤其是桂系势力掀起的"新和平运动"抱有幻想,掀起了一场不大不小的"停战和谈"的波澜。毛泽东见此,决定回应人民的呼声、社会的期盼,同意国共和谈,彻底揭露蒋介石国民党统治的虚伪性,尽最大可能争取和平解决国内战争、减少人民的损失。这样在1949年年初,出现了"国共第三次和谈"的局面。

1949年年初,开始"民间接触",南京政府派出在野人士北上,与中共中央、共产党领袖接触,试探双方的意愿与条件;4月初,双方正式谈判,月中谈判破裂,渡江战役开始,解放战争进入向全国胜利进军的收尾阶段。

3月26日,即毛泽东与中共中央进驻香山的次日,中共中央通知南京政府,同意举行国共和谈。同时,提出4月1日为谈判开始时间,北平为谈判地点,中共方面以周恩来、林伯渠、林彪、叶剑英、李维汉为代表,周为首席代表;谈判基础以1月14日毛泽东主席对时局的声明及所提"八项条件"。国共第三次谈判正式启动。

一、国共双方的谈判底牌

此次和谈的起始,源于国民党军事战场的全面失败。到1948年年底,辽沈、淮海、平津三大战役基本结束,国民党赖以维持其反动统治的主要军事力量基本上被摧毁。"蒋介石的兵力,连后方机关如学校、后勤在内,只有220万人,正规军则只有100多万人,其中不少是受过歼灭而又补充起来的,战斗力更弱。"人民解放军达到400万人以上,并且大部分都美械化了。"蒋介石自己也知道,这个战争是失败了,他的反革命企图是失败了。"①

在此情况下,美国政府开始改变以往一味支持国民党统治的政策,代之以"有限支持",即对蒋介石统治深为失望后,开始扶持国民党内的李宗仁桂系集团,着手"劝诫"蒋介石引退、改组国民党政府、与共产党和平谈判等工作,企图为国民党统治赢得喘息之机,争取划江而治。这得到国民党集团内以李宗仁、白崇禧为首的桂系集团的积极响应,李、白乘机提出倒蒋、和谈、革新的"和平计划",得到湖北、河南、湖南等地实力派军政大员的支持。

内外交困的蒋介石,被迫在1949年1月1日的《新年文告》中提出,只要和平能够实现,"个人的进退出处,绝不萦怀,而一唯国民的公意是从"。1月8日,国民党政府祈求美、英、法、苏四国调停中国内战,遭到四国政府拒绝。1月21日,蒋介石以"因故不能视事"为由宣布引退,副总统李宗仁代理总统职务。南京政权短暂地进入李宗仁主政时期。

---

① 周恩来:《关于和平谈判问题的报告》(1949年4月17日),见《周恩来选集》(上卷),人民出版社1980年版,第315页。

1月22日，新上任的李宗仁以代总统身份发表谈话，表示愿意以中共"八项条件"为基础进行谈判，并邀请国内的社会名流、政界元老等知名人士组成代表团北上，正式开始"民间和平运动"，以推动两党和平谈判。

（一）共产党将革命进行到底的决心

为了全国人民的和平福祉，中共中央不反对和平谈判，但主张是以中国人民根本利益为基础的真和平。要想获得真和平，就必须清算国民党反动派发动战争的罪行，教育人民群众，实现国家完全统一，这就是毛泽东代表中共中央提出的"八项条件"。

1948年12月30日，新华社发表毛泽东亲自撰写的新年献词《将革命进行到底》，指出要用革命的方法，坚决干净全部地消灭一切反动势力，不动摇地坚持打倒帝国主义、封建主义、官僚资本主义，在全国范围内推翻国民党的反动统治，建立无产阶级领导的以工农联盟为主体的人民民主专政的共和国。文章揭露了中国反动派和美帝国主义用各种方法力图破坏革命势力而保存反动势力的阴谋，宣告中国共产党、中国人民解放军1949年的主要工作任务是解放军向江南进军；经济建设取得更大成就，铁路公路交通全部恢复，解放军进入更高程度的正规化作战；组建中央政府，成立中华人民共和国，"这个政府将是一个在中国共产党领导之下的、有各民主党派各人民团体的适当的代表人物参加的民主联合政府"①。

毛泽东特别指出，"这里是要一致，要合作，而不是建立什么'反对派'，也不是走什么'中间路线'"②。这篇文章是"一篇迎接中国革命全面胜利的檄文"，表明了中国共产党将革命进行到底的决心与意志，也成为中国共产党、中国人民解放军1949年的动员令。

1949年1月6日至8日，毛泽东主持召开中央政治局会议，重申"将革命进行到底，而不容许半途而废"的坚定立场，并具体指出

---

① 毛泽东：《将革命进行到底》（1948年12月30日），见《毛泽东选集》（第四卷），人民出版社1991年版，第1379页。

② 同上书，第1375页。

1949年党的17项基本任务，特别提出军队整顿两个月，再继续向江南进军，解放全中国。对于美国支持的国民党政府搞的和平阴谋，中共中央指出：

> 我们从来就是将美国直接出兵占领中国沿海若干城市并和我们作战这样一种可能性，计算在我们的作战计划之内的。这一种计算现在仍然不要放弃，以免在事变万一到来时，我们处于手足无措的境地。但是，中国人民革命力量愈强大，愈坚决，美国进行直接的军事干涉的可能性也就将愈减少，并且连同用财政及武器援助国民党这件事也就可能要减少。一年以来，特别是最近3个月以来，美国政府的态度的摇摆不定和某些变化，证明了这一点。在中国人民中和我们党内存在着的对于美国帝国主义力量的过分估计的错误观点，必须继续地加以指明和克服。①

1月14日，毛泽东以中共中央主席的身份在新华社发表声明，正式提出国共和谈的基本条件。严正指出，"虽然中国人民解放军具有充足的力量和充足的理由，确有把握，在不要很久的时间之内，全部地消灭国民党反动政府的残余军事力量；但是，为了迅速结束战争，实现真正的和平，减少人民的痛苦，中国共产党愿意和南京国民党反动政府及其他任何国民党地方政府和军事集团，在下列条件的基础之上进行和平谈判"。这就是和平谈判的"八项条件"：惩办战争罪犯，废除伪宪法，废除伪法统，依据民主原则改编一切反动军队，没收官僚资本，改革土地制度，废除卖国条约和召开没有反动分子参加的政治协商会议，成立民主联合政府，接收南京国民党反动政府及其所属各级政府的一切权力。以后"八项条件"成为国共和谈的底线。

---

① 毛泽东：《目前形势和党在一九四九年的任务》（1949年1月8日），见《毛泽东文集》（第五卷），人民出版社1996年版，第231页。

"为避免党内干部和民主人士发生误解"①,毛泽东又于次日(1月15日)发出党内指示,指出因为双方矛盾不可调和、双方条件对方均难接受,"战争必须打到底":"我方提出之八个和平条件是针对蒋方五个条件的。蒋方有宪法、法统、军队三条,我方亦有此三条。蒋提保持国家独立,我提废除卖国条约。蒋提保持自由生活方式及维持最低生活为一条,我则分提没收官僚资本、改革土地制度两条。此外,我方的第一条(惩办战犯)及第八条(政协、联府、接收)是严正战争责任与不承认南京政权继续存在。双方的条件都是对方不能接受的,战争必须打到底。故与新年献词毫无矛盾,而给人民解放军及国民党区域被压迫人民一个打击国民党的武器,揭露国民党所提和平建议的虚伪性及反动性,望向党内干部及民主人士妥为解释。"②

后来,国共和谈的焦点就在前两个条件,即战犯的规定、南京政府人员的地位安排。战犯主要是指43名头等战犯,是毛泽东于1948年12月25日为新华社写的通稿中指出的,指蒋介石、李宗仁、陈诚、白崇禧、何应钦、顾祝同、陈果夫、陈立夫、孔祥熙、宋子文、张群、翁文灏、孙科、吴铁城、王云五、戴季陶、吴鼎昌、熊式辉、张厉生、朱家骅、王世杰、顾维钧、宋美龄、吴国桢、刘峙、程潜、薛岳、卫立煌、余汉谋、胡宗南、傅作义、阎锡山、周至柔、王叔铭、桂永清、杜聿明、汤恩伯、孙立人、马鸿逵、马步芳、陶希圣、曾琦、张君劢,几乎囊括了当时国民党党政军系统的所有大员。

1月22日,抵达解放区的各民主党派、各人民团体的代表人物及无党派民主人士李济深、沈钧儒、谭平山、郭沫若等55人联合发表声明,拥护毛泽东提出的"八项条件"。声明说:"八项条件""正是对于蒋介石所提的无耻要求的无情反击,我们是彻底支持的。毫无疑问,全国人民的公意是在这儿反映出来了。我们希望全国人民,全民主统一战线上的战友,务须一致团结,采取必要的行动,坚决执行人

---

① 胡乔木:《胡乔木回忆毛泽东》,人民出版社2013年版,第538页。
② 中共中央文献研究室编:《毛泽东年谱(一八九三——一九四九)》(下卷),人民出版社、中央文献出版社1993年版,第436页。

民的公意，而使这八项和平条件迅速地全部实现"①。中国国民党革命委员会等民主党派和团体，香港及海外各界民主人士以及清华大学、燕京大学的教授，也纷纷发表声明，热烈响应。中共中央"八项条件"成为此次和谈的基本共识。

（二）国民党的"划江而治"企图

李宗仁上台后，做出了一些和谈的表示，如电邀在国内有影响的民主党派人士、名流，如李济深、宋庆龄、黄炎培、张澜、章伯钧、张东荪等策动或赞助，宣布取消全国戒严令，释放政治犯，启封被封报馆，开放言论自由，撤销特种刑事法庭，将"剿匪总司令部"改为军政长官公署等。但国民党的实权尤其是军权、党权仍掌控在蒋介石手中。蒋只是把李宗仁当成前台的玩偶，出面组织和谈，延缓解放军渡江作战的步伐，为其在大陆的最后挣扎尤其是撤退台湾做缓冲，在后面却是热心备战、积极备战，任命亲信陈诚为国民党台湾省政府主席、儿子蒋经国为台湾省党部主任，将存放在中央银行的黄金等约5亿美元移存台湾，并以嫡系亲信汤恩伯（上海）、朱绍良（福州）、余汉谋（广州）、张群（重庆）分驻要津，并在广州等地扩军，编练新兵，既控制桂系，又对付解放军，一意顽抗到底。

李宗仁在前台唱"和谈"大戏，如意算盘是借共产党的力量尤其是以和谈实现"一石二鸟"，对付蒋介石，压制蒋的复职；"划江而治"，与共产党"分庭抗礼"。因此，国民党都是表面文章、"假和谈"。李的如意算盘是压蒋、保存南方尤其是桂系主导的中南地区的地盘，抬高与美国军事支援的身价，然后借助美援补充力量，抗共自保，建立桂系的"半壁江山"。蒋的算盘是东山再起，恢复部分实力，重新得到美国支持。"在那个紧要的关头，美援实是唯一能起死回生

---

① 《到达解放区的民主人士李济深等55人发表对时局意见》（1949年1月22日），见杨建新、石光树、袁廷华编著：《五星红旗从这里升起——中国人民政治协商会议诞生记事暨资料选编》，文史资料出版社1984年版，第218页。

的良药"①，重新建立"蒋家王朝"。

1月22日，李宗仁政府行政院议决：派邵力子、张治中、黄绍竑、彭昭贤和钟天心为和谈代表，邵为首席代表，一俟中共方面决定代表人选和谈判地点之后即开始国共和谈。27日，李宗仁正式致电毛泽东，回应毛泽东14日声明，表示接受中共提出的和谈"八项条件"，提出希望两党能捐弃前嫌，早开和谈。李宗仁、白崇禧并暗中分别派遣黄启汉、刘仲华和李书城，作为私人代表赴北平和信阳与中共接触。

黄、刘乘军用运输机到达北平，受到叶剑英的接待。黄、刘在颐和园益寿堂面见叶剑英时，表示了李宗仁的迫切和谈愿望：李、白同意以毛泽东1月14日《关于时局的声明》中提出的"八项条件"为基础进行和平谈判。为了表示求和诚意，特意先派他们来同中共进行联络，希望中共方面尽早与李、白进行谈判。李、白愿与中共达成默契，在南京、上海一带作战中与中共军队配合，具体方案请中共指教。2月1日，中共中央致电叶剑英等，要叶转告黄、刘二人，面告李宗仁，如真有反蒋反美接受毛主席"八项条件"的真意，即应迅速与蒋分裂，逮捕蒋之嫡系将领如顾祝同、汤恩伯、俞济时、陈大庆及特务头子毛人凤、郑介民、叶秀峰、郭紫峻、毛森等人，方能"站稳脚跟，进行和谈"；否则，李宗仁、白崇禧不扣复兴社、CC系，必反为其暗算，"弄得身败名裂，两头失塌，中间道路是万万走不通的"。

2月5日，毛泽东再次专电北平市委彭真、叶剑英、徐冰（北平市副市长）："上海五代表及李之私人代表如果不是为着进行和平攻势，而是真想用和平方法解决京、沪、汉问题（全国问题谈不到），则我们可以许其来平和我方地方人员（北平市长）试谈一次；如果是为着美蒋利益欲来进行所谓和平攻势，则无来平之必要，即使来了，我们亦必尖锐地揭露之。此点请叶明确地告诉刘仲华，叫他回去通知

---

① 李宗仁口述，唐德刚撰写：《李宗仁回忆录》（下卷），广西人民出版社1980年版，第948—949页。

李、白及上海、南京、武汉想来谈和者。"①

根据中央指示,叶剑英再次同黄启汉、刘仲华谈话,商定刘仲华留在北平负责联络,黄启汉回南京向李宗仁报告。黄启汉回到南京后,向李宗仁汇报了在北平见到叶剑英及谈话的详细内容,李高兴地说:"总算很快就搭上了关系。"李又问及要求解放军停止进攻的问题,黄回答说:"这个问题叶参谋长只答应向中共中央反映。"李听了之后颇有些失望。黄说:"两军对垒,尚未达成任何协议就单方面要对方停止军事进攻,这本来是不合情理的,叶参谋长不当面驳斥我们,已经是很客气的了。"李表示,现在先力争全面和谈,不考虑别的。②

南京政府于是决定,在国共正式和谈前,先组织民间和平代表团赴平,曲线试探和平可能、中共和谈底线。于是,组织了两个民间团体,分别赴平。

先是组成"南京人民和平代表团",由南京"中国人民和平策进会"及"中国各大学教授国策研究会"成员邱致中等9名教授和1名律师构成,2月6日飞抵北平,受到叶剑英的接待。叶剑英表示和平必须是在"八项条件"之上的真正的和平,共产党是要和平的,战争贩子在南方。10日,中共中央复电北平市委、平津前线司令部成员,指示可向和桂系有关的代表暗示,只要桂系今后行动是站在有利于人民解放事业及能达成真正持久和平之目的,我们是不会拒绝他们的。③11日代表团返回南京。临行前,代表团发言人在取得中共方面的同意后,发表谈话称:"叶剑英将军态度异常诚恳,表示愿将吾人意见转达中共中央,并告以中共对于和平向具诚意,如南京政府确有

---

① 中共中央文献研究室编:《毛泽东年谱(一八九三——一九四九)》(下卷),人民出版社、中央文献出版社1993年版,第451页。
② 黄启汉:《国民党桂系见闻录——读〈李宗仁回忆录〉后记》,载《学术论坛》1989年第6期。
③ 中共中央文献研究室编:《毛泽东年谱(一八九三——一九四九)》(下卷),人民出版社、中央文献出版社1993年版,第452页。

和平诚意的事实表现，吾人当准备与他们谈判，以期获得有利于人民的真正和平。"

然后是组成更重要的名流代表团。1月底，李宗仁商定由颜惠庆、章士钊、江庸、邵力子等组成"和平四老"。颜惠庆被推为首席、负总责，李宗仁私人代表黄启汉一起随行，加上"四老"的秘书，负责联系南北通航的金山（著名电影演员，中共地下党员）等人，一共10人。代表团启程前，李宗仁派人送来他回应中共"八项条件"的"五点意见"：政府同意通过政治方法解决一切国家问题；各方指派一正式代表团，立即恢复和谈；和谈时期停止一切军事行动；今后国家重建工作按组成民主政府、平均分配财富、军队国有化、全体人民自由生活等原则进行，与外国的事务，按照民族平等、互相有利的原则进行。①

代表团出发前两天，李宗仁又要黄启汉带给毛泽东一封信，并口头向叶剑英或其他中共领导人转达6点意见：希望能实现全面和平，倘有局部人反对，再合力以政治军事力量对付之；和谈以毛泽东提出的"八项条件"为基础，但战犯问题之处理，最好留待新政府成立之后；绝不期望以外援进行内战，只要答应进行和谈，可做公开声明；希望能及早派定代表，开始商讨和平方案；对蒋介石本人，如认为他留在国内于和谈有碍，可提出使之出国；对国际关系，希望中国成为美苏友好关系的桥梁，不希望依附一国反对另一国，美苏两国的友谊，均须争取。

2月14日，代表团自上海飞至青岛再转机至平，当日毛泽东指示叶剑英、林彪等，对"四老"招待要周到，谈话要恳切，谈话以叶剑英负主责，林彪、罗荣桓、董必武、聂荣臻应和他们见面；谈话时要强调"八项和平条件"，尤其是第一条。"对南北通船、通航、通邮、通电四事，你们应表示关切。津、沪通船现已开始，北平通电未停，

---

① 李宗仁口述，唐德刚撰写：《李宗仁回忆录》（下卷），广西人民出版社1980年版，第933页。

天津亦可恢复通电，平、津民航及通邮，均可考虑恢复。估计彼等对此四事，必感兴趣。"①

"四老"在北平受到中共的礼遇。15日，叶剑英亲自到访"四老"住所六国饭店并设宴款待；18日，参加过辛亥首义的中共领导人董必武设宴款待，并与邵力子等夜谈；20日，北平市政府和军管委在北京饭店举行盛大的400多人的招待民主人士的宴会，"四老"亦应邀出席。邵力子在答词中说："和平种子不会被森林中之野火所毁灭，因为当春风来时，又会生长。但在谋取和平时，我们必须先除去和平路上的障碍。"②

这期间，在西柏坡的毛泽东连续发表多篇时评，即《四分五裂的反动派为什么还要空喊"全面和平"》（2月15日）、《国民党反动派由"呼吁和平"变为呼吁战争》（2月16日）、《评国民党对战争责任问题的几种答案》（2月18日），揭露、批判国民党当局"和平谈判"的虚伪本质是梦想"战要全面战、和要全面和"，这种"虚假和平"是今天中国实现和平的最大障碍。18日，毛泽东致电林彪等，提出对待李宗仁、白崇禧可以缓和一些，但李、白仍须在战犯之列，这也有利于他们应付蒋介石集团："我们的政策是要拉拢李（宗仁）、白（崇禧）、张（治中）、邵（力子）及上海资产阶级（颜惠庆、杜月笙等为代表），打击国民党死硬派，便利我们向南进军。但李宗仁在上任后的和平吹嘘和1月20日以前蒋介石及CC系的和平攻势并无区别，故我们必须揭露和回击。此种和平攻势，今后还是一样，不管什么人，只要他是在作和平攻势，我们必须回击并粉碎之。但最近时期李、白等人的态度好了一点，我们亦可以考虑对他们缓和一点。但必要的批评还是不可少的，李、白还是应当列在战犯名单之内。一则因为桂系是坚决地参加了内战的，不列李、白显得不公道；二则列了

---

① 中共中央文献研究室编：《毛泽东年谱（一八九三——一九四九）》（下卷），人民出版社、中央文献出版社1993年版，第456页。

② 《申报》，1949年2月23日。

李、白并不有碍和谈，不列李、白则李、白反不便于应付蒋党。"①

20日，毛泽东两次电示叶剑英等，欢迎"四老"及傅作义、邓宝珊6人到西柏坡访谈。22日，在叶剑英、林彪的陪同下，颜惠庆、章士钊、江庸、邵力子、傅作义和邓宝珊等6人到达西柏坡，受到毛泽东、周恩来的接待。这也是傅作义第一次到西柏坡见毛泽东。

"四老"在西柏坡停留两天。24日，毛泽东与之举行非正式会谈，最后达成专交李宗仁的"八点秘密协定"：谈判以中共与南京政府各派同数代表为之，地点在石家庄或北平；谈判方式取绝对秘密及速议速决；谈判以中共所提八条为基础；谈判协议发表后，南京政府团结力量与中共共同克服可能发生之困难；迅速召集新政协成立民主联合政府；南京政府参加新政协及参加联合政府之人选，由中共（包含民主人士）与南京政府商定；南方工商业按照原来环境，依据中共城市政策，充分保障实施；有步骤地解决土地问题，一般先进行减租减息，后行分配土地。②毛泽东并将一封亲笔书信托代表团转交李宗仁。

27日，颜惠庆一行结束北平、西柏坡两周之行，飞返南京。飞机抵达时，在南京的国民党政要除李宗仁外悉数前往明故宫机场迎候。在李宗仁的要求下，代表团对在解放区与中共高层领导会商的细节一概不向新闻界透露，只在机场发表了一份简短的书面谈话：

> 同人等此次以私人资格访问北平，历时二周，迭与中共领袖叶剑英、林彪、董必武、聂荣臻、薄一波共同或个别谈话，中间并应邀赴石家庄一行，承中共主席毛泽东先生及周恩来将军延见，就和平问题广泛交换意见。同人等深觉和谈虽困难诸多，而希望甚大，此行任务可告终了，因即南旋，拟向李代总统报告后，再行返沪。在北平、石家庄时，对于便利南北人民之通航、通邮诸问题均经于原则上商得同意，

---

① 中共中央文献研究室编：《毛泽东年谱（一八九三——一九四九）》（下卷），人民出版社　中央文献出版社1993年版，第459—460页。

② 同上书，第461—462页。

并承中共诸领袖恳切款待,尤应附志感谢之意。①

至此,国共和谈达成初步基础。2月25日,李宗仁召集留(南)京政要商讨对策,决定对共和谈取三项原则:和谈双方必须建筑在平等的基础上,共方不能以战胜者自居而迫我接受屈辱条件;有鉴于铁幕内各国之惨痛遭遇,政府断不应接受由中共作为执政党之联合政府,政府为此应向共方提议"划江而治";中共所提"八项条件",政府决不能全面接受,只能在两个政府共存的原则之下,以其为谈判基础。27日,李宗仁正式致电毛泽东,提出该方案。

李宗仁桂系的"划江而治"主张是一种"备战言和"图谋,而不是为了平息战争的"备和不战"。这也就是毛泽东所严厉批评的"和平攻势",以为依托长江天险,解放军没有海空部队,不敢强行渡江作战,国民党军有守住江南的可能。②正如李宗仁自己在回忆录里所说,这"三条基本原则"存在的前提是能否守住长江,使共方在谈判之外、别无选择的情况之下,才可能接受。③有此幻想,李宗仁的和谈就心猿意马、三心二意了,结果当然也只能是一厢情愿。

二、和谈正式启动

3月26日,也就是毛泽东进驻香山的第二天,中共中央通知南京政府,4月1日正式在北平举行国共和平谈判。

3月28日,南京政府何应钦内阁召集南京政府和谈代表张治中、黄绍竑等人开会,研究和谈问题,形成一个"原则性限度"的9条腹案,作为代表团赴北平商谈的依据。这九条是:战争责任问题不应再

---

① 《申报》,1949年2月28日。
② 黄启汉:《国民党桂系见闻录——读〈李宗仁回忆录〉后记》,载《学术论坛》1989年第6期。
③ 李宗仁口述,唐德刚撰写:《李宗仁回忆录》(下卷),广西人民出版社1980年版,第941页。

提；同意重订新宪法，此新宪法之起草，南京方面应有相当比例之人数参加；关于法统问题，与前项有连带关系，可合并商讨；双方军队应分期分年各就驻在区域自行整编，并应树立健全的军事制度，俾达成军队国家化之目的，至分期整编时及双方应保留之军队数字，另做商讨；"没收官僚资本"一节，原则同意，但须另行商订施行条例办理；"改革土地制度"一节，原则同意，但须另行商订施行条例办理；关于"废除卖国条约"一事，将来由政府根据国家独立自主之精神、平等互惠之原则，就过去对外签订条约加以审查，如有损害国家领土主权者，应予修改或废止；同意召开政治协商会议，并由该会产生联合政府，唯在该会议与联合政府中，我方与共方应以同等名额参加，其属于第三方面人士之名额，亦于双方区域中各占其半；代表团抵平后，即向中共提出双方应于正式商谈开始之前，就地停战，并参酌国防部所拟停战意见进行商谈。"以上九项，仅系商谈之预定腹案，并不书面提出。又其内容亦仅为我方可能让步之原则性的限度，商谈时仍应逐条力争，不得已时方渐次让步，如中共要求超过以上各项限度，应由代表团随时电报南京请示核夺。"①

南京政府国防部还有一个腹案，即国民党方面在军事上的"底线"：青岛及长江流域连接鄂西、陕西、绥远地区双方停止一切作战行动；解放军立即解除对新乡、安阳、大同、榆林国民党军的围困封锁；国民党军停止海上、空中的攻击行动，但又得可补充被困之国民党军。②这种单向的利己意愿在国民党全线溃败的情况下实在是痴人说梦。

张治中在接受和谈任务、北上赴平之前，专门到溪口向蒋介石汇报。蒋对张的北上未置可否，但张却热望蒋的放权。蒋在交谈时表示将会退隐归乡，不理政务，张立即表示，是否可以公诸报章，蒋未加阻碍。张大喜过望，立即在返（南）京后公之于众，博得一片喝彩。殊不知这是蒋的违心之言、口是心非之语，后来当和谈失败后，蒋系

---

① 《张治中回忆录》，华文出版社2014年版，第571页。
② 同上。

势力对张治中攻讦极严，与此很有干系。①

最后，国民党确定的和谈代表是张治中、邵力子、黄绍竑、章士钊、李蒸、刘斐，以张治中为首席代表。其中，邵力子、章士钊是"和平四老"，去过北平见过毛泽东；黄绍竑是桂系重要人物，得到李宗仁的信任；刘斐是国民党军队的高参，一度参与国民党上层的军事谋划，是李宗仁信任的参议。

4月1日，国民党和谈代表抵达北平，周恩来与之开始谈判。见面时周恩来对张治中见蒋极为不满，指出这显然是蒋介石仍在幕后操纵，并质询南京四一惨案事件真相。②张治中辩解再三，仍得不到周的谅解。共产党知道蒋是强硬的反共派，一切和谈障碍都首先在蒋的反动。张治中谈判前专门去溪口见蒋，就将蒋的地位置于南京政府之上，这使得谈判从一开始就蒙上了阴影。

但是，张治中认为自己也有苦衷，当周恩来会谈伊始质问他为什么离南京前到溪口去见蒋介石，借此加强蒋介石的地位，起了混淆视听、破坏和谈的作用时，他反复解释蒋还是国民党的实权派、是国民党的总裁，而且也想去摸底。张治中还天真认为，他去见蒋，是想要蒋的放权实话，堵住外人关于蒋揽权自用的口实。但这被周恩来一眼看破，说："不管你怎样说，只能说明蒋介石还在发纵指示，说明你们不是真要和平，这种由蒋介石导演的假和平我们是不能接受的。"后来周恩来对此还一再对张治中提出责难，证明张治中去溪口见蒋是一个败笔，只能起到抬高蒋介石地位的作用，无益于北平和谈。张治中在解放后写回忆录时还对自己的秘书说，中共对他去溪口反应如此激烈，实非始料所及，这件事对和谈的情绪是实在有影响的。③

---

① 《张治中回忆录》，华文出版社2014年版，第574页。

② 李维汉：《回忆与研究》（下），中共党史资料出版社1986年版，第663页。四一惨案是指南京学生6000余人赶往机场为南京谈判代表团送行招致反动军警殴打流血事件。

③ 余湛邦：《我所亲历的三次国共谈判》（余永燕修订），中国社会科学出版社2004年版，第105—106页。

周恩来决定南京代表团住六国饭店，谈判地点在中南海勤政殿，并由统战部负责布置会场、警卫处负责安全保卫。为了工作方便，经李维汉、齐燕铭同周恩来商定，在中南海给周恩来找个地方办公和休息。得到中央同意后，即选定颐年堂后院东侧的一座四合院"菊香书屋"。这院里北屋正房共5间，周恩来只要东边两间，西边两间给林伯渠，中间一间做餐厅、会客室。①

谈判分为两个阶段，第一个阶段是4月1日至12日的个别交谈、非正式谈判阶段，第二个阶段是4月13日至15日的正式谈判阶段。非正式谈判的个别谈话实际上是中共中央解释"八项和谈条件"。中共明确表态，不管和谈是否成功，解放军必须过江、统一全国；如李宗仁接受和谈，可采取"北平方式"，给以宽大政策、政治上照顾安排。这就是说，和平谈判的底线转移到现实中的"过江问题"，中共中央很明确，不能搞南北朝，国家必须统一，共产党政治上要过江，解放军军事上也要过江。

4月7日，李宗仁托张治中转交给毛泽东一封信，申告国民党方面的和谈要求。8日，毛泽东公开复信李宗仁，强调共产党的和谈底线要求不会变更，并提出"两个有利于标准"，即以"是否有利于中国人民解放事业之推进，是否有利于用和平方法解决国内问题为标准"②。

4月8日，周恩来陪同张治中到香山面见毛泽东。毛泽东为准备此次谈话，彻夜未眠。毛泽东对张治中主持国民党方面的和谈表示欢迎，并对1945年重庆和谈时的帮助表示感谢。在会谈中，毛泽东坚定表示"八项和谈条件"是底线，同时表示对和谈条件中的一些条款可以让步。如可以不在和平条款中提出战犯的名字；将来正式协定签字时，如李宗仁、何应钦（行政院长）、于右任（监察院长）、居正（总统府国史馆馆长）、童冠贤（立法院院长）等都可以来北平；改编

---

① 《少小离家老大回——童小鹏回忆录》，福建人民出版社2000年版，第343页。
② 毛泽东：《复李宗仁电》（1949年4月8日），见《毛泽东文集》（第五卷），人民出版社1996年版，第276页。

军队可缓谈；解放军必须过江，时间或在签字后，或经过若干时日；成立联合政府需要相当时间，在此期间，南京政府仍可维持现状，行使职权，免致社会秩序紊乱。关于今后建设问题，张治中表示国民党执政20多年，没能遵循孙中山遗教进行建设，愧对国家人民。今后是共产党执政，责任重大。毛泽东说："今后，我们大家来做的，大家合作做的，当然最重要的是共同一致来结束战争，恢复和平，以利在全国范围开展伟大的生产建设，使国家人民稳定地进入富强康乐之境。"①这次见面谈话，使得焦头烂额的张治中顿感柳暗花明，当晚，向南京报告称："除渡江一点，毛似都有所让步。"

在这期间，毛泽东还约见了邵力子、章士钊、黄绍竑、刘斐、李蒸、卢郁文，个别交换意见。

中共中央为示诚意，决定等待和谈有了基本结果再大军渡江，因此一再推迟渡江时间。渡江作战计划的核心是"京沪杭战役实施纲要"，由以邓小平为书记的渡江战役总前委起草，4月1日上报军委，3日军委回复同意。该计划提出：这一战役的目的是，以第二、第三两野战军全部，歼灭上海、镇江、南京、芜湖、安庆等地及浙赣线蒋军的全部或大部，占领江苏、安徽南部和浙江全省，夺取京沪杭，彻底摧毁国民党反动统治的政治、经济中心。目前蒋军集结于上海至安庆段兵力，有24个军72个师，共约44万人。其中直接担任江防的有18个军49个师，控制于浙赣线上杭、金、衢、徽地区的有6个军23个师，可做机动使用的有4～5个军。

"计划"提出，决于4月15日晚6时以全线渡江开始进行本战役。由粟裕、张震指挥三野的东线第8、第10两兵团为东集团，在张黄港至三江营段渡江作战；谭震林指挥三野的西线第7、第9两兵团为中集团，在枞阳至裕溪口段渡江作战，以上两路归粟裕、张震统一指挥。刘伯承指挥二野为西集团，在枞阳至望江段渡江作战。总前委邓

---

① 余湛邦：《我所亲历的国共北平和谈》，载《读书文摘》2007年第11期。另见余湛邦：《我所亲历的三次国共谈判》（余永燕修订），中国社会科学出版社2004年版，第123—126页。

小平、陈毅在合肥统一指挥第二、第三野战军，主持全局。①

毛泽东为使和平谈判成功，决定暂缓执行这个计划。4月10日，中央军委致电渡江作战总前委，指示说，我们和南京代表团的谈判已有进展，可能签订一个全面和平协定，签字时间大约在4月15日。如果此项协定签订成功，则原先准备的战斗渡江即改变为和平渡江，因此渡江时间势必推迟半个月或一个月。②11日5时，中央军委再次发出指示：现南京主和派正在准备和我们签订和平协定，共同反对蒋介石为首的主战派。依谈判情况我军须决定推迟一星期渡江，即渡江由15日推迟至22日；如政治上有必要，还须准备再推迟7天时间，即23日至29日。

但是，共产党的诚意却为国民党主战派所拒绝。此时，国民党当局疲于应对，内部倾轧更为显著，蒋介石的意见渐占上风。李宗仁、白崇禧与蒋介石有矛盾，但蒋系人马在国民党政权体系中居于绝对主导地位，行政院何应钦基本上唯蒋介石意志是瞻，李宗仁的"代总统"职务几同虚设，国民党决策层渐为"主战派"所左右。4月6日，蒋介石对国民党中央党部（时在广州办公）提出："和谈必须先订停战协定。"随之，国民党中常会通过蒋介石指示，决定设立和谈问题特种委员会，全权指导国民党和谈。12日，和谈问题特种委员会在南京做出5项决议，作为南京代表团对毛泽东谈话内容的答复："（1）战争责任问题，可依据代表团所谈原则处理；（2）所邀南京参加签字各位，届时再做决定；（3）签约后驻军，第一期最好各驻原地；（4）新政协及联合政府事，等中共提出方案后再行研究；（5）渡江问题应严加拒绝。"这实际上就是提出了国民党当局谈判的底线——必须拒绝渡江。

---

① 邓小平：《京沪杭战役实施纲要》（1949年3月31日），见《邓小平文选》（第一卷），人民出版社1989年版，第130—133页；中共中央文献研究室编：《毛泽东年谱（一八九三—一九四九）》（下卷），人民出版社、中央文献出版社1993年版，第472页。

② 中共中央文献研究室编：《毛泽东年谱（一八九三—一九四九）》（下卷），人民出版社、中央文献出版社1993年版，第478页。

李宗仁、白崇禧也错误认识形势，态度转趋顽固，反对共产党的渡江和平主张。刘仲容回到南京后，向李宗仁汇报，并特地把从北平带来的4月5日出版的《人民日报》送给他。这天《人民日报》上刊载了《南京政府向何处去？》这篇重要社论。刘仲容对李宗仁说：这篇文章很重要，表达了共产党的方针政策，指明了方向。李宗仁看了未做表示。何应钦、白崇禧前后受邀前来会议，都反对解放军过江。白崇禧说："他们一定要过江，那仗就非打下去不可了，这还谈什么？过江问题为一切问题的前提，中共如在目前'战斗过江'，和谈的决裂，那就不可避免。"李宗仁也开始动摇，派亲信甘介侯与美国政府紧急接触，索要军援，积极备战。

4月12日下午2时，南京派了一架专机去北平接黄绍竑和屈武，朱蕴山和刘仲容乘这架专机飞回北平。一下飞机刘仲容乘车去香山双清别墅向毛泽东汇报南京之行。毛泽东得知李宗仁和白崇禧的态度没有太大转变后，告知刘，中共中央已经决定，解放军4月20日就要渡江，希望李宗仁在解放军渡江以后，不要离开南京。如果李宗仁认为南京不安全，可以飞到北平来，共产党会对他以贵宾款待，那时和谈仍可继续进行。①

三、国民党当局拒绝和平协定

中共中央得知李宗仁、白崇禧的态度后，决定"摊牌"。4月13日一大早，毛泽东致信周恩来，提出谈判的最后内容及谈判无果后的善后工作，主要是南京代表团的去留问题。毛泽东指出：今日下午双方代表团应举行一次正式会议，宣布从今日起，结束非正式会谈，进入正式会谈阶段，其时间为13日至17日，共5天。周可在会上大略解释协定草案的要点，并征求他们的意见。如他们提出任何异议，不论是内容上的或文字上的，均不允许修改，只把他们的意见记录下

---

① 刘仲容：《解放大军渡江前后的秘密使命》，载《文史精华》1995年第5期。

来，以便考虑。另要周向张治中表示，4月17日必须决定问题。18日以后，无论谈判成败，解放军必须渡江。应争取南京代表团6人都同意签字，签字后他们不能回去，叫他们全体留平。如他们因南京不同意签字而不敢签，并有些人要回去，则必须争取张治中、邵力子、章士钊三代表及4个顾问（屈武、刘仲华、李俊龙、金山）留在北平。①随后，周恩来根据毛泽东指示，将已拟好的《国内和平协定草案》提交张治中，并通知当晚9时会谈正式开始。

4月13日，毛泽东为新华社撰写新闻稿，公告国共和谈进入最后正式谈判阶段："中国共产党代表团与南京国民党政府代表团就八项基础的和平条件举行的谈判，已达12天。在这12天中，双方就各项问题非正式地交换意见。从本日起，进入正式谈判阶段。"

国民党代表团接信后，张治中立即召集全体代表、顾问、秘书开会研究。大家看到这个草案后，十分悲观失望，认为充满了"降书""罪状"的气氛，表示"完了，和是不可能的了"②！

晚9时，国共和谈代表团在高大、宽敞、华贵而又幽静的中南海勤政殿举行第一次正式会谈会议。勤政殿大厅中间横放着一长排条桌，两端是双方首席代表的座位，两旁则分坐双方代表。长桌两端的后侧还各有三张小条桌，是双方列席和记录人员的座位，布置简朴，但气氛异常严肃。③

会议没有固定的程序，在双方首席代表同意会议开始后，周恩来首先提出《国内和平协定》草案，并做了详细的说明。周恩来主要就"草案"有争议的问题尤其是中共中央吸收南京政府建议的情况进行了通报，主要集中在战争责任等8项内容。周恩来指出，战争的责任在南京政府。南京政府自执政以来，背叛孙中山先生的三民主义与三

---

① 中共中央文献研究室编：《毛泽东年谱（一八九三——一九四九）》（下卷），人民出版社、中央文献出版社1993年版，第479页。

② 《张治中回忆录》，华文出版社2014年版，第579页。

③ 余湛邦：《我所亲历的三次国共谈判》（余永燕修订），中国社会科学出版社2004年版，第111—112页。

大政策，肆行反共；尤其自1946年以来，撕毁两党一切协定、协议，发动全面内战，使全国遭受空前灾难，必须承担发动内战的完全责任，"因为这是一个历史性的协定，是保证今后国内和平的一个文件，所以必须在条款的前文里明确这个责任"。关于战犯问题，周恩来表示，主要战犯必须严惩，但不限任何人，只有能"认清是非，幡然悔悟，出于真心实意，确有事实表现，因而有利于人民解放事业之推进，有利于用和平方法解决国内问题者，将取消战犯罪名，给以宽大待遇"；必须废除伪宪法、伪法统，依据民主原则改编一切反动军队；国民党现在所保有的陆海空军、各军兵种、军事机关、军事学校、工厂、后勤机构，一律加以改编，其拒不服从者，即加以讨伐；为完成此艰巨任务，特组设整编委员会，解放军委员占多数，为主任，国民政府代表为副主任；关于没收官僚资本，主要是没收南京政府统治时期倚仗政治特权及豪门势力而获得或侵占者；要改革土地制度，全国农村封建土地所有制均应进行改革，解放军到达地区，先减租减息，再行分配土地，解放军未到达地区，南京各级政府应保护各地农民组织及活动，不得加以妨碍；废除卖国条约，凡国民党政府对外签订的一切条约、协定以及文件档案，一律移交联合政府审查，其中凡对国家不利，尤其出卖国家权利的，分别予以废除、修改或重订；成立民主联合政府，召开没有反动分子参加的政协会议，接收南京政府及其所属各级政府的一切权力。

周恩来最后说，如果上述这些条款都能实现，我们相信国内的和平就有了永久的保证，南京政府代表团及南京政府中的爱国分子，努力于和平事业，会得到人民的谅解、赞许。我们对你们代表团寄予极大希望，希望同意和签订这个协定草案，使和平得以实现，问题得以解决。

张治中随之发言，基本上表示同意周的意见。随后，与会代表就《国内和平协定草案》进行讨论，"中心问题是接收和改编"。周恩来表示不可能再有让步，因为这是"关系到人民革命能否进行到底的根本问题，是不能让步的"。解放军必须渡江接收国民党政权，"今天的革命，再不能像辛亥革命和北伐战争那样，由于中途妥协而使反动派最后又得到胜利。因此，要坚持将革命进行到底"。对于南京代表团希望慢一点，周恩来表示，在谈判期间可暂不渡江；必须依据民主原则改编国民党反动军队，坚决反对南京方面提出的双方军队分期分批各就驻在区域内自行改编。①

会议延至晚11时15分休会，双方同意会后继续协商。

14日，李维汉受周恩来之托向在北平的部分民主人士报告第一次会谈经过，并征求与会者的意见。沈钧儒、马叙伦、黄炎培、谭平山、彭泽民、蔡廷锴等发言均表示对中共代表团的支持，认为共产党已做出了不小的让步，《国内和平协定草案》之宽大出乎意料，在渡江接收国民党政权、改编其军队及战犯这些根本问题上，不应该再让步。②

晚上，中共代表团给南京代表团送来《国内和平协定》的修正稿。晚9时，双方代表团在勤政殿继续开会。周恩来首先发言，对协定修正案再次做了详细的说明，表示已对南京政府提出的修正意见，凡是对推进和平事业、中国人民解放有利的都尽量采纳，能够妥协的都尽量妥协，中共方面已接受了20多处，但是解放军渡江和军队改编两点不能让步，否则违反"八项条件"的精神原则。

周恩来最后宣布说，这个协定是定稿了，不能改变，南京政府同意就签订，但无论签订或不签订，到4月20日为止必须表态，人民解放军将立即渡江。周恩来说："有许多朋友们都知道，中国共产党有的时候是很硬的，不过我们也是根据原则性才这样做的；我们要是从四面八方讲敷衍，就不会有今天的局面。因为我们要替人民做事，就要对反对人民的分子加以打击，使人民的力量生长起来。我相信在南京代表团的诸位先生，在交换意见的15天中，对我们一定有了相当的了解。拿我个人来说，除了李蒸先生是初次见面之外，

---

① 李维汉：《回忆与研究》（下），中共党史资料出版社1986年版，第664页。
② 同上书，第665页。

其他的都是极熟的朋友，我们大家的生平都很清楚。我们认为确实只有在这个原则下，才能解决问题，所以我们就不能不有所坚持，以强硬的态度来解决。但是只要原则上解决，其他还是要大家来协商。只要协定签订了，以后一切的事情，还是可以像我们今天一样，在一个屋子里商量办理。这一点我们也希望回南京去的先生给我们转达。"①

周恩来讲完，张治中作为国民党谈判首席代表也发表了意见，表示对于谈判定稿没有更多看法，将派黄绍竑、屈武飞回南京复命，希望南京政府接受《国内和平协定》。

据与会的张治中秘书余湛邦回忆，周恩来对《国内和平协定》定稿的最后期限一宣布，与会国民党代表深感错愕，但又是一种解脱："周恩来首席代表最后的宣布，有如天空中的一声霹雳，使国民党的代表们感到万分震惊！但是情绪又很快安定下来，意识到这是水到渠成，瓜熟蒂落，原无足怪，心情马上转变为一则以喜，一则以惧。喜的是中国问题将由此得到解决，中国人民几十年来的沉重灾难将由此得到解脱；惧的是个人今后怎么办？命运难于捉摸。"②

南京代表团派黄绍竑、屈武回南京请示，周恩来特紧急赶往西郊机场叮嘱二人，请其明确告诉李宗仁、白崇禧，中共希望他俩在协定签字问题上自拿主张，不要请示蒋介石。但是李宗仁听取黄绍竑、屈武的汇报和看完《国内和平协定》后，竟然全无主张，白崇禧则怒气冲冲地对黄绍竑说："亏难你，像这样的条件也带得回来！"在李宗仁、白崇禧看来，与其向中共"投降"，还不如同蒋介石妥协。于是，第二天即4月17日，征得李宗仁、白崇禧同意，何应钦即派张群携带《国内和平协定》飞赴溪口向蒋介石请示，共谋对策。蒋介石看罢，拍案大骂："文白无能，丧权辱国！"国民党反动派扼杀了和平谈判的最后机会。

---

① 《张治中回忆录》，华文出版社2014年版，第599页。
② 余湛邦：《我所亲历的三次国共谈判》（余永燕修订），中国社会科学出版社2004年版，第116页。

4月19日至20日，国民党和谈问题特种委员会秉承蒋介石的旨意，经过两次开会研究，决定拒绝签署《国内和平协定》，并电告南京代表团。

南京代表团将此电抄送中共方面。21日，毛泽东、朱德发布《向全国进军的命令》，指出："由中国共产党的代表团和南京国民党政府的代表团经过长时间的谈判所拟定的《国内和平协定》，已被南京国民党政府所拒绝。""命令全体解放军奋勇前进，坚决、彻底、干净、全部地歼灭中国境内一切敢于抵抗的国民党反动派，解放全国人民，保卫中国领土主权的独立和完整。""逮捕一切怙恶不悛的战争罪犯。"[1]

人民解放军百万雄师在西起江西湖口、东至江苏江阴的长达千里的战线上，强渡长江天险，开始渡江战役。至此，国共北平和谈正式宣告破裂，伟大的人民解放战争进入了一个新的阶段。

四、慰留南京代表团

4月21日，解放军百万雄师过大江，南京政府一度寄予厚望的长江天堑顷刻间土崩瓦解，被迫逃亡广州。留在北平的国民党和谈代表的归宿也成为问题。将这些人留在解放区，不仅利于为国家建设储备人才，更是昭示共产党仁至义尽、对和谈的诚意、对人民要求的重视。

21日晚12时，李宗仁、何应钦发来电报，要求和谈代表即刻南返，并将派专机来接。张治中告知南京方面将于24日南返。

当晚，周恩来来到六国饭店张治中住处看望。周告诉张解放军渡江已经成功，希望他不要回南京。李立三、林伯渠也一起过来劝驾。周恩来恳切地说："这次商谈，活动紧张，大家都辛苦了，应该好好

---

[1] 毛泽东：《向全国进军的命令》（1949年4月21日），见《毛泽东选集》（第四卷），人民出版社1991年版，第1449—1451页。

休息。双方代表团同意的《国内和平协定》竟为南京方面所拒绝,彼此都感到十分遗憾。目前形势发展迅速,国民党内部四分五裂,已全部崩溃,我们估计随着形势的转移,仍有恢复和谈的可能;即使退一步说,全面的和平办不到,但出现部分地区的和谈则是很可能的。这个协定还是有用的,请大家留下来吧。……你们无论回到南京、上海或广州,国民党的特务是会不利于你们的。西安事变时,我们已经对不起一位姓张的朋友(按:指张学良),今天再不能对不起你这位姓张的朋友了!"林伯渠和李立三也说:"过去在重庆、南京,谈判破裂后,我们代表并不撤退,保持未来和谈恢复的接触,现在挽留你们,也是这个意思。"①张治中非常感动,表示会留在北平。后来,他这样回忆道:

> 这时候,我的心情陷于极度的苦恼和矛盾中:不回去吧,我是南京政府的首席代表,和谈破裂,理应回去复命;回去吧,中共的挽留是诚意的善意的;而且脑子里也确实幻想着一旦解放大军渡过长江,协定还是有签订的可能。在无可奈何之中也只有暂时留下来了。②

23日,在中共地下党的努力下,张治中的夫人、女儿被接到北平。对此,张治中大感意外也深受感动。中共上海地下党为了让在沪的张治中家属能顺利北上,颇费周折。在征得张治中夫人同意后,上海地下党组织便和中航地下党严密安排,决定让张夫人搭乘接代表团的专机北上。当时上海已十分混乱,富商等纷纷逃往台湾、香港,也有逃往广州、兰州的。张夫人偕同亲属一行八九人如约到达机场,佯称飞往兰州。在中航地下人员的安排下,混乱中登上去北平的专机,直到飞过青岛,国民党当局才发觉。张夫人平安飞抵北平,张治中夫

---

① 余湛邦:《我所亲历的三次国共谈判》(余永燕修订),中国社会科学出版社2004年版,第119—120页。

② 《张治中回忆录》,华文出版社2014年版,第608页。

妇、子女一家团圆，使张家极为感动。张夫人见到周恩来后说："谢谢你，救了我们一家人。"而张治中则激动地对周恩来说："你真会留客啊！"①

24日，张治中与南京全体和谈代表联名签署一封信答复国民党行政院长何应钦，表示"暂留静待"北平。

实际上，国民党和谈代表在北平的这段时间，从4月1日至12日，从双方代表商谈中、从各方面的接触中、从人民自发欢庆的秧歌队伍中、从报刊传来的国内形势中，受到很大的熏陶、启发和震动，"思想感情逐渐由触动而走到质的变化。解放区和国统区的鲜明对照，说明了人心的向背，指出了时代的趋向，对新事物和人，由陌生、好奇而感到可爱可亲，是代表团成员的一致变化。"②

李维汉在回忆录中记录了南京代表团成员尤其是张治中，在北平感受到共产党政策受到民众衷心拥护、党的领袖得到人民群众衷心爱戴，引起的心理变化：

> 南京代表团大多数人同我党是熟悉的，他们当中有的人同情我党（如章士钊），有的人长时间同我党进行和平谈判，并不赞成蒋介石的内战政策（如张治中、邵力子），有的人属于地方派系，在国民党政府中并不得势（如刘斐、黄绍竑等），他们一般是有和平愿望的。我党既把他们作为谈判的对手，同时又把他们作为争取、教育的对象，并通过他们争取李宗仁真正同蒋介石决裂，按照八条达成协议。因此他们来平后，我方除热情接待外，还对他们做了大量的思想工作。正式谈判前，我方代表多次与他们个别谈话，交换意见。特别是毛泽东，从4月8日起，分别邀请张治中、邵力子和章士钊、黄绍竑和刘斐、李蒸和卢郁文（南京代表团秘

---

① 张立钧口述，苏峰整理：《随张治中将军五年国共和谈》，载《百年潮》2010年第1期。张立钧为张治中的内侄。

② 余湛邦：《我所亲历的国共北平和谈》，载《读书文摘》2007年第11期。

书长）谈话，使他们思想有了转变。见了毛泽东后，张治中很兴奋。吃饭时，他谈到了共产党的朴素、诚恳、吃苦耐劳、自我批评和虚心学习种种美德。他感慨万端地说："国民党的失败是应该的，共产党的成功并非偶然。"在这一期间里，他们亲眼看到了解放区的新气象，人民当家做主的情形及我党干部的优良传统，很为感动。①

对于张治中等决定留驻北平、接受共产党的安排，南京政府极为愤怒，深感人心丧尽的耻辱，但不甘失败的国民党政府却以造谣方式为自己遮羞。6月15日，广州中央社发出电讯《张治中在平被扣详情》，混淆视听，并对张治中本人进行人身攻击。26日，张治中主动发表《对时局的声明》一文，表示："我居留北平已八十天了，以我所见所闻的，觉得处处显露出一种新的转变，新的趋向，象征着我们国家民族的前途已显示出新的希望。就是中共以二十多年的奋斗经验，深得服务人民建设国家的要领，并且具有严格的批评制度，学习精神，和切实、刻苦、稳健的作风。……我们中国人，毕竟还有能力把国家危机挽救过来，还可希望把国家搞好，断不是一个没有出息的民族，已可得到证明。"②

同一天，新华社以《评张治中声明》为题发表社评，指出张治中声明"表示他对于目前中国形势的看法"，实际上也可以看作是南京国民政府和谈代表的共同意见，这个声明是值得欢迎的；其中对于国民党内爱国分子的劝告，是向他们指出了唯一的光明出路。

回了南京的黄绍竑、刘斐等随国民党政权的失败辗转广州、香港，在地下共产党员谌小岑等的组织下，黄、刘8月13日发表《我们对于现阶段中国革命的认识和主张》的声明，正式宣布脱离国民党。在这个声明上签名的有黄绍竑、刘斐、贺耀祖、龙云等44人。这个

---

① 李维汉：《回忆与研究》（下），中共党史资料出版社1986年版，第666—667页。
② 《张治中回忆录》，华文出版社2014年版，第610页。

政治声明,在当时又被称之为"香港起义"。不久,黄绍竑、刘斐接到中央人民政府的邀请,到北平参加了新政协会议。

李宗仁是此次和平谈判的"主角"之一。李宗仁没有在和平协定上签字,但也为国民党所抛弃,一直在美国等地飘零。1965年7月,李宗仁冲破重重阻力,毅然从美国回国,受到毛泽东、周恩来的欢迎。

综观4个月的北平国共和平谈判,最终虽以战争为结局,但中国共产党取得了完全的胜利,《国内和平协定》抵得上百万军队。①其主要成果体现在:

> 一是揭穿了国民党反动派和美帝国主义假和谈、真内战的阴谋,宣传了中国共产党将革命进行到底的基本立场、真正为人民幸福福祉而奋斗的人民政党的本质。北平和谈,中国共产党处于绝对优势地位,但为了民众福祉、国家利益,仍愿意停顿下来和平谈判,在基本立场确定后,提出真正和平的"八项主张",并不断让步,最大程度接受南京政府的要求,但南京政府还是一意孤行、执迷不悟,最终拒绝和平。这教育了幻想走中间道路的同盟者,赢得了最大多数人民的支持,也使国民党的虚弱、虚伪本质彻底暴露,提高和加强了人民政权的统一战线基础。
>
> 二是为瓦解国民党势力、壮大人民力量提供了帮助。到1949年春夏之际,国民党统治的崩溃已是势在必然,国民党内部分实权人物也在寻找出路,国民党营垒处于瓦解之中。这时《国内和平协定》的出台和共产党人的光明磊落、仁至义尽的态度,对这些动摇者是很大的感召,对后来的程潜、陈明仁湖南起义,陶峙岳、包尔汉的新疆和平解放有重要的推动与示范作用。②

---

① 李维汉:《回忆与研究》(下),中共党史资料出版社1986年版,第670页。
② 同上书,第669—670页。

第二节 精心准备渡江

1949年4月20日,南京政府拒绝签订《国内和平协定》,国共和谈正式破裂。毛泽东、朱德随即发布《向全国进军的命令》,席卷中国大陆的解放战争进入新阶段,国民党在大陆反动统治的彻底覆灭进入了历史的快车道。

一、毛泽东通盘谋划

渡江战役的通盘计划包括战役开始时间、主要准备工作及渡江作战的兵力部署。"将革命进行到底"是中共中央的一贯主张,也是毛泽东解放战争思想的重要内容。渡江作战、进军全国的主要战略就来自于在香山的毛泽东与中央军委的统一谋划。

毛泽东、中央军委对渡江作战非常慎重,但全国统一必须渡江,这是常识。渡江作战的理想区域在华东地区即长江中下游地区,这是华东野战军、中原野战军的作战区域,也是淮海战役的主战场。这个任务首先落在了华东野战军身上。

据粟裕回忆,早在1947年解放战争战略进攻序幕刚刚揭开,中央对华东野战军的渡江作战就有过规划。1947年7月23日,中央在确定刘邓大军挺进鲁西南时,就提出华东野战军第一、第四纵队在闽浙赣初建根据地、两广纵队随同南下的设想,但因为刘邓大军南下作战非常艰苦,华野主力转入鲁西南作战,部队无法再分散南进,这一计划被中央军委取消。

1948年1月,中央再次提出渡江作战计划,要求粟裕率华野第一、四、六的3个纵队组成一个兵团,渡江南下,但粟裕建议部队暂不过江,先集中在黄淮区域、汴徐线南北地区歼敌,为中央接受,这就是豫东战役的胜利。①

1948年下半年,毛泽东与中共中央在筹划淮海战役的时候再次提出渡江作战计划。10月11日,毛泽东致电华东局领导人,在具体指示淮海战役的作战重点、队伍组织之外,还指示华东野战军要在11月、12月完成淮海战役,明年秋季与中原野战军协力作战,将敌打至江边各点固守,"秋季你们主力大约可以举行渡江作战"②。这是毛泽东与中央军委明确提出"渡江战役"的作战规划,渡江时间初步定为1949年秋。在淮海战役胜利结束的贺电中,毛泽东也指出:"淮海战役既然消灭了南线国民党军的主力,这就奠定了你们渡江南进夺取国民党匪巢南京,并解放江南各省的巩固的基础。"

1948年12月12日,淮海战役即将胜利结束,毛泽东决定在各项军政准备完毕后,于1949年5月或6月渡江。淮海战役总前委讨论了毛泽东的指示,并由刘伯承、陈毅赴西柏坡参加中央政治局会议时当面向毛泽东做了汇报。12月31日,毛泽东致电粟裕等,要求华东野战军、中原野战军在淮海战役结束后,在陇海沿线休整两三个月,再"渡江南进"③。这就把渡江作战时间提前到了1949年的春末。

渡江作战、南下作战的主要影响因素有三个。一是美国为首的帝国主义的干涉。毛泽东认为,这时美帝国主义的军事干预可能性在下降。因为尽管美国在解放战争初期积极支持蒋介石集团发动内战,但到1948年年底国民党反动统治呈现全面溃败的形势下,美国的军事、经济援助大多停止,并且在政治上有"换马"的明确表态,暂时"观望"的意图比较明显。毛泽东认为,对美国为首的西方国家的军事干预可能性不得不预防,但也不必过度看重,因为美国与国民党

---

① 《粟裕回忆录》,解放军出版社2007年版,第476—477页。

② 毛泽东:《关于淮海战役的作战方针》(1948年10月11日),见《毛泽东选集》(第四卷),人民出版社1991年版,第1352页。

③ 中共中央文献研究室编:《毛泽东年谱(一八九三——一九四九)》(下卷),人民出版社、中央文献出版社1993年版,第427页。

的关系在破裂，特别是解放军的军事力量在壮大，已经不惧怕美国等西方国家的军事干预。

二是国民党军事集团的残余力量的顽抗。经三大战役的摧毁性打击，国民党的军事主力已被消灭殆尽，解放军已占据优势地位，毛泽东在1949年年初的中央政治局会议上就高兴地指出，三大战役后，就军事上来说，国民党政权已经基本上被打倒了。"现在，人民解放军无论在数量上士气上和装备上均优于国民党反动政府的残余军事力量。"① 当时解放军已经解放了长江中下游以北的广大地区，东北、华北、西北、中原、华东解放区已连成一片，总面积达261万平方公里，总人口约2亿人，经济实力进一步增强；解放军总兵力已达358万人，其中野战军218万人，装备得到进一步改善。国民党军总兵力下降到204万人，能用于作战的陆军仅146万人。主力只有上海的汤恩伯集团、华中白崇禧集团、西安胡宗南集团和西北马步芳部是较完整的编制，其余基本上是被解放军打散重建或新建的，战斗力很弱，并且散布在从新疆到台湾的广大土地上，已难组织有效的战略防御。②

三是气候环境的影响。进入新的战争区域、南方的地理气候条件与北方不同，解放军长期在中国北方作战，指战员也以北方人居多。到南方作战，确是有一些客观困难。朱德在对四野高级干部政治动员时就指出，南下作战主要的困难首先是地理气候的不适应：深入敌区，远离后方，运输供应比以前要困难得多；南方多山、河、水田、湖泊，北方部队一般缺乏在此种地形上作战的经验；解放军绝大部分是北方人，要去南方作战，不大适应南方的生活习惯，而且容易患疟疾、中暑、脚气、疥疮等疾病。此外还会产生留恋家乡、保命偏安的情绪。

针对这些情况，1948年12月12日，中央军委致电淮海战役总前

---

① 毛泽东：《中共中央毛泽东主席关于时局的声明》（1949年1月14日），见《毛泽东选集》（第四卷），人民出版社1991年版，第1388页。

② 《中国人民解放军军史》（第三卷），军事科学出版社2010年版，第373—374页。

委，提出对今后作战方针的意见。在这份绝密文件①中，毛泽东提出了解放战争后期战略追击的总体构想：

（一）华东和中原两大野战军在结束淮海战役后，休整两个月，同时做好渡江作战的物资准备和政治动员。随后以一个月时间完成江淮战役，占领长江以北、淮河以南、平汉路以东地区，控制长江北岸。然后于1949年5月或6月举行渡江作战。渡江后华野、中野两军协力经略东南，包括皖南、苏南，浙江、福建两全省，江西一部，夺取、控制芜湖、杭州、镇江、苏州、南京、上海、福州。

（二）东北野战军协同华北野战军主力于1949年1、2两月完成夺取北平、天津、张家口、唐山任务后休整两个月，5月沿平汉路南下，6、7两月执行江汉战役，并完成渡江准备。8月渡江，以后的行动分两步进行。第一步，经营湖北南部、湖南全省及江西一部，包括夺取武汉、岳州、长沙、常德、宝庆、衡州、郴州、九江、南昌、吉安、赣州等城市。第二步，夺取两广。

（三）华北野战军主力协同东北野战军夺取北平、天津、张家口、唐山后，如太原尚未攻下，则协力夺取太原，然后以杨得志兵团与杨成武兵团夺取绥远、宁夏，与西北野战军会合。徐向前兵团则早日与西北野战军会合，先肃清兰州、潼关线上及其以南以北之敌，夺取潼关、西安、天水、汉中诸城，然后入川。②

---

① 毛泽东在电报中指示："此电只发刘邓陈，请小平负责于粟谭至你处开会时，给粟谭二人一阅，阅后焚毁，保守机密。"毛泽东：《对今后作战方针的意见》（1948年12月12日），见《毛泽东军事文集》（第五卷），军事科学出版社、中央文献出版社1993年版，第383页。

② 毛泽东：《对今后作战方针的意见》（1948年12月12日），见《毛泽东军事文集》（第五卷），军事科学出版社、中央文献出版社1993年版，第382—383页。

毛泽东在电报中特别指出，上述计划是以现时敌我形势以及将来敌方的可能部署为基础来考虑的，除军事外，也考虑了政治上、经济上的因素，是一个稳扎稳打的方针。

后来的历史发展证明，这个解放战争末期渡江作战、追歼国民党残敌的全盘行动计划是一个非常英明的决策，即分路并进、全国进军、协同作战、各个歼灭。1949年1月的中央政治局会议确认了这一行动计划，规定：1949年夏秋冬三季，解放军争取占领湘、鄂、赣、苏、皖、浙、闽、陕、甘9省的大部或全部。二野、三野联合举行渡江战役，进军江南，协力经营江苏、安徽、浙江、福建4省；四野进军中南，经营湖南、湖北、江西3省；华北野战军第18、19、20兵团协力攻克太原后，调赴西北战场，会同一野进军西北，经营陕西、甘肃两省。并且为防止美国可能的武装干涉，二野两年内留在华东，不做新的机动。①

在此期间，为彻底揭露国民党的假和谈阴谋、争取在政治上的完全主动，毛泽东同意进行国共和谈，但在谈判期间，要求二野、三野解放军必须整训待命，清除长江北岸的渡江障碍，时刻准备及时渡江作战。"在南京国民党反动政府接受并实现真正的民主的和平以前，你们丝毫也不应当松懈你们的战斗努力。对于任何敢于反抗的反动派，必须坚决、彻底、干净、全部地歼灭之。"②

趁着和平谈判的间隙，解放军进行了卓有成效的整军运动。东北野战军入关休整，枕戈待旦；华东、中原野战军则是夜以继日进行渡江战役的准备工作。

1949年1月12日，毛泽东让中央军委电示华东野战军领导人粟裕、陈士榘、张震等，要求华野、中野解放军休整两个半月，并完成渡江作战诸项准备工作，到3月底、4月初待命出动。这是中央军委

---

① 陈毅、邓小平致刘伯承、李达的电报（1949年3月14日），见《中国人民解放军军史》（第三卷），军事科学出版社2010年版，第374—375页。

② 毛泽东：《中共中央毛泽东主席关于时局的声明》（1949年1月14日），见《毛泽东选集》（第四卷），人民出版社1991年版，第1389页。

正式确定4月初渡江，比之从前的作战时间有所提前。2月9日毛泽东指示东北野战军先期南下一个兵团进入信阳，威胁汉口，使武汉方面的国民党军不敢轻动。①

2月9日，淮海战役总前委5个成员刘伯承、陈毅、邓小平、粟裕、谭震林联名致电中央军委，提出3月半出动、3月底开始渡江作战最好。这是华野前委贾汪会议、中野前委商丘会议商议的结果。11日，毛泽东回电同意此计划，并指示由淮海战役总前委"照旧行使领导军事及作战的职权，华东局和总前委均直属中央"。要求几位总前委委员到西柏坡出席七届二中全会，当面商议。②

邓小平、陈毅等出席了七届二中全会，向毛泽东报告了前方军事领导人的意见，会议结束后，毛泽东召集华东工作座谈会，商议华东人事安排，决定以邓小平、刘伯承、饶漱石、陈毅等17人组成华东中央局，邓小平为第一书记，并研究了渡江作战计划，定下渡江战役发起时间为4月10日。③

3月22日，总前委、华东局负责人陆续到达安徽蚌埠南郊的孙家圩子，组成渡江战役总前委，开始渡江作战的准备工作。

二、全军整训军纪为先

渡江作战对于解放军来说是又一次极为艰苦的战略作战。趁着国共谈判的间隙，毛泽东指示全党全军利用这段难得的休战时间，对解放军进行集中整训，为4月开始的全国大进军做准备。这一时期的军队整训工作，主要是开展军队正规化建设、部队思想教育运动和入城

---

① 中共中央文献研究室编：《毛泽东年谱（一八九三——一九四九）》（下卷），人民出版社、中央文献出版社1993年版，第471页。《罗荣桓传》，当代中国出版社1991年版，第452页。

② 毛泽东：《同意三月底渡江作战的计划》（1949年2月11日），见《毛泽东军事文集》（第五卷），军事科学出版社、中央文献出版社1993年版，第500、501页。

③ 刘树发主编：《陈毅年谱》（上），人民出版社1995年版，第550页。

政策、纪律教育。

（一）军队正规化建设

到1948年年底，解放军在全国主要战场均取得压倒性的胜利，作战方式也转变为以运动战、阵地战为主的进攻作战，要求必须加强跨战略区的联合作战、不同战略区的战略战役协同。这就要求部队加强统一指挥、统一编制、统一后勤补给、统一各种制度的正规化建设。①

在1948年9月的西柏坡政治局扩大会议上，毛泽东就指示要在解放战争的第三年进行正规化建军，"有计划地走向正规化"②。会议讨论通过了《解放战争第三年军事计划》，提出为实现全国胜利与维持全国治安，军队要扩充到500万人，充实野战部队、增建特种部队（主要是炮兵、工兵、骑兵）、整顿地方部队、精简后方机关；统一军队系列，统一编排野战部队番号。

1949年2月1日，西北野战军改称第一野战军，司令员兼政治委员彭德怀，副司令员张宗逊、赵寿山，参谋长阎揆要，政治部主任甘泗淇。下辖7个军、1个骑兵师，共15.5万人。

5日，中原野战军改称第二野战军，司令员刘伯承，政治委员邓小平，副政治委员兼政治部主任张际春，参谋长李达，下辖3个兵团、9个军、1个特种纵队，共28万人。

9日，华东野战军改称第三野战军，司令员兼政治委员陈毅，副司令员兼第二副政委粟裕，第一副政委谭震林，参谋长张震，政治部主任唐亮，下辖4个兵团、16个军、两个纵队，共58万多人。

3月11日，东北野战军改称第四野战军，司令员林彪，政治委员罗荣桓，参谋长刘亚楼，政治部主任谭政，下辖两个兵团、13个军等，共88万人。

---

① 《中国人民解放军军史》（第三卷），军事科学出版社2010年版，第313—314页。

② 毛泽东：《在中共中央政治局会议上的报告和结论》（1948年9月），见《毛泽东文集》（第五卷），人民出版社1996年版，第133页。

华北军区野战部队直接由中央军委指挥，辖3个兵团，共23.8万人。

同时，对各军区、南方游击队也进行了整编，统一番号，统一编制。

军队正规化建设，后勤保障体系的统一至关重要。1948年年底至1949年年初，全军召开后勤会议，决定全军后勤工作统一组织、统一领导、统一政策、统一计划、统一调度、统一规定标准。同时，对全军军械、药材等工作都进行了统一规范。

（二）思想政治、政策纪律教育

理念是行为的指引，思想是行动的先导。"将革命进行到底"是以毛泽东同志为核心的中共中央的重要战略部署，全党全军必须入脑入心，从思想深处理解、认同并忠实践履。这就需要深入细致有效的思想政治工作。在1949年二三月间，全军开展了以"将革命进行到底"为中心内容的思想政治教育运动。

首先是形势任务教育，重点是统一高级干部、高级将领的思想认识，由这些关键少数形成"头雁效应"，带动全军。一野在1月、4月召开了全军第一次党代表会议、第六次前委扩大会议，二野4月召开师以上干部会议，三野于一二月召开前委扩大会议，四野于1月、三四月召开政治工作会议、师以上干部会议，学习中央文件、中央军委决策，并分别做出部署，将理论学习、诉苦阶级教育、形势任务教育结合进行。统一思想认识，统一行动意志，使各级指战员明确战略决战后人民军队的胜利只是万里长征走完了第一步，要摆正大家小家的关系，不能贪图享乐、骄傲自满，革命不能半途而废，要担负起解放全中国的历史重任；澄清对国民党政府"和谈"阴谋的模糊认识，认识到唯有革命到底才能彻底打倒反革命势力、反动派势力，唯有建立了强大的新中国方能实现真正永久的和平；克服决定性胜利取得后的轻敌思想，全面树立继续发扬敢于战斗、勇猛顽强、不怕疲劳、连续作战的光荣传统和作风，力戒骄傲、松懈、轻敌，树立战斗渡江、武力解决国民党残余力量的信念。经过卓有成效的工作，极大地鼓舞了全军战士的信心、决心和斗志。①

3月31日，毛泽东和朱德、刘少奇、周恩来、任弼时等在香山接见了正在北平开会的四野师以上干部，并举行晚宴宴请这些"功臣们"。毛泽东在讲话时特别指出，10个指头的任务已完成5个，还有5个，也就是要打过长江去，解放全中国。在两年半的解放战争过程中，我们消灭了国民党的主要军事力量和一切精锐师团，国民党统治机构即将土崩瓦解，归于消灭。解放军也不应当松懈战斗意志，应当粉碎敌人的政治阴谋，把伟大的人民解放战争进行到底。四野三路大军浩浩荡荡就要下江南了，声势大得很。下江南去，一定要赢得全国的胜利！②

这些师以上干部这时正在北平召开四野高级干部会议。会议主要是学习贯彻中共七届二中全会精神，着重解决骄傲自满、以功臣自居的思想，无政府无纪律现象，特别是中央指出的"五种恶劣作风"：无政府无纪律状态，事前不请示、事后不汇报的错误态度，瞒上不瞒下、报好不报坏、报喜不报忧的无原则现象，经验主义和游击主义，将自己领导的区域、工作部门或军队看成一个独立国的危险现象。为此会议专门出台了《反对无组织无纪律的决议》，规定当前主要任务是使全军由战斗队变为工作队，利用南下休整空隙，打好统一的思想基础；检讨与健全党委制度，强调全军必须亲密团结，转变手工业的生产方式、粗枝大叶的领导作风，力戒骄傲自满、以功臣自居的情绪。

四野的高级干部会议可谓"及时雨"，这些规定也是切中要害。据整训期间的反映与统计，当时部队里的争功、为自己前途考虑的现

---

① 《中国人民解放军军史》（第三卷），军事科学出版社2010年版，第364—368页。

② 中共中央文献研究室编：《毛泽东年谱（一八九三——一九四九）》（下卷），人民出版社、中央文献出版社1993年版，第471页。本书编写组：《罗荣桓传》，当代中国出版社1991年版，第497页。

象、回家思想、战争厌倦、享乐思想都不同程度地存在，有的还相当严重。①"总之，这次会议对于统一认识、贯彻执行中共七届二中会议决议，对于纠正某些干部，尤其是某些高级干部由于打胜仗而产生的居功骄傲情绪和无政府无纪律现象起了重大作用，为进军江南，将革命进行到底，作了思想上、组织上的充分准备。"②

4月11日，也就是南京政府代表团到达北平、正式会谈开始前夕，朱德参加四野第13兵团及第41军连以上干部会议，做南下进军的动员报告。本来毛泽东要来，但因为事务繁忙，无法脱身，就委托朱德来看望。朱德专门做了《国内形势和南下后应注意的几个问题》的动员报告，着重指出渡江、南下作战的必要性、艰巨性和胜利性，对四野将士强调必须严格党的政策、纪律。"政策、纪律执行得好，胜利就来得快。我们要会打仗，又要会执行政策，遵守纪律。这样才能团结全国百分之九十以上的人民，才能获得全国的胜利"。"要正确地执行政策，就要严格遵守纪律，要靠纪律来保证政策的执行。"这包括群众纪律、经济纪律、指挥纪律等各种纪律规定。③

在讲到"群众纪律"时，朱德举了几个例子，如四野战士做得非常好的"三不走""四不进"，出现了不少的模范班、模范连、模范团或师，他们不侵犯群众利益。所谓"三不走""四不进"是指不扫净住宿过的房屋不走，不填好用过的厕所不走，不理清财务手续不走；未得到允许不进清真寺，不进未腾出的民房，不进有青年妇女的家，不随便进群众厕所。这是四野在"三大纪律八项注

---

① 四野司令部：《平津解放后的部队思想状况》。转引自金立昕：《决战：中南解放战争（1949—1950）》，上海人民出版社2017年版，第16页。
② 《中国人民解放军第四野战军战史》，解放军出版社1998年版，第454页。
③ 朱德：《国内形势和南下后应注意的几个问题》（1949年4月11日），见《朱德选集》，人民出版社1983年版，第256—257页。

意"①教育上对进城纪律的具体化。其他各野战军也都编写了诸如"入城三大公约十项守则""城市纪律十二条""新区农村工作守则"等规定规范,以加强战士的入城纪律教育。

实际上,早在即将进入北平的前夕,七届二中全会召开后的1949年2月25日,中央制定了《机关、部队转移前后应该遵守的事项》,即由农村进入大城市、从西柏坡向北平转移时所制订的各项纪律,包括进入城市后的"四不""五要""三讲究"守则。"四不"是指不乱讲话(如有关秘密的不说)和不乱吃东西、不乱跑(如非经组织允许不得外出)、不乱动手(非分之物不要)、不乱收人(未经组织批准不收任何人员)。"五要"是指要认清环境、分清敌友,提高警惕;要爱护公共物资,遵守公共纪律;要保持艰苦朴素的优良传统;要向工人与劳动人民学习;要切实执行我党、政、军各项政策法令,绝对遵守三大纪律八项注意以及直属党委与机关所规定的各种制度。"三讲究"是指讲究礼貌、讲究正派、讲究整洁。

"入城三大公约十项守则"是三野制定的。"三大公约"是指遵守军管会及人民政府的一切法令和各种规定,遵守城市政策、爱护市政建设,保持革命军人艰苦朴素的传统作风。"十项守则"是指无敌不得打枪;不住民房店铺,不准打扰戏院及一切娱乐场所;无事不上街,外出要请假;车马不得在街上乱跑;不准在街上吃东西,不得扶肩搭背,不准拥挤街头;买卖要公平;驻地打扫清洁,大小便上厕所;不准卜卦算命,赌博宿娼;不准徇私舞弊;不准在墙壁上乱写乱

---

① 1947年10月10日,毛泽东以中国人民解放军总部名义,发布《关于重行颁布三大纪律八项注意的训令》,指出:"一、本军三大纪律八项注意,实行多年,其内容各地各军略有出入。现在统一规定,重行颁布。望即以此为准,深入教育,严格执行。至于其他应当注意事项,各地各军最高首长,可根据具体情况,规定若干项目,以命令施行之。二、三大纪律如下:(一)一切行动听指挥;(二)不拿群众一针一线;(三)一切缴获要归公。三、八项注意如下:(一)说话和气;(二)买卖公平;(三)借东西要还;(四)损坏东西要赔;(五)不打人骂人;(六)不损坏庄稼;(七)不调戏妇女;(八)不虐待俘虏。"见《毛泽东军事文集》(第四卷),军事科学出版社、中央文献出版社1993年版,第297页。

画。①这个文件是三野贾汪会议的主要成果之一。在这次会议上，粟裕专门做了入城纪律建设的报告。粟裕要求，解放军首先要熟悉江南的民情：

> 上海、南京生活水平高，吃大饼油条是很普遍的，这在许多山东人看来是最好的了。如果认为上海、南京吃大饼油条的都是地主，就很糟糕。南方有些事情是山东人所想不到的，例如：南方有些人吃了早饭不知夜饭在哪里，但他们却穿得很好。很多穷苦的人虽然没有吃的，还穿得好，还烫发。中农有时也吃几个菜，我们不能把两三个菜上桌子的人家都看成地主。总之，我们到了经济生活状况不同的地方，我们的政策纪律也应该有所不同。
>
> ……要尊重人民的风俗习惯。在北方，公公婆婆儿子媳妇可以睡在一个大炕上，而在南方就不能这样，公公不能进

---

① 《粟裕文选》（第二卷），军事科学出版社2004年版，第774—775页。中共中央于5月16日发布《关于入城部队遵守城市纪律的指示》，要求："（一）凡市内卫戍机关军风纪、交通规则、娱乐场所规则，军队人员必须共同遵守，并服从当地军事管制委员会、警备司令部及公安局之指挥，不得借口隶属关系不同，而有丝毫违抗。（二）保护城市人民生命、财产不许侵犯，除现行犯（例如抢劫、放火、行凶等），各机关不得擅自捕人。（三）保护外侨（包括领事馆）不加侮辱，凡遵守人民政府法令与安分守己之外国侨民，一律予以保护并尊重其人格，以礼貌待之；凡有违法或破坏行为者，报告上级及军事管制委员会，不得自行处理，一切有关外侨事务，不论大小均由最高机关办理，各部无权处理。没有命令不得进入外侨住宅，不准住外侨的房屋或教堂、学校，对外侨与外侨住宅，无命令时，不得施行室内检查与人身搜查。（四）我军各部人员，不得接见中外记者对新闻记者发表谈话。（五）军人进入戏院、电影院、理发店、澡堂及公共娱乐场所游览，及乘坐电车、公共汽车者，均须照章买票，照章付钱，不得要求免票或半价付钱。（六）不经上级许可，不得接受人民的慰劳，对各阶层人士给军队个别人员送礼和被邀请吃饭赴宴者，尤需拒绝。（七）军队在城市驻扎不得借住或租住民房。（八）军队之骡马大车不得入城，必须入城者，可在装卸后即应出城。（九）不准乱放枪。（十）不准上街乱跑，严格请假制度。（十一）整顿军容，提倡礼节。（十二）对群众态度须好，不可蛮横无礼貌。"中共中央文献研究室编：《毛泽东年谱（一八九三—一九四九）》（下卷），人民出版社、中央文献出版社1993年版，第501—502页。

媳妇的房。北方一定要茅房,而在南方是坐马桶,你不能踏上去。北方有些很普通的话,而在南方人听来却认为是粗鲁无礼的。南方人对北方"侉老"印象不佳,这是北洋军阀队伍留下的恶劣影响。此次我们要带很多北方人过江,必须进行政策纪律教育,使他们与南方群众密切结合。我们要向群众进行宣传工作,而最重要的,必须做得正确,用模范行动,来保证政策纪律的正确贯彻执行。

粟裕特别强调,要对部队进行纪律教育、城市政策教育,要加强政治工作的预见性、顽强性,"不仅要用枪杆子去消灭敌人,而且要用政治工作去消灭敌人"①。

外交纪律教育是入城政策教育的重要部分。解放战争至此时开始解放了一些大城市。一些主要资本主义国家在大城市如北平、上海、南京、武汉均设有领事馆、大使馆,涉外问题开始变得突出。中央特别要求全军必须注意外交问题、涉外问题的严肃性、严重性,不至于因一些个案而产生与帝国主义的摩擦、纠纷,阻挠解放战争的顺利进行。中共中央专门在1949年1月19日发出《中央关于外交工作的指示》,要求以站稳立场、灵活机动、原则性与灵活性相统一的方针处理外交工作。原则上,帝国主义在华特权必须取消,实现中华民族独立解放;执行步骤上,按问题的性质与情况分别处理。"凡问题对于中国人民有利而又可能解决者,应提出解决。其尚不可能解决者,则应暂缓解决。凡问题对于中国人民无害或无大害者,即使易于解决,也不必忙于去解决。凡问题尚未研究清楚或解决的时机尚未成熟者,更不可急于去解决。"②

1月26日,毛泽东为中共中央起草致华东局、华中工委等的指示电,对华中某分区地委一位领导擅自回答中外记者的提问提出批

---

① 《粟裕文选》(第二卷),军事科学出版社2004年版,第742—743页。
② 《中央关于外交工作的指示》(1949年1月19日),见中央档案馆编:《中共中央文件选集》(第18册),中共中央党校出版社1992年版,第44—49页。

评，指出："以后各地对于从国民党区域来的一切情况不明的中外记者，必须拒绝接谈任何问题。对于确系革命的或同情的记者是否接谈，亦须请示上级决定。任何下级人员，不得擅自表示态度。"①

通过渡江思想教育、入城政策教育、纪律教育，大大提高了指战员的作战信心、决心，也提高了全军将士入城后的革命纪律，最大限度地保证了中央渡江战略的坚定实行。

与此同时，中央军委还要求各渡江部队加强军事筹备，熟悉长江水情，准备充足船只，加强指战员水陆训练，加强南方军事侦察与地下党的统战工作，全力充分做好渡江准备工作。

按照蒋介石的计划，国民党整个长江防线分为两个战区，一是长江下游地区（湖口至上海间800公里），归京沪杭警备总司令汤恩伯指挥，总兵力75个师，约45万人；二是长江中游地区（从湖口至宜昌近1000公里），归华中军政长官公署白崇禧指挥，总兵力40个师，约25万人。但国民党内的军事部署相互倾轧，互不买账，并且还得到蒋介石的暗中支持，指挥系统互相拆台，难于统一。李宗仁回忆说：

> 蒋先生最不可恕的干预，便是他破坏了政府的江防计划。蒋先生原非将才，东北及徐、蚌二役可说是他亲自指挥垮了的。当时我和白崇禧力争，徐蚌之战应本"守江必先守淮"的传统原则作战，而蒋不听，硬要在徐州四战之地与共军作战，卒至一败涂地。此次守江，虽已属下策，但是我们究有强大的空军和数十艘军舰为共军所无，若善加利用，共军亦未必可以飞渡长江。无奈蒋先生无意守江，却要守上海一所死城。执行他这错误战略的，便是他最宠信而实际上最

---

① 中共中央文献研究室编：《毛泽东年谱（一八九三——一九四九）》（下卷），人民出版社、中央文献出版社1993年版，第446—447页。

脓包的汤恩伯。①

对国民党军长江防线的这种"立体防御",粟裕认为其明显特点是"第一线兵力单薄,纵深空虚"②。刘伯承一眼就看出了它的虚弱之处:

> 长江布防,有所谓"直接配备",即将其主力直接配备于长江南岸。有所谓"前进配备",即将其主力前出于长江以北广大地区作战。有所谓"后退配备",即以一部配合长江两岸要点强化侦察,而以主力分别配备于南岸纵深的机动地点。在判明我军主攻方向时,即抓住我渡江的困难适时出击。蒋介石长江防御的"前进配备",大而言之,即其在黄河、长江之间的防御,小而言之,即其经常叫嚣的"守江必固淮"。这些都是因淮海战役基干兵力的丧失而无法实施。其"后退配备",也因兵力少,江防宽,与南岸交通困难而不能做。如此,他就不能不着重于"直接配备",但还是因兵力少而不容易做了。汉口以下长达2000余里的江防线及其必要的纵深配备太费兵力了,在长江向北岸鼓出的突出部如汉口、浦口等地点,也各只有两个基干军的机动兵力,遂使这样漫长的江防线成为一条不能动弹的"死蛇阵",任人横斩。如其一处被斩断,则全线震撼。江防舰队在北岸没有掩护,航线极受限制的条件之下,到处易遭短兵炮兵的袭击,也不易起撞沉木船的作用。特别是蒋介石发动卖国独裁的反人民内战到了现在阶段,士气越发不振,守备越发困难了。③

---

① 李宗仁口述,唐德刚撰写:《李宗仁回忆录》(下卷),广西人民出版社1980年版,第961页。

② 《粟裕回忆录》,解放军出版社2007年版,第482页。

③ 《刘伯承传》编写组:《刘伯承传》,当代中国出版社1992年版,第487—488页。

第三节　指挥进军全中国

国民党政府拒绝和平谈判，渡江战役进入全面实施阶段。渡江战役是解放军实施战略追击的第一个战役，也是向全国进军作战的开始。1949年4月20、21日，三野、二野正式发起作战行动，中突击集团首先在芜湖—铜陵段强渡成功，东、西突击集团随之强渡，国民党军队所仰赖的海陆空体系迅疾土崩瓦解。23日，也就是正式渡江的第四天，南京即告解放。

一、毛泽东确定渡江时间

渡江作战准备自淮海战役结束就开始了。一是战略谋划，主要是战役开始时间、兵力部署、渡江地点的选择，以及南京、上海解放后的全面追歼作战计划；二是渡江军事物资保障，尤其是船只、船夫的征用和解放军战士的渡江训练。毛泽东将渡江作战军事指挥权授予了淮海战役总前委。

1949年2月11日，毛泽东在进行华东局组织结构安排时就明确指出，此次我百万大军渡江南进，关系全局胜利所在，淮海战役"总前委照旧行使领导军事及作战的职权，华东局和总前委均直属中央"①。

3月31日，总前委制定出《京沪杭战役实施纲要》，决定正式渡江时间为4月15日晚6时，整个作战分为3个阶段，第一阶段达成渡江任务；第二阶段达成割裂和包围敌人任务，确实控制浙赣线一段，断敌退路；第三阶段分别歼灭包围之敌，完成全战役。具体部署组成东、中、西3个突击集团，东突击集团由三野代司令员粟裕、参谋长

---

① 中共中央文献研究室编：《毛泽东年谱（一八九三—一九四九）》（下卷），人民出版社、中央文献出版社1993年版，第454页。

张震指挥第8、第10兵团及苏北军区部队共35万人组成，由三江营至张黄港段渡江；中突击集团以三野副政治委员谭震林指挥第7、第9兵团共30万人组成，在裕溪口至枞阳镇段渡江；西突击集团以二野司令员刘伯承、副政治委员张际春、参谋长李达指挥第3、第4兵团及地方部队共35万人组成，在枞阳镇至望江段渡江。另以四野先遣兵团所属第40、43军及中原军区部队共20万人，归刘伯承指挥，位于武汉正面及其以东地区积极佯动，钳制白崇禧集团，策应二野、三野渡江。①4月3日，此计划为中央军委批准。

但是，这个渡江时间后来又多次改动，主要原因是为促成北平和谈的顺利进行。4月11日，毛泽东紧急指示推迟一周渡江，即由原定15日推迟到22日。12日，粟裕致电军委并报总前委，提出渡江时间请勿再推迟，以20日前后渡江为最好。②17日，粟裕、张震再电军委并报总前委，提出渡江作战时间不再推迟。当日，总前委两次致电军委，提出："在政治上无绝对必需的情况下，务请不再推迟渡江时间。"其理由是，继续推迟下去，在军事上将给敌以调整部署的时间，增加我军作战困难；在政治上有利于敌采取拖延政策，做最后抵抗。"因为前方困难甚多，延长一天时间增加一分困难，不但影响士气，人民不安，特别是把我们有利渡江的地点都暴露了。""一致请军委考虑，如在全局上20日可以开始，22日实行总攻，则一气打到底，完成渡江后再考虑停顿；如认为20日开始太早，则请于18日先期通知延期。因为20日开始到22日总攻不能再停，主要原因是我军届时已处于半渡状态，全军均已投入战斗，如加停顿，必陷于非常不利。"

17日、18日，中央军委两次复电渡江战役总前委，确定渡江日期不再改变。指出：南京方面认为我军渡江有很大困难，他们不相信我军能够大举渡江。此时渡江，出敌意外。"假如我军真能于二十二

---

① 邓小平：《京沪杭战役实施纲要》（1949年3月31日），见《邓小平文选》（第一卷），人民出版社1994年版，第130—133页。

② 《粟裕文选》（第二卷），军事科学出版社2004年版，第786页。

日渡江成功,则协定仍可能于二十三、四、五等日签订。故你们仍按原计划,确定于二十二日渡江不要改变,并必须争取一举成功,是为至要。"①在后一电报中,毛泽东特别指出:

> 完全同意总前委的整个部署,即二野、三野各兵团于20日开始攻击,22日实行总攻,一气打到底,完成渡江任务以后,再考虑略作停顿,采取第二步行动。请你们即按此总计划坚决地彻底地执行之。此种计划不但为军事上所必需,而且为政治上所必需,不得有任何的改变。②

4月19日上午,李宗仁召集"和谈指导委员会会议",否决《国内和平协定(最后修正案)》,拒绝签字。4月20日,三野、二野正式全面发起渡江战役。

二、百万雄师横渡长江天堑

渡江作战分为三个阶段,一是突破江防,以占领南京为标志,三路大军统一过江,将国民党军或就地消灭,或往南驱赶,百万雄师会师江南;二是追歼逃敌,将国民党军主力渐次消灭,解放杭州等大中城市;三是解放上海,华东解放。

(一)三路大军渡江

由于中突击集团所处的江面较窄、水流较为平缓,且渡江成功后直接可控制南京—芜湖间的铁路直抵南京,总前委决定中突击集团首先实施渡江。

---

① 毛泽东:《必须争取渡江一举成功》(1949年4月17日),见《毛泽东军事文集》(第五卷),军事科学出版社、中央文献出版社1993年版,第544页。《毛泽东年谱(一八九三——一九四九)》(下卷),人民出版社、中央文献出版社1993年版,第483页。

② 毛泽东:《百万大军渡江南进关系全局胜利极大》(1949年4月18日),见《毛泽东军事文集》(第五卷),军事科学出版社、中央文献出版社1993年版,第546页。

1949年4月20日,国民党政府拒绝在国共双方谈判代表达成的《国内和平协定》(最后修正案)上签字。图为人民解放军强渡长江天堑,突破了国民党的长江防线(新华社 提供)

4月20日下午5时,渡江正式开始。首先是万炮齐鸣,用各种火炮摧毁江南岸的国民党军各种碉堡阵地,进行炮火压制;随即突击部队挖开江堤,引入躲避炮火的船只翻坝入江。

27军79师235团1营3连5班的木船是"渡江第一船"。该船晚7时20分开始从江北无为县白茆洲的沟渠中拖出,船上有1个班、1个机枪组、6名船工及连排干部,计20余人。晚8时15分,该船通信员因误听口令,将"听令开船"传为"立即开船",在班长刘德翠的率领下,提前冲出,旁边的船只也以为战斗已经开始,纷纷划桨开船。很快全团上百条船悄无声息地驶入江心,在距南岸还有100米时,被国民党繁昌江防守备军88军发觉,立即枪炮齐发。该船冒着敌人的密集炮火,仍然冲在最前面,于晚9时左右在繁昌县保定乡夏家湖靠岸登陆,冲过江岸滩地后,立即发起冲锋,迅速占领第一道壕沟和江边地堡。随即按照事先布置,打出了3发红色信号弹。

随船指挥的第一梯队团长王景昆和参谋长单文忠见到信号弹后,马上用报话机向79师师部报告:"饭做熟了,饭做熟了!"这是约定的联络密语,意思是"登陆成功"。此时是晚9时15分。

这批渡江突击队过江时无一伤亡，但后来在5月13日的上海战役四川路桥战斗中，除已经调任他连任指导员的宋孔广外，11人全部牺牲。①各部队平均渡江时间为15～20分钟。

4月21日早晨，中突击集团已渡过10个师28个团，建立了东西长120公里、纵深20公里的江南阵地。渡江战役首仗告捷。②邓小平、陈毅等在瑶岗的总前委指挥部彻夜未眠，听到中突击集团顺利渡江消息后立即报告中央军委。当日晨，在北平进行和谈、住在六国饭店的南京政府方面代表张治中拿着南京政府拒签的电报给中共代表团时，街头报贩已经叫卖起"解放军渡江成功"的号外。周恩来兴奋地来到六国饭店，告诉张治中等解放军胜利渡江的消息，众人莫不失色。

上午9时，毛泽东、朱德发布《向全国进军的命令》。21日晚，东突击集团在三江营至张黄港段、西突击集团在枞阳至望江段同时发起突击。渡江战役至此全面展开。

在解放军渡江过程中，曾发生英国海军护卫舰"紫石英号"事件。4月20日9时许，"紫石英号"及后来赶到的英国军舰"伴侣号"与渡江中的三野部队发生军事冲突，两舰遭到重创，总部设在香港的英国远东舰队意欲扩大事态，副总司令梅登海军中将立即乘坐旗舰"伦敦号"，率驱逐舰"黑天鹅号"全速驰援。4月21日晨驶过江阴，进入三野东路军10兵团23军防区，进行军事挑衅，10兵团还以炮击，再次猛烈打击英舰。此次事件中，英国海军死亡45人，其中包括"紫石英号"舰长斯金勒，失踪1人，伤93人；23军亦有不小的伤亡，炮战中伤亡官兵达252人，202团团长邓若波、参谋长王保哲牺牲。③

---

① 包惠兴、沈珠雷、胡春雷：《"渡江第一船"战斗始末》，载《解放军报》，2013年5月15日。

② 《中国人民解放军第三野战军战史》，解放军出版社1996年版，第338页。转引自刘统：《决战：华东解放战争（1945—1949）》，上海人民出版社2017年版，第568页。

③ 钟海：《中英"紫石英号"军事冲突事件与外交较量》，江苏社科界第八届学术大会学会专场应征论文（2015）。见《叶飞回忆录》，解放军出版社1988年版，第540页。

当"伦敦号""黑天鹅号"英舰再次闯入23军渡江防区后,叶飞、陶勇报告三野首长粟裕、张震,请示如何处置。粟裕、张震于21日两次紧急致电毛泽东、中央军委与总前委,请示解决办法。晚6时,毛泽东复电粟裕、张震:"你们所说的外舰可能是国民党伪装的,亦可能是真的,不管真假,凡擅自进入战区妨碍我渡江作战的兵舰,均可轰击,并应一律当作国民党兵舰去对付。"

1949年4月22日3时,毛泽东从英国驻北平总领事包士敦给朱德的信中知道"紫石英号"事件的原委,提出有理有节处理这一涉及外交领域的事件,致电总前委、粟裕、张震,指示可对受伤英舰给予伤员救治、军舰修理的便利,如英人要求开往南京,劝告无效后,只要不向我军开炮、不妨碍我军渡江,不要攻击他们。并为新华社撰写《我三十万大军胜利南渡长江》和《人民解放军百万大军横渡长江》,由新华社播发。

23日,毛泽东电示总前委、粟裕、张震等:英舰事件,现已震动世界各地。英美报纸,均以头等新闻揭载。请粟、张加强江阴方面的炮火封锁,一则使国民党军舰不能东逃。二则使可能再来之英舰不能西犯,如敢来犯,则打击之。①30日,毛泽东再次撰写《中国人民解放军总部发言人为英国军舰暴行发表的声明》,由新华社播发,要求英国、美国、法国在长江、黄浦江和在中国其他各处的军舰、军用飞机、陆战队等武装力量,迅速撤离中国的领水、领海、领土、领空。28日,毛泽东致电粟裕、张震,指示在上海战役发动时对付美英等国的外交政策,提出"紫石英号"事件是一个偶然事件,"英国连抗议也没有提。因此我们除借此做宣传教育人民外,实际上我们亦不必扩大这件事"②。5月19日、20日,正在上海战役前线的粟裕、张震致电毛泽东,请示外国军舰连续在黄浦江口向我方阵地炮击挑衅、

---

① 中共中央文献研究室编:《毛泽东年谱(一八九三——一九四九)》(下卷),人民出版社、中央文献出版社1993年版,第486页。

② 毛泽东:《关于稳住汤恩伯及外交对策问题》(1949年4月28日),见《毛泽东文集》(第五卷),人民出版社1996年版,第285—286页。

是否进行武力还击时,毛泽东指示必须维护中国主权、必须严厉痛击:"黄浦江是中国内河,任何外国军舰不许进入,有敢进入并自由行动者,均得攻击之;有向我发炮者,必须还击,直至击沉、击伤或驱逐出境为止。""为了对付外国军舰的干涉,你们应有充分的精神准备与实力准备,即要将外国干涉者的武装力量歼灭或驱逐之,如感兵力或炮火不足,应速从他处抽调补足。"①

停泊在南京江岸的"紫石英号"船只,解放军对其江上封锁,但仍给以人道主义的食品等帮助。经过长期谈判斗争,6月10日,京沪杭已经全线解放,周恩来发了一封长电给总前委,指示口头驳斥英国军舰未经允许进入解放军控制江域,最好让其偷偷离开、我方佯装不知,不予炮击。

7月30日夜,被困101天的"紫石英号"舰趁夜色、台风偷偷逃离。

(二)南京解放

南京是国民党政府的首都,也是国民党统治的中心,是国民党统治的象征,解放南京具有非常重要的政治意义,可以说南京解放是共产党领导人民革命取得胜利的重要标志。

国民党政府也深知镇守南京的重要性,尤其是在风雨飘摇的1949年,南京一旦失守,对国民党统治阶级的心理打击程度难以估量。同时,南京地处紫金山麓,有长江作为天然门户,城墙高厚,易守难攻;南京还是上海的门户,南京失守意味着上海几无险可守,成为孤城。因此,国民党当局认为南京必须守、能够守,布置了包括警宪特各种守军达11万人,负隅顽抗。

但是此时的南京却是"金玉其外,败絮其中",国民党军表面是要死守,实际上已作鸟兽散。首先是汤恩伯指挥的长江江防兵力部署调动首尾失据、顾此失彼、混乱不堪、一触即溃。4月20日晚,解放

---

① 毛泽东:《对外国军舰轮船进入黄浦江的处理办法》(1949年5月20日),见《毛泽东文集》(第五卷),人民出版社1996年版,第296页。

军中突击集团第一梯队在安徽枞阳至裕溪口段首先发起渡江作战后,汤恩伯急忙指派驻守南京的第99军增援芜湖以西地区。次日,当汤恩伯亲自赶往芜湖督战时,镇江以东的防线即被突破,驰援的第99军未赶到芜湖,芜湖防线全线溃败,江防部队纷纷溃逃,第99军随之溃散,南京城主要的城防力量就此丢失。

更重要的是,国民党主要领导层各怀心思,各有打算,互相拆台。蒋介石知道南京已经守不住,22日决定放弃南京,全线撤退,死守上海;白崇禧不只想放弃南京,更想放弃上海,将兵力集中中南,再稳步后撤,为进驻两广、形成以桂系地盘为中心的防御体系做准备。因此,城内守军人人自谋退路,根本无心恋战,反而捞取细软、腐败成风。如南京城防委员会为修建防御工事,筹集了500两黄金,以及大量建筑物资,"但这笔经费经过由上而下层层剥削,大小回扣,实际用到工事上的不过半数。工程承包单位和人员,形形色色,各怀心计,有几家甚至把经费拿去大吃大喝,花天酒地,工事做了一半,他们就逃之夭夭。后来只得由他们的担保人来赔修完工,质量上得不到保证,与设计的强度要求相差太大,而城防委员会也照数验收"。"筹集的500两黄金、200根圆木早已化为乌有。"[①]党政军主要成员乘机贪污、抢夺民财,避战、逃战。如驻浦口地区的第28军军长李渤斗志低落,其妻劝他说:"这个军长不要再干了,干下去没有好结果,不是死,也得当俘虏,何苦呢?"李渤竟称病离职,溜之大吉;该军第80师参谋长杨又曾则制造其子在老家摔成重伤、生命垂危的谎言,请假回乡,临阵脱逃。[②]

此时,在中共南京市委书记陈修良的领导下,南京地下党的情报、策反工作成绩卓著。南京城几乎所有军事要点、政府要津和军政人员,都受到统战工作的影响,重要的机关和要害部门打入了几十名

---

① 陈广相:《渡江战役中南京何以迅速获得解放?》,载《军事历史》2000年第4期。

② 李文开:《南京北大门——浦镇守军八十师被歼记》,载《文史资料选辑》第65辑。

党员,从各种途径获取情报,掌握敌人的兵力配备、供给、作战计划、人员调动等情报信息。①到渡江战役发起后,这些策反工作尤其是一些国民党主力部队的临阵起义给人心浮动、意志动摇的国民党残余势力以极大的震动和心理震撼。如卫戍南京的45军第97师王宴清部是国民党的"御林军",是装备最好的"王牌军"之一,负责保卫蒋介石、陈诚的安全,临阵起义;狮子山炮台台长兼要塞副司令胡宪文也在地下党的策反下,命令守军放空炮,起义投诚;南京大校场机场负责通信联络的431电台和指挥飞机降落的塔台全体人员,在电台代理台长、中共地下党员罗贤朴带领下起义;国民党海军海防第2舰队司令林遵率部30艘舰艇在南京东北笆斗山附近江面起义;江宁要塞第一炮台官兵在中共地下党员、少校台长胡念恭率领下起义;最高检察署检察长杨兆龙起义,使南京几处监狱中的"政治犯"得以安全脱险;南京东区警察局副局长周春萱起义,汉中门、大胜关、水西门等9个地段的警察基本弃暗投明,维护起国民党中央广播电台、自来水厂、西门外大桥等机关和设施的安全,保证了南京在新旧更替之际基本的社会秩序。就连总统府内亦有地下党的工作小组,保护了国民党政要逃离时总统府内的档案文书库房……这些使得南京城一时呈现"虎门洞开,和平解放"之势。②南京地下党的工作成功地配合了人民解放军的渡江作战,加速了渡江战役的进程,减少了阻力和损失,使南京快速、完整地获得了解放,取得了在现代战争史上少见顺利攻占敌人首都的奇迹。4月23日,国民党政府的代总统李宗仁仓皇乘机出逃,极为狼狈。李宗仁回忆说:

> 入夜,南京四郊炮声隆隆,机枪声尤密,我知道共军正在加紧进攻城外据点,我军亦在掩护撤退。遂解衣而卧,一

---

① 王泰栋、沙尚之:《陈修良与南京地下党》,载《同舟共济》2017年第5期。
② 马昌法:《南京解放前后的陈修良》,载《档案天地》2014年第1期。该文说,南京解放后的第二天下午率部队进入南京的解放军第8兵团司令员陈士榘,也赞同南京"虎门洞开,和平解放"之说。

夜辗转反侧，未能入寐。4月23日清晨，汤恩伯又来电话，催促起飞。盥洗既毕，略进早餐，乃招呼总统府侍卫长李宇清备车往明故宫飞机场。总统府随员30余人亦乘吉普车随行，渠等多通宵未睡，面色惺忪而紧张。

车抵机场时，汤恩伯和首都卫戍司令张耀明已在机前迎候，专机马达亦已发动。我与汤、张略谈，便进入座机。飞机旋即升空，在南京上空盘旋两周。斯时东方已白，长江如练，南京城郊，炮火方浓。驾驶员特入机舱请示飞航目标。我说，先飞桂林。飞机随即转翼向西南飞去。从此，南京就不堪回首了。①

关于李宗仁等国民党要人凄惶逃离的情形，他身边的国防部参谋本部机要组少将组长、后又代理总长办公室主任的徐世江回忆得更为详细，对国民党南京政府最后衰朽、彻底没落一幕描述得更为详尽。当徐于4月23日凌晨4时回到办公室时，行政大楼全楼寂静无声，办公室内孤寂、凄凉、冷冷清清。在乘车赶往光华门外军用机场的路上，晨雾迷茫，路断人稀，军警、宪兵、纠察组、卫戍巡逻队、交通警都无影无踪，"南京恰似一座死城"。到了机场，却是热闹非凡，卫兵们比平时增加了数倍，且个个荷枪实弹，像准备出发的样子。空军总司令周至柔痛骂南京卫戍司令张耀明、南京市市长滕杰擅离职守，未战先逃。李宗仁等乘坐"自强号""追云号"两架专机逃离，"在上飞机前，大家表情都很抑郁，没人讲一句话，连通常握手告别的心思都没有，仅是专机起飞时守在机旁的卫士们举手敬了一下礼"②。

知悉南京守军几乎全军溃逃、南京已成空城的情况后，粟裕立即电令第8、第10兵团相机进占南京。三野35军312团进入总统府，在

---

① 李宗仁口述，唐德刚撰写：《李宗仁回忆录》（下卷），广西人民出版社1980年版，第968页。

② 徐世江：《"无可奈何花落去"——随李宗仁撤离南京》，载《纵横》2002年第1期。

总统府门楼上插上了红旗。至此,南京宣告解放。①

中国人民解放军占领南京总统府(邹健东 摄,新华社 提供)

4月24日,毛泽东为新华社写的新闻稿发表。毛泽东指出:"在人民解放军百万大军攻击之下,千余里国民党长江防线全部崩溃,南京国民党反动卖国政府已于昨日宣告灭亡。"②

在邓榕所著《我的父亲邓小平》一书中,有一段邓榕询问邓小平进入总统府的对话。

> 邓榕问:"你进过总统府吗?"邓小平说:"进去了,是和陈伯伯一起进去的。"邓榕问:"那刘伯伯呢?"邓小平说:"他那个时候在西线指挥。"邓榕问:"你们在蒋介石的总统宝

---

① 《解放军老战士揭秘解放南京攻占总统府内幕》,载《海峡都市报》,2005年10月12日。

② 《人民日报》,1949年4月25日。

座上坐了坐吗？"邓小平微笑说："总是要坐一坐嘛！"①

邓小平到总统府去了两次。一次是4月27日和陈毅从安徽合肥瑶岗村的渡江战役总前委直接赶到。在总统府，邓小平命令进入总统府的所有解放军战士立即撤出，不留一兵一卒。29日，又和陈毅与南京市军事管制委员会主任刘伯承一起视察了总统府，并看了蒋介石的办公室。蒋的办公桌上端放着台钟、笔插、毛笔、镇纸等物品，桌面上还摆放着一套《曾文正全集》、一对曾国藩的鸡血石章、一对翡翠石章和两串清代的朝珠。

邓小平说："蒋委员长缉拿我们多年，今天我们上门来了，看他还吹什么牛。"陈毅则坐在蒋介石的皮椅上，拨通了双清别墅毛泽东办公室的电话。陈毅风趣地说："主席，我是陈毅啊，我这是坐在蒋'总统'的椅子上向您汇报呢，我们胜利了！"②

接到陈毅进驻南京总统府的电话，一宿未睡的毛泽东兴奋得再无睡意，在院子里踱着步，嘴里喃喃地吟哦着即兴创作的《七律·人民解放军占领南京》：

> 钟山风雨起苍黄，百万雄师过大江。
> 虎踞龙盘今胜昔，天翻地覆慨而慷。
> 宜将剩勇追穷寇，不可沽名学霸王。
> 天若有情天亦老，人间正道是沧桑。

这时，秘书兴冲冲地走来，递给他一张4月25日《进步日报》出版的号外，这张号外头版头条是非常醒目的大字标题"南京解放"。毛泽东接过报纸，坐到椅子上，从头到尾认真阅读起来，负责给毛泽东摄影的徐肖冰正好在场，悄声地连续拍了三四张毛泽东审视、阅读

---

① 毛毛：《我的父亲邓小平》（上卷），中央文献出版社1993年版，第621页。
② 《解放军占领南京总统府》，载《广安日报》，2014年1月14日。

"南京解放"的报道的照片,这也就是后来的经典照片《毛主席阅读南京解放"号外"》。对于这一精彩的历史瞬间,徐肖冰在接受记者访谈时这样回忆说:

> 主席接过报纸,坐到椅子上,从头到尾认真阅读起来,报纸上"南京解放"的大字标题赫然显目。我正好在场,为了不惊动主席,悄声连续地拍了三四张主席审视、阅读"南京解放"的报道,留下了这历史的瞬间。①

南京解放后,毛泽东指示进城部队必须严格遵守城市纪律,快速建立秩序,确保社会治安稳定,并注意保护各外国使馆。24日,毛泽东指示邓小平、陈毅、刘伯承要马上入城,华东局、南京市委机关"入城主持一切"。25日,毛泽东与朱德发布解放军总部布告,宣布:保护全体人民的生命财产;保护民族工商农牧业;没收官僚资本;保护一切公私学校、医院、文化教育机关、体育场所和其他一切公益事业;除怙恶不悛的战争罪犯和罪大恶极的反革命分子外,所有国民党政府大小官员,凡不持枪抵抗、不阴谋破坏者,一律不加俘虏,不加逮捕,不加侮辱;一切散兵游勇,均应向当地人民解放军或人民政府投诚报到;有准备有步骤地废除农村的封建土地所有制;保护外国侨民生命财产的安全。②

4月25日,南京市军事管制委员会成立,刘伯承任主任,并兼任南京市市长。渡江战役第一阶段突破江防的任务胜利结束。

对于这一阶段作战完胜的原因,陈毅指出:

> 这次部队过江准备两个半月,4月20日晚上开始渡江作战,4月23日占领南京,5月3日晚上占领杭州,5月4日占

---

① 吴志菲:《徐肖冰:镜头里的红色中国》,载《传承》2009年第19期。
② 毛泽东:《中国人民解放军布告》(1949年4月25日),见《毛泽东选集》(第四卷),人民出版社1991年版,第1457—1459页。

领上饶,并且解放了镇江、丹阳、常州、无锡、苏州等地,整个渡江作战任务便完成了。任务完成得很快,当天晚上渡过长江,3天解放南京,不到两个星期或者仅仅两个星期,占领了整个苏南、皖南(上海除外)和浙江大部,历史上从来没有这样的进军。百万大军(三野60万,二野30万加上直属队)携带重武器骡马辎重等,十天内外进军千里,横渡长江天险,粉碎敌人反抗,平均一天进军100里,普通老百姓空身走路,也没有这样快。敌人在江南设防共有21个军,其中10个军被全歼,7个军大部被歼,最多的只逃掉1个团,仅在上海防守的几个军比较完整。这是历史上的一个空前伟大创造,完全出乎我们意料之外。我们原先认为渡过长江需要经过三四天甚至于一个星期的恶战,或者渡过去了站不住脚又被打回来;或者只能占领滩头阵地逐步发展,不能像秋风扫落叶一样横扫千里,原来准备在无锡、南京要打一下,一个半月打下南京,结果3天就实现了计划,半个月解放苏南、皖南,进入浙江、赣东北,证明了人民解放军的强大,敌人的腐朽,军无斗志,亡魂丧胆,不敢抵抗,缴械投降。解放军的威力发展到最高峰,敌人的战斗意志降到零点,标志着全中国民主革命的胜利,而南京的解放又代表一个全中国的胜利。这种胜利的取得,是由于党中央、毛主席领导方针的正确,沿江几十万人民帮助我们解决渡江的困难及解放区广大人民的拥护,野战军全体指战员的英勇奋斗,后方各部门的积极支援,每人都出了一份力,都有一份功劳。这个胜利的到来不是偶然的,也不是哪一个人哪一部分有这样天才,能够解决这么大的问题。①

---

① 陈毅:《入城纪律是给新区城市人民的见面礼》(1949年5月10日),见《陈毅军事文选》,解放军出版社1996年版,第604—605页。

南京解放后，解放军主要任务是追歼作战，乘胜追击，不给敌人以喘息之机，确保长江中下游主要城市设施不遭到破坏、完整地保存下来。中央军委制定了"猛打、猛冲、猛追"的作战方针，要求解放军指战员不惜力、勇往直前、全天候不间断、大胆迂回包围，不使敌部署好防线，减少战争的损耗，追击越深入，敌人就会越惊慌，胜利也就越有保障。这种作战方针成为这一时期解放军取得重大战果的关键。中央军委指示，在华东最好先监视上海之敌，不使之出援，再在外围歼灭国民党军各路主力后，孤立上海，分而歼之。

渡江部队中、东突击集团在粟裕统一指挥下，东西对进，以"快"制胜，不怕疲劳，不怕饥饿，不顾春雨绵绵、道路泥滑，跋山涉水，连续作战，快速行军。到29日，包围、歼灭逃敌5个军；5月3日，东、中突击集团会师杭州。西突击集团分路向浙赣路齐头并进，7日，占领上饶、贵溪、横峰、金华等城市，控制了浙赣线，切断了上海汤恩伯集团和武汉白崇禧集团的联系。与此同时，四野一部和中原军区部队先后占领孝感、黄陂，逼近武汉，完成了对白崇禧部的牵制。至此，渡江战役第二阶段任务胜利完成，进入攻占上海、歼灭国民党军汤恩伯20万主力的第三阶段。

上海是当时亚洲最大的城市，是国民党政府的经济、金融和国际交往中心，具有非常重要的国际地位、举足轻重的国内地位。蒋介石设想在上海决战，一是顽固抵抗，依托坚固的战略工事、碉堡和防御阵地，整个上海仅钢骨水泥的碉堡就有4000多个，还有便利的港口运输、独有的空军优势、精锐的中央军嫡系部队，形成警戒阵地、主阵地、中心要点工事的防御网络，与解放军进行城市决战，有很好的地利；二是以战求变，期望国民党军的反抗能支持三五个月，等待西方国家的干涉、干预，为处于末路与绝境的国民党政府求得喘息之机；三是以战保台，将解放军主力拖在上海，将更多的资源转移到台湾，为经营台湾孤岛提供一些条件，因此，在江防战线被突破后，蒋介石命令汤恩伯弃守南京、集中兵力于上海，龟缩固守。①

对此，毛泽东和中央军委指示，不急于解放上海，首先立足于上海解放后的接管工作，注意干部培训，将解放、接管联合进行，不致出现进驻上海时"毫无准备，仓促进去，陷于被动"，指示总前委、华东局和华东军区将机关移驻沪宁线上的丹阳，靠近领导，随之5000多接管干部抵达丹阳培训；其次是决战上海，最大限度歼灭汤恩伯集团，为在台湾最终解决国民党势力提供便利，指示对汤恩伯军采取围而不歼，特别要求部队在战前不要过于靠近上海外围，减少伤亡。同时，毛泽东还要求准备和平解放。所以，毛泽东几次电示三野首长粟裕等人，强调"何时进驻上海，须得我们批准"②。"何时占领上海，仍须依照我方准备工作完成的程度来作决定，最好再有一个月左右的时间，充分完成准备工作，但是你们仍须准备在不可避免的情况下，早日去占领上海。你们的准备工作愈快愈好。"③

5月12日，上海战役正式开始。毛泽东针对前线战况，多次做出战略调整，对粟裕直接指挥的攻城行动予以指导。如开始的攻城行动伤亡较大、进展不顺，粟裕见城内守敌空虚，建议中央军委批准直接开始立即对上海发动总攻，派部队进城穿插，直捣核心区域，里应外合，会攻吴淞，以速胜减少部队伤亡，得到毛泽东的支持。18日，总前委复示"进入上海的政治准备业已初步完成，攻占上海的时间不受限制"。19日，毛泽东再次电示粟裕："在上海已被我军包围后，攻城时间似不宜拖得太长，你们接收准备工作已做到何种程度，是否可于5月25日前后开始攻城？"20日，毛泽东电示粟裕、张震：据邓小平等电，接收上海的准备工作业已大体就绪，似此只要军事条件许可，即可总攻上海；为使侦察及兵力配备臻于完善起

---

① 《粟裕回忆录》，解放军出版社2007年版，第495页。
② 毛泽东：《要做好接收上海的准备工作》（1949年4月27日），见《毛泽东军事文集》（第五卷），军事科学出版社、中央文献出版社1993年版，第560页。
③ 毛泽东：《占领吴淞嘉兴等地应注意的问题》（1949年5月6日），见《毛泽东军事文集》（第五卷），军事科学出版社、中央文献出版社1993年版，第576页。

见,总攻时间似以择在辰有至辰世(25日至31日)之间为宜,亦可推迟至巳东(6月1日)左右,如何适当,由你们决定;攻击步骤,以先解决上海后解决吴淞为适宜。如吴淞阵地不利攻击,亦可采取攻其可歼之部分,放弃一部分不攻,让其从海上逃去;攻击兵力必须充分,如觉兵力不足,须调齐兵力然后攻击;攻击前必须作战役和战术上的充分准备。[①]21日,粟裕经中央军委同意,向三野下达总攻命令。

23日晚,三野总攻上海战役开始,至27日,杨树浦等地残敌被肃清,上海战役结束。在16天的激战中,解放军共歼敌15.3万人,上海地区守敌,除汤恩伯及从海上逃脱的5万人外,全部被歼。人民解放军伤亡2万余人,其中牺牲连以上干部433人。

上海战役是全国解放战争时期最大的城市攻坚战,既是军事仗,也是政治仗,取得了巨大的战争胜利和政治胜利,为解放战争的快速发展做出了重要贡献。粟裕认为,"上海解放是继南京解放后又一件轰动国内外的大事。它的意义,正如当时新华社时评所指出的:上海解放,表示了中国人民无论在军事上,政治上和经济上都已打倒了国民党反动派,结束了国民党二十余年的反动统治,也表示了中国人民已经确立了民族独立的基础,结束了百年来帝国主义侵略奴役中国人民的历史。因此,上海的解放,在中国人民解放事业中具有特殊重要的意义"[②]。

进入上海的解放军,基本上都是长久处于农村生活与战斗的农民兵,如何适应城市环境、管理城市成为迫在眉睫的大问题,毛泽东一再告诫、指示前线首长等领导人,要求严格制度的制定与执行,把解放军打造成为一支"打得好""进得好"和善于打仗、政策纪律好、军容风纪好的人民军队。

入城部队严格遵守了中央军委的规定,颁行了很有针对性、操作

[①] 毛泽东:《总攻上海的时间和步骤》(1949年5月20日),见《毛泽东军事文集》(第五卷),军事科学出版社、中央文献出版社1993年版,第587页。

[②] 《粟裕回忆录》,解放军出版社2007年版,第502页。

1949年5月27日，在上海市解放后，中国人民解放军战士为不惊扰上海市民，不住民房，露宿街头（新华社 提供）

性的《入城守则》《城市纪律》《外交纪律》，并得到了模范执行。军容严正，军纪严明，秋毫无犯，露宿街头也绝不进入民宅，甚至20军入城后露宿街头长达几天。此情此景，感动了上海市民，得到了社会舆论的一致好评。5月25日，上海《大公报》头版报道说："进入市区之解放军，极有礼貌，因时在深夜，且在戒严状态下，故鸡犬不惊。又苏州河各路口桥梁禁止通行，桥上仍有敌军（指国民党军）驻防。此次解放军夜间进入市区，使数百万人民免受惊恐，故较之过去平津解放时更为进步。"

5月27日，上海市军管会成立，陈毅为主任。次日，上海市政府成立，陈毅为市长。

与此同时，四野也在湖北开始渡江，对白崇禧集团进行武力剿灭。5月14日，四野先遣兵团在湖北团风、蕲州与武穴段横渡长江，进攻武汉。17日，武汉三镇解放。二野一部也攻入九江，顺势南下，22日解放南昌。6月2日，三野一部解放长江口外的崇明岛。渡江战役至此胜利结束。

渡江战役是新中国成立前的一场大规模战略性战役,是新中国的奠基礼。解放军以伤亡6万人的代价,歼灭国民党军43万人,解放了南京、杭州、上海、武汉、南昌等重要城市,苏南、皖南、浙江等广大地区,江西、湖北、福建等部分地区,为尔后的全国大进军奠定了胜利的基础。①

三、向全国胜利进军

(一)全国追歼计划

1949年5月下旬,南京已经解放,上海解放指日可待,国民党军队的全面溃败已不可遏制,帝国主义武装干涉也未出现,毛泽东和中央军委决定对整个战争进展进行新的规划,加速全国性胜利的到来。一是扩大解放军的战略行动范围,在原定解放9个省的基础上,再增加8个省(包括西康省),即将1949年的解放区域扩大到几乎中国大陆的全部。5月23日,毛泽东、中央军委提出《关于向全国进军的部署》,调整各野战军的进军计划:粟裕部上海解决后提早入闽,争取于6、7两月内占领福州、泉州、漳州及其他要点,相机夺取厦门。二野两个月后以主力或以全军向西进军,经营川、黔、康。四野约6月中旬全部渡江,主力(6个军及两广纵队)于7月上旬或中旬抵达湘乡、攸县之线,8月抵达永州、郴州之线,9月休息,10月尾追白崇禧退路向两广前进,11月或12月占领两广。一野年底以前占领兰州、宁夏、青海,年底或明年初分兵两路,一路由彭德怀率领明春开始经营新疆;一路由贺龙率领经营川北,与二野协作解决贵州、四川、西康三省。②

毛泽东的这个谋划,首先指出了全国解放战争战略追击阶段4个

---

① 《中国人民解放军战史》(第三卷),军事科学出版社2010年版,第377—378页。
② 毛泽东.《关于各野战军的进军部署》(1949年5月23日),见《毛泽东文集》(第五卷),人民出版社1996年版,第298—299页。

步骤:第一步夺取国民党统治中心京沪杭地区;第二步在预防帝国主义可能的武装干涉下,解放闽、赣、湘、粤及西北诸省;第三步以消灭逃亡重庆的国民党统治集团为目的,解放云、贵、川、康;第四步解放台湾、海南岛、西藏等地完成统一祖国大业。形成以北中国已解放地区为后盾,先东南、西北,再对中南、西南之敌大迂回包围全歼的总战略。

二是大迂回、大包围的战略战术。毛泽东指示各野战军要发扬不怕累、不怕苦的传统,猛打、猛追、猛冲、长驱直击、战役合围、力求全歼,对惊魂不定、有如惊弓之鸟的国民党军穷追到底,先期大迂回包围,堵在大陆地区,再行回打、彻底解决。

三是政治解决与军事解决相结合。毛泽东指示,先要造成万军压境、兵临城下的战略态势,使国民党残敌感到人民解放战争的巨大威力,再期以和平方式解决。"欲求彻底而又健全又迅速的解决,必须采用政治方式,以为战斗方式的辅助。现在我军占优势,兼用政治方式利多害少。"①

四是先城市、后农村,由城市领导农村。这与中国共产党20多年来的以乡村为革命重点的基本战略不同,要求以占领城市为中心,由城市领导乡村,党的工作重心由乡村移到城市。

五是严防帝国主义的武装干涉。毛泽东强调指出:"关于美国出兵的问题,不去讲它不出兵,而是准备它出兵,并准备与之打,以取得主动,而不至于手足无措。应该认识到,我们力量越大,美国干涉的可能越小,帮助国民党打的可能也越小。"②国内革命战争的快速胜利是防止帝国主义干涉的前提条件,国内安全来自于革命势力的强大和对帝国主义干涉的有效防备。毛泽东指示20兵团、四野钟赤兵炮纵在太原战役后调赴秦皇岛、天津地区布防;四野留一个军位于河南,作为战略预备队,平时担任剿匪,有事增援华北。三野以一个

---

① 毛泽东:《兼取政治方式解决西北地区》(1949年8月6日),见《毛泽东文集》(第五卷),人民出版社1996年版,第319页。

② 胡乔木:《胡乔木回忆毛泽东》(增订本),人民出版社2014年版,第537页。

军附必要数目的炮兵开赴青岛附近，待命夺取青岛，尔后即任青岛守卫。南京、镇江、苏州区域驻备两个军，浙江区域驻备3个军，吴淞、上海区域驻备7个军，除担任城市守备及乡村剿匪任务者外，整训防备帝国主义武装干涉。①

（二）解放大陆地区

1. 西北战场全面胜利

西北战场的战斗主要分两个阶段，一是彭德怀代替患病休养的徐向前，直接指挥太原战役，解放了华北地区最后一个国民党占据的大城市；二是发动兰州等战役，解放大西北。

太原战役开始于1948年10月16日的外围作战，解放军完全占领太原外围，此时是休整补充阶段，对太原之敌围而不打。七届二中全会结束后毛泽东指示彭德怀回西北路过太原时，代替徐向前指挥攻城部队彻底解决太原问题，并将华北野战军的18、19兵团划归一野建制，参加解放大西北、大西南的追歼作战。

毛泽东对太原战役非常关心，不仅派彭德怀亲临前线、亲自指挥，还特别叮嘱彭德怀，打太原是番苦战，切记不可骄傲轻敌；关于攻城方案，因太原兵工厂在支援全国解放战争中很重要，南下大军、西北大军都要靠太原兵工厂支援。毛泽东特别指示，不让敌人力量集中，力争外围歼敌，不要在城内大战。②

1949年4月20日，解放军对太原发起总攻。24日上午结束战斗，这天正好是渡江战役解放南京的第二天。5月1日，大同和平解放。至此，华北全境解放。

彭德怀指挥完太原战役，即带华北野战军18、19兵团入西北，开始西北战场的歼敌作战，主要打击对象是陕西胡宗南部、青海马步芳部、宁夏马鸿逵部。5月19日，解放西安。

西北战场国民党军主力实际主要是"两马"马步芳、马鸿逵的

---

① 毛泽东：《预筹对策防备帝国主义的武装干涉》（1949年5月28日），见《毛泽东文集》（第五卷），人民出版社1996年版，第302—303页。

② 谷峰：《彭德怀与太原解放战役》，载《党史文汇》2010年第4期。

回族武装，这是以封建关系缔结、以骑兵为重要支撑的军事势力，战斗力较强，且长期在甘肃、青海与宁夏经营，有一定的地方基础。因此，毛泽东特别指示一野作战必须谨慎，要有苦战准备。6月9日，毛泽东电示彭德怀，对付胡、马，一定要慎重，"就现有兵力与马胡全力作战，似觉无全胜把握，不如诱敌深入，俟兵力集中再打较为适宜"。提出要待全部主力尤其是18、19兵团全部主力进入关中，兵力集中后再打为好。① 同时，毛泽东还特别嘱咐"对两马没有经验的"19兵团"千万不可轻视两马，否则必致吃亏"②。

扶郿战役结束后，解放军较为疲劳，毛泽东一再指示彭德怀等，"打马是一个较为严重的战役，各军宜有几天恢复疲劳，然后发起攻击，并准备一直打到平凉，全歼一切被抓住的马匪"③。在追击作战时，再次指示彭德怀要慎重作战，增加4~5个师西进作为预备队，达成绝对优势兵力。要绝对注重兰州坚固的城防，马步芳军队的顽固性、战斗力。"攻击前似须有一星期或更多时间使部队恢复疲劳，详细侦察敌情、地形和鼓动士气，作充分的战斗准备，并须准备一次打不开而用二次、三次攻击去歼灭马敌和攻占兰州。"④

同时，毛泽东对进军西北、川北做出整体部署，期望西北、西南一并解决，彻底清除国民党胡宗南主力集团。毛泽东指示一野结束兰州战役后，一支西进，解决甘、宁、青、新4省；一支南进，与即将西进的二野配合，占领成都解决川北，形成二野占领黔渝、一野夺取

---

① 毛泽东：《诱敌深入俟兵力集中再打》（1949年6月9日），见《毛泽东军事文集》（第五卷），军事科学出版社、中央文献出版社1993年版，第609页。

② 毛泽东：《钳制两马歼灭胡宗南四五个军》（1949年6月26日），见《毛泽东军事文集》（第五卷），军事科学出版社、中央文献出版社1993年版，第622页。

③ 毛泽东：《歼灭马步芳等部的部署》（1949年7月14日），见《毛泽东军事文集》（第五卷），军事科学出版社、中央文献出版社1993年版，第633页。

④ 毛泽东：《须集中三个兵团全力于攻兰战役》（1949年8月23日），见《毛泽东军事文集》（第五卷），军事科学出版社、中央文献出版社1993年版，第658页。

川北、整体解决西南、聚歼胡匪的局面。①

7月25日、26日,兰州战役结束,歼灭马步芳部主力2.7万余人。兰州战役的胜利,"歼灭了西北地区敌军中战斗力最强的青马主力,宣告了西北战场决战的胜利。从此,西北地区的敌人已丧失了组织任何战役的能力,而我军则可以纵横自如,横扫残敌。西北战场再也没有严重的战斗,我军继续完成解放整个西北的任务,基本上只是走路和接管的问题了"②。

8月6日,毛泽东致电彭德怀和贺龙(西北军区司令员)、习仲勋(西北军区政委),指示彻底军事打击胡、马国民党军事力量尤其是恶贯满盈的马步芳势力,杜绝他们负隅顽抗的一切"本钱",不使残敌流窜至新疆、青海,给这些地区的和平解放留下隐患。政治方式是军事手段的"帮手",唯有军事手段的绝对打击,方有政治的、和平的方式实现的可能,但和平方式可以减少战争牺牲,给当地人民群众以较多的生活保障,利于战后国民经济的恢复和生产,尤其是西北少数民族问题较为复杂,和平解决是应该采取的方式。因此,在军事打击的同时,和平解决也成为西北战场的一个重要手段。8月24日,宁夏和平解放;27日,第1兵团进军青海;9月6日,解放西宁,部分青马政权旧日权贵表示归附。

9月21日,王震率1兵团、许光达率2兵团在张掖会师,继续挥戈西进,进兵新疆。鉴于新疆特殊的民族关系,又处于边疆地区,毛泽东主张可以用和平方式解决③,委托张治中多次联系新疆方面,劝导国民党军新疆主官陶峙岳等走和平起义道路,25日,陶峙岳等正式通电起义。至此,在共和国成立前夕,新疆解放。

---

① 毛泽东:《对进军西北和川北的部署》(1949年6月27日),见《毛泽东军事文集》(第五卷),军事科学出版社、中央文献出版社1993年版,第624—625页。

② 《李志民回忆录》,解放军出版社1993年版,第620页。

③ 毛泽东:《用和平方法解决西北问题的可能性是存在的》(1949年4月28日),见《毛泽东军事文集》(第五卷),军事科学出版社、中央文献出版社1993年版,第564页。

2. 挺进中南

在二野、三野进行渡江作战的关键时刻，毛泽东同时要求四野派出先头部队在鄂东渡江，牵制国民党军白崇禧集团，并为后面的四野大军挺进中南做准备。

毛泽东派出四野挺进江南，解放中南地区，是棋高一着的妙招。湖北、湖南、江西三省是内陆省份，主要盘踞的是白崇禧集团，再往南的广东、广西省份，则是白崇禧为首脑的新桂系的核心地盘、起家的老巢，白崇禧集团最后的龟缩地。因此，四野进军中南主要的打击对象就是白崇禧的桂系集团。白崇禧是国民党军内少见的能打仗的高级将领，毛泽东称之为"中国境内第一个狡猾阴险的军阀"[1]，桂系集团也是拥有50万人较强战斗力的军队。[2]于是，毛泽东指示四野在平津战役后先休整两三个月，1949年4月1日出发南下，出兵湘鄂赣，全力对付白崇禧集团。

毛泽东对于四野南下极为重视，一是要求必须准备充足的给养、后勤保障。四野的南下行军粮秣大致按100万人、14万匹牲口准备，1个月须米5000万斤、料3000万斤、草4500万斤；军费约67451万多元人民币[3]，这些均分配给华北军区和中央财政部解决。二是要求加强南下干部的补充，要求全军加强学习，在休整期间学习城市管理、城市工作，把人民解放军变为战斗队、工作队。[4]三是南下作战的技术准备。南下作战，对于四野大部分将士来说，是跨越整个中国的远距离行军，尤其是南方地势环境、气候条件、风土人情与北方差异显著，甚至很多农村战士对黄河长江等地理概念都不清楚，普遍有盲目乐观情绪。毛泽东指示四野首长要注意对战士进行地理常识的教育、

---

[1] 毛泽东：《歼灭白崇禧部的部署》(1949年9月9日)，见《毛泽东军事文集》(第五卷)，军事科学出版社、中央文献出版社1993年版，第668页。

[2] 《第四野战军战史》，解放军出版社2017年版，第397页。

[3] 《中国人民解放军后勤史资料选编（解放战争期间）》(第六册)，金盾出版社1992年版，第150页。

[4] 毛泽东：《把军队变为工作队》(1949年2月8日)，见《毛泽东选集》(第四卷)，人民出版社1991年版，第1406—1407页。

艰苦作战教育，以免出现细节难题，影响南下作战。①

1949年2月25日，毛泽东指示四野12兵团40军、43军及配属部队12万人，正式作为先遣兵团出发，配合二野、三野渡江作战。4月8日，先遣兵团到达武汉东北地区活动，威胁武汉，迫使白崇禧将主力调回防御。20日晚，一直在待命休整的先遣兵团从花园、河口一线，袭击武汉外围之敌。至5月10日，相继占领孝感、黄陂等鄂东地区，牵制了白崇禧集团的东下支援计划，保障了二野渡江作战的侧翼安全。

4月11日，四野主力浩荡南下。5月9日，毛泽东对四野全军13个军行动部署做出整体规划：主力6月10日左右开始渡江，6个军就地驻守，湖北1个军，江西2个军，湖南3个军；其余7个军及曾生纵队，全部推进至以郴州为中心的区域，准备在该区域与白崇禧打一仗，9月中下旬以后向两广前进。②

毛泽东与中央军委的指示，为四野南进确立了方向。23日，毛泽东向全军发布《对各野战军的进军部署》，规定四野的作战重点是进军两广，彻底消灭白崇禧集团，经营中南6省。

到5月底6月初，四野大军历时50天，行程1150公里，抵达长江以北，提前实现了军委指定作战区域的计划。5月15日，四野各部开始实施宽正面强渡作战，16日解放武汉三镇，17日占领鄂南重镇蒲圻，渡江作战顺利结束，先后歼敌1.6万人，四野主力推进到长江流域。这期间，毛泽东还直接促成了河南张轸、湖南程潜的起义。长沙的和平解放，不仅减少了湖南省的兵火之灾，保护了潇湘儿女的生命财产，还加速了四野的南下作战，大大促进了西南地区的国民党军政人员的起义投诚，对国民党统治的最后崩溃形成巨大的示范意义和心

---

① 毛泽东：《对部队进行地理常识教育极为重要》(1949年2月10日)，见《毛泽东军事文集》(第五卷)，军事科学出版社、中央文献出版社1993年版，第498页。

② 毛泽东：《关于第四野战军应提早渡江及十三个军的使用问题》(1949年5月9日)，见《毛泽东军事文集》(第五卷)，军事科学出版社、中央文献出版社1993年版，第580—581页。

理威慑。①

四野南下途中，先后进行了宜沙、湘赣与衡宝战役。在这个过程中，针对白崇禧避战、逃命心切的特点，毛泽东特别要求四野领导以大迂回、引退敌聚而歼之。②在宜沙、湘赣两次作战未获完全战果的情况下，毛泽东与中央军委决定全面改变四野作战规划，实行大迂回大包围作战，将白崇禧、宋希濂部置于整个南中国、西南的范围内，准备全面包围、予以全歼；部队进行大休整，科学行军，解决部队气候不适、卫生条件较差、粮食补给不足的问题，提升战斗力，最后决定在衡阳、宝庆地区与白崇禧部决战。毛泽东指出，"和白部作战方法，无论在茶陵、在衡州以南什么地方，在全州、桂林等地或在他处，均不要采取近距离包围迂回方法，而应采远距离包围迂回方法，方能掌握主动，即完全不理白部的临时部署，而远远地超过他，占领他的后方，迫其最后不得不和我作战。因为白匪本钱小，极机灵，非万不得已决不会和我作战，因此你们应准备把白匪的十万人引至广西桂林、南宁、柳州等处而歼灭之，甚至还要准备追至昆明歼灭之"③。毛泽东这些指示是四野衡宝战役的动员令、指导书，也是彻底击溃白崇禧部的战略战术保障。

9月9日，毛泽东下达《歼灭白崇禧部的部署》长电，对衡宝战役提出全盘军事规划。10月2日至11日，衡宝战役完成，共歼灭国民党军白崇禧集团3个军部、5个师全部和7个师的一部4.7万多人，取得四野进军中南具有决定意义一仗的全面胜利，沉重打击了白崇禧集团，为以后进军两广、全歼中南地区之敌创造了有利条件。

---

① 中共中央文献研究室编：《毛泽东年谱（一八九三——一九四九）》（下卷），人民出版社、中央文献出版社1993年版，第543—544页。

② 《军委关于在攸、醴交界地区歼灭白匪问题给林彪、邓子恢的指示》（1949年7月14日），转引自金立昕：《决战：中南解放战争（1949—1950）》，上海人民出版社2017年版，第199页。

③ 毛泽东：《应采远距离包围迂回方法追歼白崇禧部》（1949年7月16日），见《毛泽东军事文集》（第五卷），军事科学出版社、中央文献出版社1993年版，第635—636页。

四野部队继续向广东进军，10月解放广州，再解放广西，进军并解放海南岛，取得中南战场的全面胜利。

3．进军福建，进兵大西南

按照《向全国进军的部署》，三野只待上海解放，即刻出动，"迅速准备提早入闽，争取于六、七两月内占领福州、泉州、漳州及其他要点，并准备相机夺取厦门。"因此，上海战役后三野决定8兵团继续担任南京、镇江的警戒任务，清剿苏南、皖南残匪；7兵团主力攻取舟山群岛，担任海防与保卫杭州市警备；9兵团担任上海市警备与海防，准备解放台湾；10兵团向福建进军。

10兵团8月11日发起福州战役，历时12天解放福州；9月19日，发起漳厦金战役，25日解放漳州，10月17日解放厦门。但在10月24日开始的金门作战中，虽歼敌9000余人，但登岛作战的3个团9000余人大部牺牲、一部被俘，战斗失利。

二野主力8月1日左右进军大西南，经营四川、贵州、西康3省。中央军委的部署是，贺龙率18兵团由陕入川，刘伯承、邓小平率二野西进。10月29日，二野主力正式徒步自湖南入川；11月15日解放贵阳；12月1日解放重庆，9日解放昆明，27日驻守成都的国民党军起义投诚，成都解放，历时两个月的进军大西南战役结束。

1950年4月17日，四野发动海南岛登陆作战，5月1日海南岛全境解放。10月16日，二野18军进军西藏。1951年5月23日，西藏和平解放。至此，中国大陆地区全部解放。

第四章

夏日秋阳：中南海有了新主人

1949年6月15日，新政治协商会议筹备会议开幕；9月21日，中国人民政治协商会议第一届全体会议隆重举行，宣告中国人民政治协商会议正式成立。人民政协第一届全体会议代行全国人民代表大会的职权，通过了起到临时宪法作用的《中国人民政治协商会议共同纲领》，确定了新中国的国体和政体，制定了一系列基本政策，以及关于国旗、国歌、首都、纪年等决议。选举产生了中央人民政府委员、人民政协第一届全国委员会委员，宣告中华人民共和国成立，揭开了新中国历史的第一页。

第一节 中南海的新主人

中南海原为明清帝王的皇家园林,后一度成为北洋政府办公地点;国民党政府定都南京后,中南海开放为市民公园,1949年平津战役后期,成为国民党华北"剿总"驻地。北平和平解放时,中南海相当败落,淤泥遍湖,垃圾遍地。

一、中南海清洁清淤运动

人民解放军进城之前,北平市军管会主任叶剑英指示即将担任市军管会纠察队司令员的张明河,要求进城以后先把中南海控制起来。张明河入城伊始,立刻指令纠察队二队副教导员李光带一个班,从中南海西门进去,把中南海警戒起来。同时,周恩来在西柏坡召见中央统战部秘书长齐燕铭等4人,要求他们立刻进城接管中南海、北平饭店,为党中央进驻北平,筹备召开新的政治协商会议(简称"新政协")做准备。

1949年2月3日下午3时,观看完解放军入城式后,齐燕铭带着中央统战部交际处处长申伯纯及夏杰、中南海保卫干事陈群海乘吉普车接管中南海。

夏杰、陈群海当晚留在了中南海。睡觉前,两个人发现一个盗贼翻墙而入,追捕未果。二人仔细搜查时,发现一个房间内杂乱无章地堆放着许多书籍,是国民党当局查抄的进步刊物。夏杰回忆道:"我无意中从地上捡起一本石印的小册子,《毛泽东论辩证法》几个醒目大字赫然映入眼帘,革命战争年代像我这样的基层干部很难读到这样珍贵的著作,惊喜之余已经爱不释手。我征得陈群海的同意,将此书带回阅读。"①

---

① 夏杰口述,龚喜跃整理:《接收中南海亲历记》,载《百年潮》2010年第11期。

2月7日，新成立的中央公安纵队警卫1师1团正式驻防中南海。齐燕铭与统战部第二交际处处长金城、周子健等交际处其他工作人员一并进入，成立了"中南海办事处"，周子健任处长。办事处主要工作是清查中南海内所有房产的位置、面积、家具设备等并登记造册绘图列表；勘查所有房屋的破损程度，制订修复计划，联系修缮单位；联系北平市有关部门勘查修复中南海的电路、道路、上下水及安装电话；联系有关单位清运垃圾、清理中南海中的杂草淤泥；加强与北平市军管会及警卫部队的联系，配合开展整治中南海的各项工作。2月26日晚，华北局和北平市军管会在中南海怀仁堂举行盛大欢迎会。3月10日，负责新政协筹备工作的中央统战部部长李维汉住进丰泽园内颐年堂后院正厅，其余工作人员多住入居仁堂。

经过两个多月的努力，中南海的清挖工作在五一节前结束，整修房屋约2000多间，颐年堂、勤政殿、政事堂、怀仁堂及瀛台等整饬一新。中南海内注入了新的河水，春风荡漾，绿水清波，旧貌换新颜。

1949年3月24日，中国妇女第一次全国代表大会在北平中南海怀仁堂召开（新华社　提供）

北平和平谈判开始，谈判地点就在中南海勤政殿。由于周恩来在香山、北平城两地往返太耗时间，就在颐年堂后院东侧的菊香书屋给他安排了办公室、休息室。对此，杨尚昆回忆说：

> 谈判开始后，恩来同志白天谈判，晚上去香山向毛主席商讨和汇报，忙碌得不得了。如果仍住在北京饭店，他就不可能得到安静的休息。我同周子健商量，在中南海给他安排一处住所。当时，统战部长李维汉住在西花厅，林老住在颐年堂侧面的菊香书屋。周恩来就和林老住在一起。到6月中，中央机关陆续搬进中南海。菊香书屋安排给毛主席住，西花厅给恩来同志住。从此，他在西花厅住了27年，直到逝世。[①]

二、毛泽东入住菊香书屋

1949年6月15日，新政协筹备会议在中南海怀仁堂举行，毛泽东出席开幕典礼并讲话。会议选举产生了筹委会常委会，毛泽东为主任。会后，毛泽东入住菊香书屋。自此，毛泽东就在菊香书屋和双清别墅间来回居住。

9月初，鉴于两地往来费时费力，尤其是沿途安全保障不便，叶剑英向中央报告建议，请中央和毛泽东入驻中南海。毛泽东征求周恩来意见，他也建议毛泽东入住。毛泽东不同意，说："中南海过去是什么人住的地方，这个你是知道的，我们住进去不妥，我是不想进去！"为此，中央政治局专门召开会议讨论此事，决定中央和毛泽东迁居中南海。会议结束后，毛泽东对叶子龙说："听人劝，吃饱饭。搬就搬吧。你也准备准备，咱们进城！"这样，9月21日，毛泽东正

---

① 《杨尚昆回忆录》，中央文献出版社2001年版，第290—291页。

式入住中南海丰泽园菊香书屋。①

　　菊香书屋是个标准的四合院,院内有7棵挺直高大的老柏树。北房5间,毛泽东住东边两间,内有卫生间。一张供毛泽东休息的普通双人床1/3面积都摆着书。东墙摆着书架,北墙放两个沙发,靠南窗是写字台桌,摆放着办公文具及台灯等。中间一间是饭厅。西边两间是江青用房。东厢房是毛泽东的办公室,供会客和开会用。西厢房南两间是乒乓球娱乐室,中间是过厅出入的正门,北两间是书房。

　　毛泽东进住菊香书屋时,叶子龙请他去颐年堂看看怎么布置。他先看了颐年堂外貌,进殿内转了一圈,说:颐年堂比故宫的宫殿好,壮观、雄伟、适用。你们先把龙座椅、屏风、长条桌、古椅和古董文物等搬走,交给故宫博物院保管。西头搞个卫生间,大厅内摆十几个小圆沙发,东侧放个长条桌子和小靠背椅子,另外两间做小饭厅、服务室。布置好后就在这里会客、接见外宾、开政治局会议。

　　毛泽东对菊香书屋的布置非常满意,特别喜欢院内7棵老柏树。他说:这么多老柏树,至少有500多年了,现在还这样茂盛、粗壮,真是难得呀!毛泽东当年的警卫员孙勇也回忆道:"1949年6月,毛主席搬进中南海丰泽园内菊香书屋。此前,毛主席进城会客、开会太晚,也曾在这里休息过。记得毛主席当时高兴地说:住这儿工作方便多啦,我喜欢这个四合院。""每当夏天天热难耐时,我们就在院里老柏树下为毛主席支起一大间露天办公室:十米多宽的帆布大棚,顶上吊两盏带罩的电灯,地上放十来把藤椅子和茶几,茶几上放蒲扇驱虫蚊、扇凉。当然,有时这里也是党中央开会的地方。"②

---

①　叶子龙口述,温卫东整理:《叶子龙回忆录》,中央文献出版社2000年版,第166页。

②　孙勇:《在毛主席身边二十年》,中央文献出版社2015年版,第32—37页。

第二节　召开政治协商会议

一、成立新政协筹备会

1948年4月30日，中共中央在纪念"五一"劳动节的口号中提出："各民主党派、各人民团体、各社会贤达迅速召开政治协商会议，讨论并实现召集人民代表大会，成立民主联合政府。"同年5月1日，毛泽东致函中国国民党革命委员会（简称民革）中央执委会主席李济深、中国民主同盟（简称民盟）中央常委沈钧儒："在目前形势下，召集人民代表大会，成立民主联合政府，加强各民主党派、各人民团体的相互合作，并拟订民主联合政府的施政纲领，业已成为必要，时机亦已成熟。"①信中，他还特别邀请李济深、沈钧儒等民主党派领袖、社会贤达，秋季到已经解放的哈尔滨，讨论并决定新政治协商会议的一应事项。

由此，主要由华南中央局香港分局、香港工委负责，分期、分批将数百位民主人士安全送达解放区，中央统战部则在哈尔滨、沈阳及西柏坡、北平等地负责接待、安排。对此，杨尚昆回忆说：

> 从1948年9月中央政治局会议以后，党中央最大的工作是两件：一是打仗，一是统战，中心是打倒蒋介石，建立新中国。
>
> 统战工作，主要是把在香港和国统区的民主人士接到解放区来，准备召开新的政治协商会议。这是政治上的一件大事。中央决定将原有的城工部改为统战部，把国统区的工作和少数民族、侨务工作归在一起，由李维汉负责。1948年五一节中央发布召开新政治协商会议的口号后，在香港的李

---

① 毛泽东.《给李济深、沈钧儒的信》(1948年5月1日)，见《毛泽东文集》（第五卷），人民出版社1996年版，第90页。

济深、何香凝、沈钧儒、郭沫若等立刻通电响应。把他们接到解放区来的事,由恩来同志亲自指挥,李克农和钱之光经办,先通过地下党的关系联络,然后组织秘密交通护送,其中不乏传奇性的故事……从华东、华北来的同志进出西柏坡也经常乘吉普车。小小的山村里,汽车来往不绝,老乡们不知道这里是中共中央的驻地,都管我们叫"汽车队"。①

1948年9月至1949年9月,自香港护送北上的民主人士、文化名流前后即有20多批次,其中民主人士350多人,连同家属、中共随行人员等总计在1000人以上。②

中共中央最初计划由中共、民革、民盟三党联合召集,在哈尔滨召开新的政治协商会议。随着形势的发展,中共中央决定召开全国性联合会议。1948年10月8日,毛泽东将《关于新政治协商会议诸问题》发给东北中央局,要求他们向在哈尔滨的沈钧儒、谭平山、章伯钧等7位民主党派领导人征求意见。同时,周恩来与在西柏坡李家庄的民主人士符定一、吴晗、刘清扬、周建人等也进行了协商。

《关于新政治协商会议诸问题》由周恩来草拟、毛泽东审批,是中共中央首次就如何召开新政协向各民主党派正式提出商谈的文件。文件对原定的政协会议计划做了重大修改,提议由中国共产党及赞成"五一口号"的民主党派、民主人士成立"新政协筹备会",负责起草新政协文件、召开新政协会议。筹备会构成人员包括在香港签名通电响应"五一口号"的9个民主党派代表③,加上民主建国会、平津教授、少数民族和南洋华侨民主人士,及中国共产党和人民解放军代

---

① 《杨尚昆回忆录》,中央文献出版社2001年版,第263—264页。

② 杨奇:《惊天壮举——虎穴抢救文化精英与秘密护送民主名流》,广东人民出版社2005年版,第161页。

③ 5月5日,中国国民党革命委员会李济深、何香凝,中国民主同盟沈钧儒、章伯钧,中国民主促进会马叙伦、王绍鏊,中国致公党陈其尤,中国农工民主党彭泽民,中国人民救国会李章达,中国国民党民主促进会蔡廷锴,三民主义同志联合会谭平山和无党派民主人士郭沫若,联名致电毛泽东,响应中共"五一口号"。

表，共约20人。赋予新政协筹备会两项重要议题：一是起草"共同纲领"，二是筹建中华人民共和国临时中央政府，即赋予新政协代行全国人民代表大会的职权。①

之所以叫"新政治协商会议"，是有别于1946年召开的"旧"政治协商会议。

中共中央东北局组织到东北的民主人士对此不断开会商讨，11月25日达成初步协议：新政协筹备会必须排除南京反动政府系统下的一切反动党派及反动分子，只能由中国共产党及赞成"五一口号"的23个民主党派、民主人士组成。联合政府的构成，"不是由共产党一个党或少数几个党发起召集，而是由中国一切民主党派及人民团体与少数民族和海外华侨共23个单位共同筹备与召集，这种方式使党外人士非常满意"②。

1949年3月，七届二中全会决定召开新政治协商会议并由其产生民主联合政府。5月，周恩来代表中共中央与各民主党派、各人民团体座谈、会谈，帮助、领导成立各人民团体。按照中共中央发出的《关于新解放区城市中组织各界代表会议的指示》，各解放区相继召开各界代表会议和人民代表会议，为新政协的召开做准备。

6月11日，毛泽东在双清别墅举行新政协筹备会第一次预备会议。会议大体拟订了新政协筹备会的参加单位、人数、人选、组织条例，新政协大会参加单位和人数。会议商定参加新政协筹备会的单位为23个134人。③其中，中共党员43人、进步人士48人、中间人士43人（其中中间偏右者16人）。在进步人士中，有15名中共秘密党员，

---

① 中央统战部、中央档案馆编：《中共中央解放战争时期统一战线文件选编》，档案出版社1988年版，第214—216页。
② 中共中央文献研究室编：《中华人民共和国开国文选》，中央文献出版社1999年版，第65—66页。
③ 中共中央文献研究室编：《周恩来年谱（一八九八——一九四九）》，中央文献出版社1998年版，第829页。

"共产党对政协筹备会可保障绝对的领导"①。

6月15日,新政协筹备会召开第二次预备会议,通过议事日程等。当晚,新政协筹备会在中南海勤政殿召开第一次全体会议。会场布置简单朴素而又隆重。主席台上装饰着6面人民解放军军旗,60面红旗排列在12个方柱上,130多位代表坐在弧形的饰有紫色幕布的桌子旁。晚7时40分,毛泽东在李济深、沈钧儒等的陪同下步入会场,全场掌声雷动,毛泽东、周恩来、刘少奇分别坐在101号、103号、105号主席台桌前,朱德等解放军将领则坐在双号位上。

周恩来宣布会议开幕,毛泽东代表中国共产党讲话,说明会议的任务是完成各项必要的准备工作,迅速召开新的政治协商会议,成立民主联合政府,以便领导全国人民,以最快的速度肃清国民党反动派的残余力量,统一全中国,有系统有步骤地在全国范围内进行政治的、经济的、文化的和国防的建设工作。在讲话的结尾,毛泽东满怀信心地对代表们说:"中国人民将会看见,中国的命运一经操在人民自己的手里,中国就将如太阳升起在东方那样,以自己的辉煌的光焰普照大地,迅速地荡涤反动政府留下来的污泥浊水,治好战争的创伤,建设起一个崭新的强盛的名副其实的人民共和国。"②

接着,朱德代表解放军方面讲话,李济深、沈钧儒、郭沫若、陈叔通、陈嘉庚等代表民主党派讲话。大家一致表示,愿在中共和毛泽东领导下,投入到神圣的建设新中国的伟大工程事业中。会议中间休息10分钟,毛泽东离开座位与代表们握手问好。毛泽东问黄炎培好,关心询问黄的身体,与谭平山握手交谈,询问符定一的眼睛好了没有,亲切自然,真诚热烈,会场洋溢着欢快幸福的气氛。"毛主席走到哪里,哪里就成了会场的中心。"③

---

① 中共中央文献研究室编:《中华人民共和国开国文选》,中央文献出版社1999年版,第66页。

② 毛泽东:《在新政治协商会议筹备会上的讲话》(1949年6月15日),见《毛泽东选集》(第四卷),人民出版社1991年版,第1467页。

③ 《毛主席在新政协筹备会上》,载《人民日报》,1949年6月20日。

会议修改并通过了《新政治协商会议筹备会组织工作条例》，通过了新政协筹备会常委会名单。当晚，新政协筹备会常委会召开第一次全体会议，推选出常委会主任、副主任、秘书长、副秘书长，毛泽东为主任，周恩来等5人任副主任，并通过《各单位代表参加小组办法》。

新政协筹备会常委会下设6个小组，分别承担不同任务：第一小组，组长李维汉，副组长章伯钧，负责拟定参加新政协的单位及各单位代表名单；第二小组，组长谭平山，副组长周新民，负责起草新政协会议组织条例；第三小组，组长周恩来，副组长许德珩，负责起草共同纲领；第四小组，组长董必武，副组长黄炎培，负责拟定中华人民民主共和国政府方案；第五小组，组长郭沫若，副组长陈劭先，负责起草大会宣言；第六小组，组长马叙伦，副组长叶剑英、茅盾，负责拟定国旗、国徽及国歌方案。①

新政协筹备会的组成单位代表人数规定为：

4名代表的有中国民主促进会、中国国民党民主促进会、中华全国学生联合会、上海人民团体联合会、中国致公党5个单位，共计20人；5名代表的有中国民主建国会、中国农工民主党、中国人民救国会、三民主义同志联合会4个单位，共计20人；6名代表的有无党派民主人士、中华全国民主青年联合总会、中华全国民主妇女联合会、国内少数民族4个单位，共计24人；7名代表的有中国共产党、中国国民党革命委员会、中国民主同盟、解放军、工人、农民、产业、文化、教授、华侨10个单位，共计70人。②

6月19日，新政协筹备会第一次全体会议再次决定，为扩大新政协的代表性，扩大参加新政协的成分、单位和名额，将参加新政协的单位扩大到45个代表总名额510名。每一单位代表名额超过10人的，得推选候补代表2人，10人以下的推选候补代表1人；候补代表得列

---

① 杨建新、石光树、袁廷华编著：《五星红旗从这里升起——中国人民政治协商会议诞生记事暨资料选编》，文史资料出版社1984年版，第60页。

② 《毛主席在新政协筹备会上》，载《人民日报》，1949年6月20日。

席新政协会议，并增加一个特别邀请单位。①

6月19日会议中间还有一个插曲。下午6时20分会议中场休息时，邓初民代表站起来提议说：新政协筹备会的召开，是一件划时代的大事情，所以能召开这个大会，首先应归功于中国共产党领袖毛主席和中国人民解放军朱德总司令，会议应向毛主席、朱德总司令发致敬电。周恩来表示，这可以在将来正式会议时再谈。但邓初民还是表示：筹备会也是会议，还请主席（大会临时主席）提交表决。毛泽东站起来先表示谢意，接着表示：代表们！我提议：我们在筹备会期中，正逢着七七纪念，请各党派共同发表纪念文件，庆祝抗日战争胜利！解放战争胜利！大家鼓掌表示赞同。②

7月11日，为保证中国共产党对新政协筹备工作中的领导，中共中央决定成立新政协筹备会党组干事会及常委会，要求"凡关于政治性及政策性的问题，必须事先向所属党组提出，经过党组讨论或经党组负责同志同意后始得向党外提出；对于党组的一切决定，应坚决执行；同时在工作中发现的各种问题，也应及时向所属党组报告"。新政协筹备会党组干事会由21人组成：周恩来、林伯渠、李维汉、齐燕铭负责党派工作；陈云、薄一波负责财经工作；董必武、陈绍禹（王明）负责政法工作；聂荣臻、叶剑英、罗瑞卿负责军事工作；胡乔木、徐冰、周扬、钱俊瑞、廖承志负责文教工作；李立三、蔡畅、冯文彬负责工青妇工作；连贯、杨静仁负责农民、少数民族与华侨工作。其中，周恩来、林伯渠、李维汉、徐冰、李立三5人为常委，周恩来为书记，杨超、于刚为秘书。③

6月19日，筹备会议提出大致名单后，干事会与筹备会不断协

---

① 杨建新、石光树、袁廷华编著：《五星红旗从这里升起——中国人民政治协商会议诞生记事暨资料选编》，文史资料出版社1984年版，第282—284页。

② 《"全体起立，向人民的领袖致敬！"——新政协筹备会休会前二十分钟的速写》，载《人民日报》，1949年6月21日。

③ 中共中央文献研究室、中央档案馆编：《建国以来周恩来文稿》（第一册），中央文献出版社2008年版，第111—112页。

商，决定再次扩大政协代表范围与规模。总体原则是"根据人民民主革命的原则","重视由革命战争中锻炼出来的朋友,在土地改革和敌后根据地斗争中锻炼出来的朋友,在国民党统治时期的民主运动中锻炼出来的朋友,脱离反动派而起义的朋友,保护国家器材有功的朋友,使这次政治协商会议成为集中代表全国人民力量的大会。"①具体原则有:政治标准、组织标准统一,"尽可能照顾到各方面"②。个人代表则重视其社会影响、代表性;单位则看其在民主运动中起的作用;必须能到北平参会,不只列名。对于滞留香港的代表,中共中央指示要考虑他们的安全、意愿,不勉强,"必须出于本人自愿"。

代表名单初步产生后,又经过筹备会反复协商,广泛征求各方意见,前后花了近3个月时间。9月20日,新政协筹备会常委会第八次会议最终确定662位代表名单,其中中共党员约占44%,工农和各界的无党派代表约占26%,各民主党派的成员约占30%。在党外人士中,进步人士约占1/3,共产党员加党外进步人士约达总数的2/3。③

这些单位、名额和名单共分5类:党派代表、区域代表、军队代表、团体代表和特邀代表。其中,前4类共45个单位,正式代表510名,候补代表77名;第五类特邀代表75名。中共中央统战部与组织部及有关单位反复研究,将参加新政协单位、人选和各项统计,印制一本很厚的资料送给毛泽东,他看了很风趣地说,这是"一本大书"④。

这样,经过筹备会常委会8次会议、筹备会两次全体会议,新政协筹备会的工作到9月20日正式结束。按会议规程,9月17日新政协会议改名为"中国人民政治协商会议",21日,人民政协第一届全体

---

① 中共中央统一战线工作部、中共中央文献研究室编:《周恩来统一战线文选》,人民出版社1984年版,第133页。

② 杨建新、石光树、袁廷华编著:《五星红旗从这里升起——中国人民政治协商会议诞生记事暨资料选编》,文史资料出版社1984年版,第291页。

③ 石光树:《迎来曙光的盛会——新政治协商会议亲历记》,中国文史出版社1987年版,第15、19页。

④ 童小鹏:《周恩来与首届人民政协》,载《漳州职业大学学报》1999年第8期。

会议正式开幕。

二、营救张澜、迎接宋庆龄北上

新政协的代表中，宋庆龄、张澜的地位尤为突出。张澜是老同盟会员，在西南地区军政要人中有重要影响，有"川北圣人"之誉。宋庆龄是孙中山夫人、国民党左派的旗帜。两人都是中国共产党的老朋友。中共中央决定把他们从上海请到北平，出席新政协会议。最终，张澜被"救"，宋庆龄受"请"，都出席了新政治协商会议。

（一）营救张澜惊心动魄

张澜是清末秀才、留日学生、辛亥革命前的四川保路运动灵魂人物、知名教育家，在护国运动、护法运动和反对蒋介石的独裁专制统治斗争中，成为一面旗帜。在民盟成立时，被公推为主席。他拒绝参加国民党的"行宪国大"，拥护中国共产党反对独裁、反对内战的爱国民主运动。1949年年初国共和谈时，他支持中国共产党将革命进行到底、打倒蒋介石国民党的反动统治。4月20日，人民解放军发动渡江战役时，张澜患病住进上海虹桥疗养院，与民盟另一重要人物罗隆基同被国民党当局软禁。

受命营救张澜、罗隆基后，中共上海地下党组织委托国民党原上海淞沪警备司令杨虎想办法。接到任务后，杨虎派自己的女婿、上海淞沪警备副司令周力行，和负责直接监视张澜、罗隆基的国民党卢湾区警备第三大队副大队长阎锦文出面营救。5月24日晚，在解放军即将解放上海、国民党特务大屠杀前夕，阎锦文利用身份，假装"奉命移解"，将二人转移至杨虎家，并将张澜的家属也接到杨家。27日，上海解放，陈毅到杨家看望；31日，沈钧儒、章伯钧、黄炎培、张东荪、周新民暨民盟临工会全体成员致电张澜，请他到北平主持民盟盟务。

6月1日，毛泽东、朱德、周恩来、董必武致电张澜，欢迎他与罗隆基"准备来平""共同致力今后建设工作"。14日，张澜、罗隆基等到北平时,周恩来、朱德、郭沫若等到前门车站迎接。周恩来紧握着张澜的手,连声说:"表老,你为我们担了风险,吃苦了。"朱德是张澜昔日在四川南充办学时的学生,当即举手敬军礼表示敬意。

张澜等人下榻在北京饭店。毛泽东专门登门看望并宴请张澜。席间,张澜向毛泽东祝贺解放战争取得的伟大胜利,赞扬只用3年多时间就推翻了国民党反动统治,共产党的本领大得很。毛泽东笑着答道,其实我们共产党人也没有多大超人本领,我们只不过做到了谦虚、谨慎、勤劳、节俭,全心全意地为人民服务,全国人民拥护我们,这才取得胜利。张澜深有感触地说,主席讲的前8个字,是中国人的传统美德,少数人能够做到,但要做到这后一句话就很难啦!恐怕这也是历来为政者的病根之所在吧?毛泽东表示认同。以后,张澜常勉励身边工作人员和子女,要牢记毛主席说的"谦虚、谨慎、勤劳、节俭,全心全意地为人民服务"。这就是后来常被提及的毛泽东与张澜的"北京对"①。

7月25日,周恩来请张澜到颐和园听鹂馆旁的宅院避暑疗养,朱德和罗瑞卿作为学生一并去颐和园看望。朱德还派他的保健医生为张澜检查身体,负责保健工作。新中国成立前夕,张澜利用私交和影响,说服邓锡侯、刘文辉等在川起义,为解放大西南做出了贡献。

(二)毛泽东前门车站迎接宋庆龄

宋庆龄一直是中国共产党的支持者、帮助者。在红军到达陕北极为困难的时刻,宋庆龄将孙中山逝世抚恤金全部取出,又将唯一一处寓所——莫利爱路寓所典押,凑了5万美元(约19万法币)寄给中共中央。为了表达对宋庆龄的感激之情,1936年3月,林伯渠致信宋庆龄:"正值红军东进抗日之时,忽奉到先生珍贵慰劳品,万众欣喜腾欢。"毛泽东亦为此致信宋庆龄表示感谢,高度评价她的爱国、革命立场:"1927年后,真能继续孙中山先生革命救国之精神的,只有先

---

① 张茂延:《毛泽东与我父亲张澜》,见《张澜纪念文集》,四川教育出版社1999年版,第69页。

生与我们的同志们。"① 1949年2月6日，毛泽东与苏共中央政治局委员米高扬会谈时，还特别表示，新中国成立时，将推选宋庆龄为国家主席人选。②

1949年1月19日，毛泽东、周恩来从西柏坡联合致电在上海的宋庆龄："中国革命胜利的形势已使反动派濒临死亡的末日，沪上环境如何，至所系念，新的政治协商会议将在华北召开，中国人民历经艰辛，中山先生遗志迄今始告实现，至祈先生命驾北来，参加此一人民历史上伟大事业，并对如何建设新中国予以指导，至于如何由沪北上，已告梦醒与汉年、仲华切商，总期以安全为第一。"③ 周恩来在发往中共香港地下组织负责人潘汉年、刘晓的电报时，亲自加上了"兹发毛周致宋电，望由梦醒译成英文并附信，派孙夫人最信任而最可靠之人如金仲华送去，并当面致意。万一金不能去，可否调现在上海与孙夫人联络的人来港面商"。"总之，第一必须秘密，而且不能冒失。第二必须孙夫人完全同意，不能稍涉勉强。如有危险，宁可不动。"④

廖梦醒是廖仲恺、何香凝的女儿，金仲华曾参加宋庆龄领导的保卫中国同盟中央委员会和中国福利基金会工作，深得宋庆龄的信任。为了宋庆龄的安全，毛泽东、周恩来的电报没有直接发给宋庆龄。华南中央局接到电报后，专门安排华克之亲自送达。华克之找到宋庆龄的秘书柳无垢家，将译文送交柳无垢并转达中共中央的意见，并特别表示一切尊重宋夫人的个人意见。2月20日，宋庆龄用英文复信中共中央，表示由于有炎症及高血压，正在诊治中，难以即时成行。宋庆龄在信中对中国共产党的革命事业予以高度赞扬，认为毛泽东领导的革命胜利与孙中山的国民革命是联系在一起的，是一个事业的两

---

① 毛泽东：《给宋庆龄的信》（1936年9月18日），见《毛泽东文集》（第一卷），人民出版社1993年版，第441页。

② 沈志华、崔海智：《毛泽东与苏共领导人第一次正面接触——关于米高扬访问西柏坡的俄国解密档案》，见《冷战国际史研究》（18），世界知识出版社2014年版，第400—401页。

③ 《宋庆龄书信选集》（下），人民出版社1999年版，第62页。

④ 《宋庆龄在上海》（之一），载《人民日报》，1990年1月29日。

个阶段。"我的精神是永远跟着你们的事业。我深信，在你们英勇、智慧的领导下，这一章历史——那是早已开始了，不幸于23年前被阻——将于最近将来光荣的完成。"①

5月27日，上海解放。一进入上海，陈毅市长就登门拜访宋庆龄，转达中央的问候，请她对恢复秩序、生产建设提供意见。不久，在北平的民主党派人士李济深、沈钧儒等纷纷致电邀请宋庆龄北上，参加新政协会议。史良亦受周恩来委托，专门到宋庆龄家，邀其北上。

6月19日，毛泽东亲笔致信宋庆龄，告知将特派周恩来夫人、中共中央候补委员、全国妇联副主席邓颖超"趋前致候，专诚欢迎先生北上"②。22日，邓颖超与廖梦醒专门赴沪，面请宋庆龄北上。行前，周恩来又给宋专门写了一封信："现全国胜利在即，新中国建设有待于先生指教者正多，敢借颖超专诚迎迓之便，谨陈渴望先生北上之情。敬希早日命驾，实为至幸。"③ 25日，邓颖超一行到达上海，面晤宋庆龄。由于宋庆龄病重，一时无法启程。7月1日，中共中央指示邓颖超留在上海，如宋庆龄身体好转，再一起回平。④ 这期间，宋庆龄多次带病公开发表演讲，支持中国共产党。

为迎接宋庆龄北上，邓颖超在上海等候两个月。8月下旬，宋庆龄答应北上参加新政协会议。中共中央为此专门指定全国妇联副秘书长曾宪植负责解决宋庆龄到北平后的居所；毛泽东秘书、中央办公厅机要秘书室主任叶子龙负责办理宋庆龄出发及在北平住院的一应

---

① 《宋庆龄书信选集》（下），人民出版社1999年版，第62页。

② 上海宋庆龄故居纪念馆编译：《上海宋庆龄故居纪念馆藏宋庆龄往来书信选集》，上海人民出版社1995年版，第204页。

③ 同上书，第206页。

④ 周恩来：《关于邀请宋庆龄北上参加新政协的电报和批语》（1949年7月、8月），见中共中央文献研究室、中央档案馆编：《建国以来周恩来文稿》（第一册），中央文献出版社2008年版，第47页。

事宜,中央军委铁道部部长滕代远负责安排专车。①8月26日,在邓颖超、廖梦醒等的陪同下,宋庆龄启程赴平。

8月28日,为迎接宋庆龄,毛泽东专门换上了一双平时不大习惯穿的胶底皮鞋,与周恩来、朱德等早早地来到前门车站等候。下午4时15分,专列到达前门车站,毛泽东与朱德、周恩来等亲自到车厢前迎接。林伯渠、董必武、李济深、何香凝、沈钧儒、郭沫若、柳亚子、廖承志等50余人,在月台欢迎。宋庆龄"精神焕发,步履轻盈,身穿一件黑色的旗袍,颈上围着一条白色的纱巾,乌黑的头发在脑后绾了一个发髻,显得非常朴素整洁、端庄大方。"毛泽东趋前握手欢迎,高兴地说:"欢迎你!欢迎你!一路上辛苦了!"宋庆龄也高兴地说:"谢谢您对我的邀请,向你们祝贺!"毛泽东说:"欢迎你和我们一起筹建新中国的大业。"宋庆龄说:"祝贺中共在您的领导下取得的伟大胜利。"由延安迁来北平的洛杉矶幼儿园少年儿童列队献花。

这是毛泽东唯有的两次到车站迎接民主人士,另一次是迎接他的"老上级"程潜。当晚,毛泽东设宴招待宋庆龄。②

三、《论人民民主专政》发表

新政协筹备会召开后,与会代表对新中国的国家性质、国家体制等还是有认识上的分歧,主要是统一战线是否长期坚持;政治协商会议的职能与权力、中央政府与政治协商会议是什么样的关系,这涉及国家政权、中央政府的结构与运行,是国家政治制度制定的重大问题。毛泽东、周恩来、董必武(筹备会秘书长,代替因伤修养的李维汉)等在不同场合不断进行解释。

---

① 周恩来:《关于邀请宋庆龄北上参加新政协的电报和批语》(1949年7月、8月),见中共中央文献研究室、中央档案馆编:《建国以来周恩来文稿》(第一册),中央文献出版社2008年版,第48—49页。

② 阎长林:《我的警卫笔记》,中国青年出版社2009年版,第334—335页。

1949年6月18日，周恩来在筹备会第三小组成立会上专门介绍了政治协商会议的性质：

> 九一八后，中共和人民救国会就要求成立"抗日民族统一战线"，承认蒋介石领导抗日。但国民党反动派拒绝了，他们怕人民阵线，就拿非驴非马的参政会来搪塞。但参政会很明显地不是统一战线组织，也不能算是协商。"政治协商会议"是我在重庆和王世杰谈判时他提出来的。此人反动失败而去，"政协会议"的名字却被我们留下，再加上一个"新"字。以区别于旧的政治协商会议，实际上就是我们人民民主的统一阵线，包括海外华侨和少数民族，是无产阶级领导下的四个阶级的联盟。我们的共同纲领是带长期性的，是各民主党派、人民团体、各路野战军和解放区一切人民的共同愿望的具体表现，也是各党派、各区、各界长期合作的基础，其重要性是不待言的。①

6月22日，周恩来在新政协筹备会党组会上做《新政协筹备会的工作与统战工作》的报告，指出：新政协会议的召开，是人民民主统一战线的具体组成。中央政府成立后，政协便成为中共领导的各党派的协议机关，国家的一切大事都可以事前在此协商。人民民主统一战线工作是长期的。我们要善于和党外人士相处，只有这样，才能做到长期合作，保证人民民主统一战线不断前进。②

6月23日，董必武在筹备会第四小组起草提纲委员会第一次会议上做《政协的性质、地位和政权的组织问题》的发言，董必武说：在

---

① 周恩来：《在新政协筹备会第三小组成立会上的讲话》（1949年6月18日），见中共中央文献研究室、中央档案馆编：《建国以来周恩来文稿》（第一册），中央文献出版社2008年版，第10页。

② 中共中央文献研究室编：《周恩来年谱（一八九八——一九四九）》，中央文献出版社1998年版，第831页。

人民代表大会召开前,由新政协产生政府,人民政府委员会是最高政府机关,将来是人民代表大会;政务院是最高行政机关。①

为了向全国人民公开阐明中国共产党在建立新中国问题上的主张,在中国共产党成立28周年前夕的6月30日,毛泽东发表了《论人民民主专政》一文,明确指出,人民民主专政需要工人阶级的领导,人民民主专政的基础是工人阶级、农民阶级和城市小资产阶级的联盟,而主要是工人和农民的联盟。中国革命胜利后建立的政权性质是人民民主专政,人民民主与对敌人专政是人民政权的"一体两面","对人民内部的民主方面和对反动派的专政方面,互相结合起来,就是人民民主专政。"②人民民主专政是中国共产党人革命的主要经验、主要纲领,"总结我们的经验,集中到一点,就是工人阶级(经过共产党)领导的以工农联盟为基础的人民民主专政。"③

毛泽东最后强调,中国共产党人革命与建设的艰巨性,要求要将革命进行到底,要带领中国人民建设一个独立、富强、文明的新中国,一个"伟大的光辉灿烂的社会主义国家"。

> 党的28年是一个长时期,我们仅仅做了一件事,这就是取得了革命战争的基本胜利。这是值得庆祝的,因为这是人民的胜利,因为这是在中国这样一个大国的胜利。但是我们的事情还很多,比如走路,过去的工作只不过是像万里长征走完了第一步。残余的敌人尚待我们扫灭。严重的经济建设任务摆在我们面前。我们熟习的东西有些快要闲起来了,我们不熟习的东西正在强迫我们去做。这就是困难。帝国主义者算定我们办不好经济,他们站在一旁看,等待我们的失

---

① 杨建新、石光树、袁廷华编著:《五星红旗从这里升起——中国人民政治协商会议诞生记事暨资料选编》,文史资料出版社1984年版,第65页。

② 毛泽东:《论人民民主专政》(1949年6月30日),见《毛泽东选集》(第四卷),人民出版社1991年版,第1475页。

③ 同上书,第1480页。

败。我们必须克服困难，我们必须学会自己不懂的东西。我们必须向一切内行的人们（不管什么人）学经济工作。拜他们做老师，恭恭敬敬地学，老老实实地学。不懂就是不懂，不要装懂。不要摆官僚架子。钻进去，几个月，一年两年，三年五年，总可以学会的。①

中国共产党的七届二中全会决议和毛泽东的《论人民民主专政》，在理论上和政策上奠定了后来制定的《中国人民政治协商会议共同纲领》的基础。

7月7日晚上，毛泽东冒雨来到天安门广场，出席北平各界人民纪念七七抗战12周年并庆祝新政协筹备会成立大会。毛泽东到达会场时，全场欢呼"毛主席万岁！"毛泽东也带领大家高呼"中国人民万岁！""全国人民团结起来，打倒帝国主义，建设新中国！"毛泽东在各界代表讲话后，又带领全场高呼口号："全国人民团结起来，全世界人民团结起来，打倒帝国主义！召集新的政治协商会议，成立民主联合政府！"②

四、政治协商会议召开

9月21日晚7时，中国人民政治协商会议第一届全体会议在中南海怀仁堂正式开幕③，会议代表662人中缺额3人、去世1人，实有代表总数658人。人民政协的召开，标志着中国的新型政党制度——中国共产党领导的多党合作和政治协商制度的建立，也标志着中央人民

---

① 毛泽东：《论人民民主专政》（1949年6月30日），见《毛泽东选集》（第四卷），人民出版社1991年版，第1480—1481页。
② 中共中央文献研究室编：《毛泽东年谱（一八九三—一九四九）》（下卷），人民出版社、中央文献出版社1993年版，第527—528页。
③ 杨建新、石光树、袁廷华编著：《五星红旗从这里升起——中国人民政治协商会议诞生记事暨资料选编》，文史资料出版社1984年版，第84页。

政府即将正式建立。

参加开幕式的中国共产党正式代表16人、候补代表2人。陈云第一个报到,之后刘少奇、周恩来等先后报到签名,而毛泽东是最后一位签名报到的。据当时的工作人员孙小礼回忆,那天许多人已先来到勤政殿,毛泽东一进门就被他们围住,一一握手问好,过了好一会儿,毛泽东才来到报到处。郭沫若、李济深、马寅初、乌兰夫等人跟着簇拥到他身旁,说要看毛泽东写字。这时四周灯光齐亮,好几个摄像机镜头已经对准。毛泽东一坐下来,工作人员告诉他,在第一行写党派名称"中国共产党",在第二行写名字。毛泽东就写下了"中国共产党""毛泽东"几个大字。①

时任筹备会秘书处副处长的王仲方回忆第一届政协全体会议代表出席的场景说,宋庆龄从住处乘车而来,下车后即由罗叔章、邹韬奋夫人沈粹缜陪同来到报到处。56岁的宋庆龄"步履轻快,庄重和蔼,激动而不外露,使人敬重",签字时抿着嘴唇有些紧张;"七君子"中的沈钧儒、史良、章乃器、沙千里等人受到众人关注,沈钧儒虽然年长,胡子又长,但走路和上台阶都比别人轻快;邵力子情绪特好,不断含笑与朋友打招呼;梅兰芳是最受瞩目者之一,脱去戏装后依然风采照人。②

大会选举毛泽东、朱德、李济深、沈钧儒、郭沫若担任执行主席,并产生89人组成的主席团,中共方面有毛泽东、刘少奇、周恩来、林伯渠、董必武、陈云、彭真等7人,林伯渠任秘书长。主席团产生31人组成的常委会:毛泽东、刘少奇、周恩来、林伯渠、李济深、谭平山、蔡廷锴、张澜、沈钧儒、章伯钧、黄炎培、陈叔通、郭沫若、马寅初、张奚若、马叙伦、高岗、陈毅、乌兰夫、朱德、贺龙、刘伯承、罗荣桓、张云逸、李立三、蔡畅、茅盾、刘格平、陈嘉庚、宋庆龄、赛福鼎。

---

① 孙小礼:《第一届政协秘书处工作琐忆》,载《炎黄春秋》2009年第9期。
② 王仲方:《特别时刻的特殊记忆——我亲历的新政协筹备会》,载《同舟共济》2009年第10期。

中国人民政治协商会议第一届全体会议会场（新华社 提供）

在林伯渠宣布出席会议的单位、代表人数、大会日程和当日执行主席等组织事项后，时针正指向晚7时，毛泽东作为大会执行主席，正式宣布："中国人民政治协商会议，现在开幕。"军乐队齐奏中国人民解放军进行曲，同时在场外鸣放礼炮54响。全体代表起立，热烈鼓掌达5分钟之久。

毛泽东致开幕词，在扼要地叙述了这次会议召开的历史条件、任务之后，极为豪迈地宣布：

> 诸位代表先生们，我们有一个共同的感觉，这就是我们的工作将写在人类的历史上，它将表明：占人类总数四分之一的中国人从此站立起来了……
> 我们的民族将从此列入爱好和平自由的世界各民族的大家庭，以勇敢而勤劳的姿态工作着，创造自己的文明和幸福，同时也促进世界的和平和自由。我们的民族将再也不是

一个被人侮辱的民族了,我们已经站起来了。①

毛泽东讲话声音洪亮清晰,令人精神振奋。他所讲的每一句话,几乎都引起热烈的掌声。据统计,这个不太长的讲话,鼓掌多达41次,有的掌声长达4分钟。

宋庆龄也做了热情洋溢的讲话,对新中国成立的意义、前景、中国共产党的历史贡献等给予了高度赞扬。宋庆龄说:

> 今天,中国是一个巨大的动力,中国的人民在前进,在革命的动力中前进。这是一个历史的跃进,一个建设的巨力,一个新中国的诞生!我们达到今天的历史地位,是由于中国共产党的领导。这是唯一拥有人民大众力量的政党。孙中山先生的民族、民权、民生三大主义的胜利实现,因此得到了最可靠的保证……
>
> 同志们,让我们现在就着手工作,建立一个独立、民主、和平与富强的新中国,和全世界的人民联合起来,实现世界的持久和平。②

张澜、黄炎培也做了激情四溢的讲话,盛赞新中国的成立是意义最伟大最光荣的记录,其中黄炎培用"新大厦"来比喻新中国,激情洋溢,浪漫恳切:

> 我们兴奋了,我们这一群人,今天在中国共产党毛主席领导之下,要从地球几万万年一部大历史上边,写出一篇意义最伟大最光荣的记录,它的题目,就是中国人民政治协商

---

① 毛泽东:《中国人从此站立起来了》(1949年9月21日),见《毛泽东文集》(第五卷),人民出版社1996年版,第343—344页。

② 杨建新、石光树、袁廷华编著:《五星红旗从这里升起——中国人民政治协商会议诞生记事暨资料选编》,文史资料出版社1984年版,第314、316页。

会议开幕。

我们要在这中国人民政治协商会议中间，在东半个地球大陆上边，建造起一所新的大厦来。这一所新的大厦，已题名了是中华人民共和国，这一所新的大厦，是钢骨水泥的许多柱子撑起来的。这些柱子是什么？第一是中国共产党，还有各民主党派，各人民团体，各地区，人民解放军，各少数民族，国外华侨，和其他爱国分子，就是这些单位的一根一根柱子，这钢骨水泥是什么？就是中国工人阶级，农民阶级，小资产阶级，民族资产阶级，和其他爱国分子的人民民主统一战线。这所新的大厦的基础，是什么？说理论基础罢，就是马克思列宁主义，毛泽东思想。这所新的大厦最高的顶尖上边，飘扬着一面大旗，大旗上写的是什么？是新民主主义。这所新的大厦有多少大？有959万多平方公里。中间住着多少人？有4万万7500多人。连我在内。我们将乘着大厦成立的机会，立刻创设一个工作总机构，就是中华人民共和国中央人民政府。这所新的大厦，在没有建造起来的时候，这一群人常常闹着外来的大强盗，就是帝国主义。家里常常闹着一群小偷，就是官僚资本家和封建地主。中间有一根柱子，它也是当冲的。它给这般外来的大强盗和家里的小偷们破坏它，迫害它，这根柱子是什么？就是民族工商业者们。现在这老的柱子，变成新的柱子了。民族工商业者们嘴里都在邪许！邪许！共同地卖着气力来建造这所新的大厦了。小偷快完全消灭了。大强盗不许进门了。

这所新的大厦的环境，多么美丽！多么伟大！有很高的高山，很大的大水，很多条高山，很多条大水，统统趋向着一个很大的大洋，就是太平洋。太平洋应该是太平的。可是一群小的强盗，想倚靠着大的海盗，来兴风作浪，并且强盗们自己先闹起来了。只有沿太平洋的各国人民自己觉悟起来，才能保障太平洋的太平。

这所新的大厦，有5个大门，每个门上两个大字，让我读起来：独立，民主，和平，统一，富强。

这所新的大厦，周围有很辉煌灿烂的墙壁，墙壁上写着一行一行顶大的大字，就是中国人民政治协商会议共同纲领。①

当日出版的《人民日报》也以大规模的篇幅报道会议盛况，并配发社论《旧中国灭亡了，新中国诞生了！》："中国人民政治协商会议的开幕，是中国光辉灿烂的人民的新世纪的开端。这是全中国人民空前团结的会议。这个会议宣告了旧中国的永远灭亡和新中国的伟大诞生。这个会议，在全世界进步人类为世界和平民主事业与人类美好的未来而进行的伟大斗争中，是一个具有重大意义的永远不可磨灭的贡献。"

人民政协第一届全体会议会期是10天。除26日、28日休会外，其他8天连续开会，均有部分代表发言。21日，是开幕式；22日至25日，设立分组委员会，讨论"政协组织法草案""政府组织法草案""共同纲领草案""宣言草案""国旗、国徽、国都、纪年方案"等事项；27日，正式通过政协组织法、政府组织法、国都、国歌、国旗与纪年议案；29日，正式通过共同纲领、政府副主席与全体委员员额、政协与政府选举的规定。

30日下午举行闭幕式，产生一届政协全国委员会，选举中央人民政府主席、副主席及全体委员，通过"会议宣言"和《给全国人民解放军的致敬电》。

下午6时，毛泽东等代表在天安门广场举行人民英雄纪念碑奠基典礼。周恩来代表会议主席团致辞："我们中国人民政治协商会议第一届全体会议为号召人民纪念死者，鼓舞生者，特决定在中华人民共

---

① 《民主建国会常务理事黄炎培的讲话》（1949年9月21日），见中共中央文献研究室编：《中华人民共和国开国文选》，中央文献出版社1999年版，第308—309页。

和国首都北京建立一个为国牺牲的人民英雄纪念碑。现在，1949年9月30日，我们全体代表在天安门外举行这个纪念碑的奠基典礼。"之后，全体代表脱帽静默致哀。默哀毕，毛泽东宣读碑文：

  三年以来，在人民解放战争和人民革命中牺牲的人民英雄们永垂不朽！
  三十年以来，在人民解放战争和人民革命中牺牲的人民英雄们永垂不朽！
  由此上溯到一千八百四十年，从那时起，为了反对内外敌人，争取民族独立和人民自由幸福，在历次斗争中牺牲的人民英雄们永垂不朽！

之后，毛泽东大声说道：请各单位首席代表到前面来！首席代表们排着队，每人用铁锹铲土奠基。奠基完毕，又回到会场，宣布中央人民政府主席、副主席、委员的选举结果。在全体代表热烈的欢呼和掌声中，朱德副主席致简短的闭幕词后，大会在《义勇军进行曲》的国歌声中庄严闭幕。

第三节　建立中华人民共和国

中国人民政治协商会议第一届全体会议讨论通过了《中国人民政治协商会议共同纲领》(简称共同纲领)、《中华人民共和国中央人民政府组织法》《中国人民政治协商会议组织法》。作为新中国的人民大宪章，共同纲领在一个时期内起着临时宪法的作用。这期间，关于新中国的国名、国家主要政治制度的讨论，充满了民主、热烈、和谐的协商气氛，体现了人民民主新政权的新气象。

一、确定新中国名称

"中华人民共和国"这个名称，在毛泽东和中共中央的讲话、文件中很早就已出现，这是毛泽东的创造，他在多个场合进行了理论论证、政策论证。①1948年1月18日，毛泽东在党内指示《关于目前党的政策中的几个重要问题》的第三部分"关于人民政权"中就明确指出，新民主主义的政权是工人阶级领导的人民大众的反帝反封建的政权。"这个人民大众组成自己的国家(中华人民共和国)并建立代表国家的政府(中华人民共和国的中央政府)。"②

1948年2月15日完稿的《中共中央关于土地改革中各社会阶级的划分及其待遇的规定》(草案)中，毛泽东对中国的社会经济形态、阶级关系和人民民主革命均进行了精辟的分析。指出："中国现阶段的人民民主革命的任务，就是要改变旧的社会经济形态、旧的生产关系以及竖立在其上面的一切社会的、政治的、精神的旧的建筑物，建立新的社会经济形态、新的生产关系以及竖立在其上面的一切社会的、政治的、精神的新的建筑物。""无产阶级、农民及其他劳动人

---

① 《胡乔木回忆毛泽东》，人民出版社2014年版，第563页。
② 毛泽东：《关于目前党的政策中的几个重要问题》(1948年1月18日)，见《毛泽东选集》(第四卷)，人民出版社1991年版，第1272页。

民的任务,是联合自由资产阶级,以人民民主革命的方法推翻帝国主义、封建主义和官僚资本主义的剥削和压迫,建立中华人民共和国。"2月20日,在给刘少奇的电报中,毛泽东特别强调了这个文件的意义,说:"这个文件实际上带着党纲、政纲、政策几重性质。我们如果要取得全国胜利,需要有这样一个文件,党内外才有明确遵循的政治、经济与社会生活的章程。"①

在前述两个重要文件中,对未来的人民共和国国名,毛泽东用的都是"中华人民共和国"。同年4月1日,在晋绥干部会议上的讲话中,毛泽东又一次提出:"在土地改革和整党的伟大的群众斗争中,教育了和产生了成万的积极分子和工作干部。他们是联系群众的,他们是中华人民共和国的极可宝贵的财富。"②

但1948年下半年后,毛泽东对未来的人民共和国国名的表述又变成了"中华人民民主共和国",多了"民主"二字。8月1日在复电香港各民主党派、民主人士时,提出:"现在革命形势日益开展,一切民主力量亟宜加强团结,共同奋斗,以期早日消灭中国反动势力,制止美帝国主义的侵略,建立独立、自由、富强和统一的中华人民民主共和国。"③

为新政协会议准备的相关文件如《关于召开新的政治协商会议诸问题》《新政治协商会议筹备会组织条例草案》《中华人民民主共和国政府组织大纲草案》中,使用的也都是"中华人民民主共和国"国名。

这一时期,"中华人民民主共和国"国名虽然成为主流表达,但毛泽东对此仍有保留。6月15日,在新政协筹备会开幕会上的讲话中

---

① 毛泽东:《中国的社会经济形态、阶级关系和人民民主革命》(1948年2月20日),见《毛泽东文集》(第五卷),人民出版社1996年版,第62页。
② 毛泽东:《在晋绥干部会议上的讲话》(1948年4月1日),见《毛泽东选集》(第四卷),人民出版社1991年版,第1309页。
③ 毛泽东:《复各民主党派与民主人士电》(1948年8月1日),见《毛泽东文集》(第五卷),人民出版社1996年版,第114页。

说：我们要召开政治协商会议，"宣告中华人民民主共和国的成立"；但在讲话末尾，他提到要"建设起一个崭新的强盛的名副其实的人民共和国"①。而高呼的第一个口号又是"中华人民民主共和国万岁！"

第二天，新政协筹备会第一次全体会议通过《新政治协商会议筹备会组织条例》，把"建立中华人民民主共和国政府之方案"列为筹备会一项中心任务，以后筹备会各工作小组起草的有关文件初稿，都沿用了"中华人民民主共和国"名称。6月30日，毛泽东在《论人民民主专政》一文中，只使用了"人民共和国"概念。这表明，毛泽东对于国名有自己的考虑，对会议中间的国名争论还在观察、思考。

当时，《中华人民民主共和国政府组织大纲草案》专有一条"中华人民民主共和国简称中华民国"。围绕这个表述大家看法不一，主要有3种意见。

一是"简称说"。认为"中华人民民主共和国"的国名可用，但太长，必要时可用简称"中华民国"。这一简称应该写入《共同纲领》，而且大家已经习惯了"中华民国"这一称呼。但大多数人不赞成"中华民国"这一简称，认为它不可用，国民党反动派已经将这一简称用坏了，中国人民很反感，新中国应该有新名。有人主张简称"中国"，但也为大多数人反对，认为"中国"是习惯用法，不能成为简称。

二是"节略说"。黄炎培、张志让主张国名简称"中华人民民主国"，节略了"共和"，保留了"人民"和"民主"。其词源依据是，汉语中的"共和国"译自英文"republic"，而"republic"与"democracy"原无实质区别，也可译为"民主国"，只是前者指民主的国家，后者指民主的政治体制。因此，"民主"与"共和"无并列必要。

三是"中华人民共和国说"。张奚若认为："有'人民'，就可以不要'民主'二字，焉有人民而不民主哉？""去掉'民主'二字，从下面的解释也是很容易明白的：是共和而非专制，是民主而非君

---

① 杨建新、石光树、袁廷华编著：《五星红旗从这里升起——中国人民政治协商会议诞生记事暨资料选编》，文史资料出版社1984年版，第247—248页。

主，是人民而非布尔乔亚的国家。"张奚若的意见得到普遍的赞同。另据张治中的女儿张素我的回忆，1949年6月，毛泽东邀集各界人士座谈讨论国家名号问题时，张治中明确表示赞成使用"中华人民共和国"作为国名，他认为"共和"本身包含"民主"的意思，不必再写"民主"了。①

9月7日，周恩来在向新政协代表所做的报告中，对国名问题做了解释：

> 在中央人民政府组织法的草案上去掉了中华人民民主共和国的"民主"二字，去掉的原因是感觉到"民主"与"共和"有共同的意义，无须重复，作为国家还是用"共和"二字比较好。辛亥革命以后，中国的国名是"中华民国"，有共和的意思，但并不完全，可以作双关的解释，而且令人费解。现在我们应该把旧民主主义和新民主主义区别开来。因为在辛亥革命时期，俄国十月革命尚未成功，那时只能是旧民主主义的。在那以后由不完备的旧民主主义进步到完备的新民主主义。今天，为了使国家的名称合乎国家的本质，所以我们的国名应该是中华人民共和国。我们的国家是属于四个民主阶级的人民民主专政，反动的封建阶级、官僚资产阶级的分子不能列入人民的范围。等到他们彻底悔悟和改造后才能取得人民的资格。中国的少数民族也应该包括在中华人民共和国之内，承认他们的自治权。因此，我们认为中华人民共和国这个国名是很恰当的。②

---

① 张素我口述，周海滨撰述：《欣悦与彷徨：张治中父女的家国往事》，中国青年出版社2018年版，第225页。王均伟：《虚怀与兼听》，载《党的文献》2006年第1期。

② 周恩来：《关于人民政协的几个问题》（1949年9月7日），见中共中央统一战线工作部、中共中央文献研究室编：《周恩来统一战线文选》，人民出版社1984年版，第138—139页。

9月22日，董必武在向政治协商会议第一届全体会议报告中央人民政府组织法草拟经过时，再次专门做出说明：

> 张奚若先生以为用中华人民民主国，不如用中华人民共和国。我们现在采用了最后这个名称，因为共和国说明了我们的国体，"人民"二字在今天新民主主义的中国是指工、农、小资产阶级和民族资产阶级四个阶级的人，它有确定的解释，已经把人民民主专政的意思表达出来，不必再把"民主"二字重复一次了。①

1949年9月27日，中国人民政治协商会议第一届全体会议通过《中华人民共和国中央人民政府组织法》，正式将新中国国名确定为"中华人民共和国"。

二、确定共和国基本制度

人民政协会议的一个重要功能是为新中国建章立制，设计国家根本的、基本的政治制度。因此，起草、颁行《中国人民政治协商会议共同纲领》，是建立新中国准备工作的主要任务之一。②

1948年11月25日，受中共中央委托，东北中央局领导人高岗、李富春与到达哈尔滨的民主人士，达成《关于召开新的政治协商会议诸问题的协议》。该协议说：新政协应讨论和决定问题是两项，一是共同纲领问题，一是建立临时中央政府问题。同时，中共中央指示统战部部长李维汉起草《中国人民民主革命纲领草案》，其主要内容也是制定即将诞生的新中国的基本纲领、政策。

1949年6月，新政协筹备会在北平成立，筹备会常委会第三小组

---

① 杨建新、石光树、袁廷华编著：《五星红旗从这里升起——中国人民政治协商会议诞生记事暨资料选编》，文史资料出版社1984年版，第520页。

② 《胡乔木回忆毛泽东》，人民出版社2014年版，第552页。

负责起草共同纲领,由周恩来亲自领导。经过两个月努力,草案完成,定名为《新民主主义的共同纲领》,后改名为《中国人民政治协商会议共同纲领》。9月29日,第一届人民政协全体会议通过,这实际上就是新中国的宪法,具有国家根本法的性质。这个"纲领"草案稿先后进行了4次大的修改,毛泽东都是全程指导、直接而细心地修改。胡乔木对此回忆说:

> 根据有关档案材料,从9月3日至13日,毛主席至少对4次草案稿进行了细心修改,改动总计有200余处。不仅如此,他还亲自校对和督促印刷。9月3日,他写便条:"乔木:纲领共印三十份,全部交我,希望今晚十点左右交来。题应是《共同纲领》。"当把框架基本定型并第一次正式称作《中国人民政治协商会议共同纲领》的草案稿送到他那里以后,他立即动笔逐字、逐句、逐段修改,并在竖写的题目左侧亲笔加上"(一九四九年九月五日,初稿)"的字样。9月5日晚,毛主席修改后的稿本送去付印,不久,又接到主席的便条指示:"乔木:今晚付印的纲领,请先送清样给我校对一次,然后付印。"第二天,他把校对过的清样交下,指示:"照此改正,印成小册子一千本。"他在改过9月11日稿后又批示,"乔木:即刻印一百份,于下午六时左右送交勤政殿齐燕铭同志,但不要拆版,俟起草小组修正后,再印1000份。"①

共同纲领分《序言》和《总纲》《政权机构》《军事制度》《经济政策》《文化教育政策》《民族政策》《外交政策》7章60条7000余字。

关于国体和政体,共同纲领规定:"中华人民共和国为新民主主义即人民民主主义的国家,实行工人阶级领导的、以工农联盟为基础

---

① 《胡乔木回忆毛泽东》,人民出版社2014年版,第562页。

的，团结各民主阶级和国内各民族的人民民主专政的国家。""中华人民共和国的国家政权属于人民"，"人民行使国家政权的机关为各级人民代表大会和各级人民政府"，"各级政权机关一律实行民主集中制"。

共同纲领规定，人民代表大会制度的根本组织原则是民主集中制，人民代表大会是最高权力机关，议行合一，人民政府由其产生并对其负责，这不同于西方国家和国民党统治的"三权分立制度"。董必武对此专门做了说明：

> 民主集中原则的提出，正是针对着旧民主主义三权分立的原则。欧美资产阶级故意把他们专政的政府分为立法、行政与司法三个机体，使之互相矛盾，互相制约，以便于他们操纵政权。旧民主主义的议会制度是资产阶级中当权的一部分人容许另一部分少数人，所谓反对派，在议会讲台上去说空话，而当权者则紧握着行政权柄，干有利于本身统治的工作。这是剥削阶级在广大人民面前玩弄手腕、分取赃私，干出来的一种骗人的民主制度。司法是最精巧的统治工具，同样是为当权的阶级服务的。我们不要资产阶级骗人的那一套，我们的制度是议行合一的，是一切权力集中于人民代表大会的政府。①

关于人民军队和军事建设，共同纲领规定："中华人民共和国建立统一的军队，即人民解放军和人民公安部队。""加强现代化的陆军，并建设空军和海军，以巩固国防"；"实行民兵制度，保卫地方秩序，建立国家动员基础，并准备在适当时机实行义务兵役制。"

---

① 董必武：《关于草拟中华人民共和国中央人民政府组织法的经过及其基本内容的报告》（1949年9月22日在中国人民政治协商会议第一届全体会议上），见杨建新、石光树、袁廷华编著：《五星红旗从这里升起——中国人民政治协商会议诞生记事暨资料选编》，文史资料出版社1984年版，第521页。

关于经济建设的根本方针，共同纲领规定："以公私兼顾、劳资两利、城乡互助、内外交流的政策，达到发展生产、繁荣经济之目的。"国家应多方面"调剂国营经济、合作社经济、农民和手工业者的个体经济、私人资本主义经济和国家资本主义经济，使各种社会经济成分在国营经济领导之下，分工合作，各得其所，以促进整个社会经济的发展。"

关于文化教育，共同纲领规定："中华人民共和国的文化教育为新民主主义的，即民族的、科学的、大众的文化教育。"人民政府的文化教育工作，应以"提高人民文化水平、培养国家建设人才"等和"发展为人民服务的思想"为主要任务；"提倡爱祖国、爱人民、爱劳动、爱科学、爱护公共财物为中华人民共和国全体国民的公德"。

关于民族政策，共同纲领规定："中华人民共和国境内各民族一律平等，实行团结互助，反对帝国主义和各民族内部的人民公敌，使中华人民共和国成为各民族友爱合作的大家庭。""各少数民族聚居的地区，应实行民族的区域自治。"

关于外交政策，共同纲领规定：外交原则是"保障本国独立、自由和领土主权的完整，拥护国际的持久和平和各国人民间的友好合作，反对帝国主义的侵略政策和战争政策。"

概而言之，共同纲领明确规定：中华人民共和国实行工人阶级领导的、以工农联盟为基础的人民民主专政（即国体），实行民主集中制的人民代表大会制度（即政体），实行中国共产党领导的多党合作的政治协商制度（即政党制度），实行多民族国家和单一制国家中的民族区域自治制度（即国家结构形式）。

10月1日，《人民日报》发表社论《中华人民共和国万岁》，指出："中国人民政治协商会议所通过的共同纲领，是全国人民意志和利益的集中表现，是革命斗争经验的总结，也是中华人民共和国在相当长的时期内的施政准则……这原本是中国共产党的最低纲领，即新民主主义纲领，现在已被各民主党派、各人民团体、各民主阶级、各少数民族、海外华侨及其他爱国民主分子所一致接受，成为新中国的建设蓝图……我们相信这个纲领一定能在最近数年内完满地实现。"①

关于新中国国家政权的特点,刘少奇代表中共中央在向斯大林和联共(布)中央报告时特别做了说明:中国的人民民主专政,与列宁在一九〇五年至一九〇七年革命中所提出的"工农民主专政"有共同点,但也有区别点。以无产阶级为领导,工农联盟为基础,这是共同点。但中国人民民主专政包括愿意反对帝国主义、封建主义和官僚资本势力的自由资产阶级的代表和派别在内,这是区别点。这是由于中国是一个半殖民地国家,我们在革命中及革命后一个相当长的时期内需要集中力量去对付帝国主义及其走狗,以及由于中国民族资产阶级的特点所产生的。中国人民民主专政的形式,是人民代表会议制,这不是资产阶级式的议会制,而近于苏维埃制,但与无产阶级专政的苏维埃制也有区别,因为民族资产阶级的代表是参加人民代表会议的。中国人民民主专政,有它的外部矛盾与内部矛盾,有它的外部斗争与内部斗争。所谓外部矛盾与外部斗争,就是它与帝国主义、封建主义、官僚资本主义及国民党残余势力的矛盾和斗争。这在推翻国民党政权以后一个相当长的时期内仍然是存在的,并且仍然是主要的矛盾和斗争。所谓内部矛盾与内部斗争,就是人民民主专政内部各阶级间各党派间的矛盾和斗争,这在今后将会逐渐加紧,但与外部矛盾比较,在一个相当长的时期内,将仍然处于次要的服从的地位。由于中国的落后,交通不便,过去帝国主义的势力范围与封建势力的割据,全国统一的经济体系尚未形成,在目前,实行过分的中央集权制,我们认为是不正确的和有害的。②

---

① 杨建新、石光树、袁廷华编著:《五星红旗从这里升起——中国人民政治协商会议诞生记事暨资料选编》,文史资料出版社1984年版,第570—571页。

② 刘少奇:《代表中共中央给联共(布)中央斯大林的报告》(1949年7月4日),见中共中央文献研究室编:《建国以来刘少奇文稿》(第一册),中央文献出版社2005年版,第6—8页。

三、组建中央人民政府

1949年9月30日，第一届政协全体会议选举产生了第一届全国委员会，由180人组成，毛泽东被选为中央人民政府主席，朱德、刘少奇、宋庆龄、李济深、张澜、高岗为副主席，陈毅、贺龙、李立三等56人为委员。

这些委员当选，可谓众望所归，毛泽东当选为中央人民政府主席，更是代表们和全国人民的共同愿望，副主席人选倒是有些争议，主要是高岗的入选。毛泽东推荐高岗担任，认为高岗当年参与创建陕北红军、陕北根据地，对中央红军顺利落脚、中国共产党发展壮大起到了极为重要的作用，这个历史贡献是应该肯定的。对此，王仲方回忆说：

> 选高岗做副主席，在中共代表团有不同意见。有人认为从资历、贡献说，党内比高岗更适合的大有人在，有人提出李富春就比高岗适合。后来毛泽东出来说：高岗定为副主席人选，是他提出的，理由是红军经过二万五千里长征到达陕北，陕北根据地为中央提供了生聚和教训的地方。中国革命取得今天的胜利，包括延安在内的陕北根据地起了极大的作用。因此，选高岗为副主席，正是肯定陕甘宁边区的历史贡献，正是向陕北人民表示最大的敬意，这是不能以论资排辈考虑的。中共代表团接受了毛泽东的提议和解释。[1]

1949年10月1日下午，新选出的中央人民政府委员会在中南海勤政殿举行第一次会议，宣布就职。会议一致决议接受《中国人民政治协商会议共同纲领》为本政府的施政方针；推选林伯渠为中央人民

---

[1] 王仲方：《特别时刻的特殊记忆——我亲历的新政协筹备会》，载《同舟共济》2009年第10期。

政府委员会秘书长，任命周恩来为中央人民政府政务院总理兼外交部部长，毛泽东为中央人民政府人民革命军事委员会主席，朱德为人民解放军总司令，沈钧儒为中央人民政府最高人民法院院长，罗荣桓为中央人民政府最高人民检察署检察长，并责成他们从速组成各项政府机关，推行各项政府工作。①

中华人民共和国的国家体制与苏联联邦制的国家体制不同。苏联当时有16个加盟共和国，每个加盟共和国在中央政府内有1位副主席，因此，组成中央政府的主席团，苏联共和国实行主席团制、常委会制。对此，周恩来指出，我国虽是多民族国家，但汉族占国家人口的最大多数，达4亿多人；少数民族总共不到全国人口的10%，因此，实行民族平等的民族自治，不实行多民族联邦制。②

1949年10月9日，人民政协第一届全国委员会第一次会议产生全国政协常委会。

主席：毛泽东

副主席：周恩来、李济深、沈钧儒、郭沫若、陈叔通

秘书长：李维汉

常务委员：毛泽东、刘少奇、周恩来、李维汉、李济深、王昆仑、蒋光鼐、张澜、沈钧儒、章伯钧、黄炎培、陈叔通、章乃器、郭沫若、马叙伦、张奚若、杨秀峰、乌兰夫、朱德、林彪、刘宁一、邓颖超（女）、冯文彬、沈雁冰、梁希、吴鸿宾、陈嘉庚、邵力子

人民政协的党派构成，体现了坚持中国共产党领导、多党合作、团结协商的政治特色。

10月19日，中央人民政府委员会第三次会议通过政务院及所辖

---

① 《中华人民共和国中央人民政府成立公告》，载《人民日报》，1949年10月2日。另见中共中央文献研究室编：《中华人民共和国开国文选》，中央文献出版社1999年版，第389—390页。

② 周恩来：《关于人民政协的几个问题》（1949年9月7日），见中共中央统一战线工作部、中共中央文献研究室编：《周恩来统一战线文选》，人民出版社1984年版，第139—140页。

委、部负责人名单。21日,周恩来主持召开政务院第一次会议,政务院宣布成立。下设政治法律、财政经济、文化教育、人民监察4个委员会,并设有内务、外交、财政、公安、交通、农业、科学、文化、教育等30个工作部门。

政务院组成人员:

总理:周恩来

副总理:董必武、陈云、郭沫若、黄炎培

政务委员:谭平山、谢觉哉、罗瑞卿、薄一波、曾山、滕代远、章伯钧、李立三、马叙伦、陈劭先、王昆仑、罗隆基、章乃器、邵力子、黄绍竑

秘书长:李维汉

政治法律委员会主任:董必武

财政经济委员会主任:陈云

文化教育委员会主任:郭沫若

人民监察委员会主任:谭平山

内务部部长:谢觉哉

外交部部长:周恩来(兼)

公安部部长:罗瑞卿

财政部部长:薄一波

贸易部部长:叶季壮

重工业部部长:陈云

燃料工业部部长:陈郁

纺织工业部部长:曾山

食品工业部部长:杨立三

轻工业部部长:黄炎培

铁道部部长:滕代远

邮电部部长:朱学范

交通部部长:章伯钧

农业部部长:李书城

水利部部长：傅作义
林垦部部长：梁希
劳动部部长：李立三
文化部部长：沈雁冰
教育部部长：马叙伦
卫生部部长：李德全
司法部部长：史良
法制委员会主任委员：陈绍禹（王明）
民族事务委员会主任委员：李维汉
华侨事务委员会主任委员：何香凝
科学院院长：郭沫若
情报总署署长：邹大鹏
海关总署署长：孔原
新闻总署署长：胡乔木
出版总署署长：胡愈之
中国人民银行行长：南汉宸

中央人民政府副主席6名，民主人士3名，占50%；委员56名，民主人士27名，占48%；政务院副总理4名，民主人士2名，占50%；政务委员15名，民主人士9名，占60%；政务院所辖机构负责人93名，民主人士42名，占45%。

第四节　确立新中国象征与标志

国旗、国徽和国歌，是一个国家的象征，也是一个政权的标志。1949年9月27日，中国人民政治协商会议第一届全体会议通过北平为中华人民共和国首都，将北平改名为北京，决定采用公元纪年，以《义勇军进行曲》为代国歌，国旗为五星红旗，象征全国人民在共产党领导下的大团结。国徽通过较晚，是在1950年6月23日一届政协二次会议上通过的。

一、确定五星红旗为国旗

国旗是现代国家的象征与符号，也是一个国家动员民众、政治传播的重要媒介。我国古代没有国旗一说，直到晚清时期国旗才引入中国。当时为便利与外国交流，尤其是航运业的需要，清政府总理各国事务衙门与曾国藩等人商议后，奏请同治皇帝批准，1866年确定了中国第一面国旗即"大清黄龙旗"。该面"国旗"为斜幅三角形，是曾国藩建议的，为避免对皇权的僭越，就将黄色龙旗削去一角。[①]

1912年中华民国成立，确定"五色旗"为国旗。五色旗的样式仿照法国、俄国的三色旗，旗面按顺序为红、黄、蓝、白、黑五色横长方条，自上而下排列，分别表示汉、满、蒙、回、藏五族共和。国民党执政后，1928年11月2日，国民政府第五次国务会议通过《中华民国国徽国旗法》，以青天白日为国徽，青天白日满地红旗为国旗。1946年12月25日，国民大会通过所谓的"中华民国宪法"，其第六条规定："中华民国国旗定为红地，左上角青天白日。"这实际上是将国民党党旗国旗化。

---

① 施爱东：《中国龙的发明——16—20世纪的龙政治与中国形象》，生活·读书·新知三联书店2014年版，第140页。

新中国成立在即，新中国的国旗、国徽、国歌方案设计也提上了议事日程。6月16日，新政协筹备会常务委员第一次会议决定成立第六小组，负责拟订国旗、国徽、国歌方案，组长由马叙伦担任，副组长是叶剑英和沈雁冰（茅盾）。

7月4日，该小组举行第一次会议，决定翦伯赞、蔡畅、李立三、叶剑英、田汉、郑振铎、廖承志、张奚若8人组成国旗国徽初选委员会，叶剑英为召集人；田汉、沈雁冰、钱三强、欧阳予倩、郭沫若5人组成国歌词谱初选委员会，郭沫若为召集人。会议决定，向全国公开征求国旗、国徽图案及国歌词谱。

会后拟的征集启事，经周恩来审批后，7月10日送新政治协商筹备会常委会批准，7月14日由《人民日报》《北平解放报》《新民报》《大众日报》《光明日报》《进步日报》《天津日报》连续刊登8天，公开通告全国。国内各报、香港及海外各华侨报纸也都有转载。①

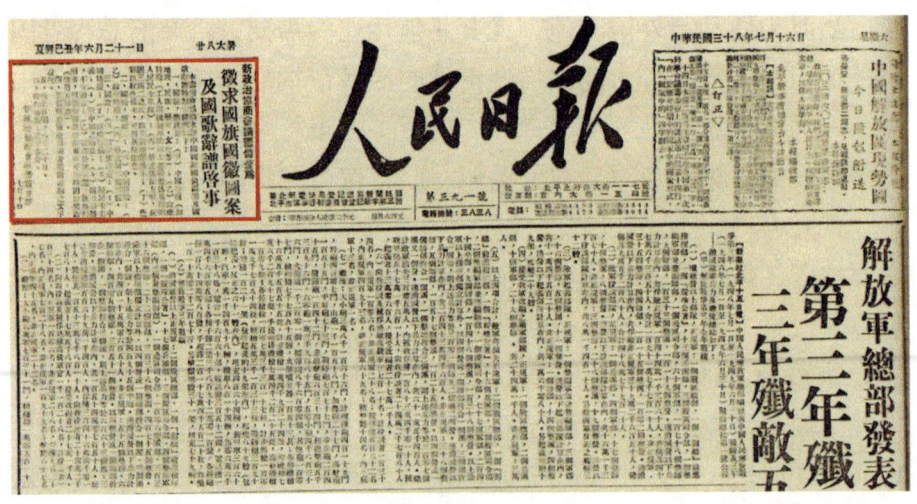

1949年7月16日，《人民日报》刊发《新政治协商会议筹备会为征求国旗国徽图案及国歌辞谱启事》

---

① 彭光涵：《开国前的准备——国旗、国徽、国歌、纪年、国都的诞生》，载《协商论坛》2007年第10期。彭光涵时任一届政协国旗、国歌、国徽、国都、纪年方案审查委员会秘书。

启事对国旗图案的要求是：有中国特征，如地理、民族、历史、文化等；有政权特征，体现工人阶级领导的以工农联盟为基础的人民民主专政的国家政权性质；形式为长方形，长宽比例为3∶2，以庄严简洁为主；色彩以红色为主，可用其他配色。

应征稿非常踊跃，国旗图案最多。到截止日8月22日，共收到国旗1920件、图案2992幅，国徽112件、图案900幅，国歌632件、歌词歌谱24封。在这些国旗图案中，主要是4类：一类是镰锤交叉并加五角星，此类最多，有些变体，如镰锤有国际式（即苏联国旗上所用之形式）与中国式的，有将镰锤置于五角星之中，或将旗之左上方作白色或蓝色而置镰锤或五角星于其中的，陈嘉庚就设计了中国式的镰刀斧头图案；二类是嘉禾齿轮并加五角星，或不加五角星，代表工农联盟；三类是以两色或三色之横条或竖条组成旗之本身，而于左上角或中央置镰锤或五角星或嘉禾齿轮的；四类是旗面2/3为红色，1/3为白、蓝、黄各色，而加以红色或黄色的五角星，此类也不少，其变体则为红色旗面，加黄色长条一道或两道，代表黄河、长江等，朱德、郭沫若就设计了此类图案。

第六小组全组组员及参加两个评选委员会的专家们，经过反复审阅，多次讨论，一致认为前三类不合国体，不能采用，较为可供参考挑选的为第四类。小组选评38幅图案按类型编成一册，每幅图案编号但不写作者姓名，分别送给各委员审阅、挑选。当时普遍被看好的是3幅图案：第一幅图案是上面一颗金色的大星，旗下1/3处是一条黄色的横杠；第二幅是上面一颗金色的大星，下面是两条横杠；第三幅是上面一颗大星，下面三条横杠。金色的大星代表中国共产党领导的联合政权，下面的第一条横杠代表黄河，第二条横杠代表长江，第三条横杠代表珠江，意思是中华民族是一个历史悠久的民族，在代表国家的旗上理应有所表现，而长江、黄河和珠江这三条河流都是中华文明的发源地，代表了共产党领导下的新中国。

第六小组见难于形成多数意见，就将各种意见和问题报告新政协筹备会常委会。9月17日，新政治协商会议筹备会第二次会议决议将国旗、国徽、国歌工作移交政治协商会议第一届全体会议主席团。9月22日，政协第一届全体会议通过决议，成立国旗、国徽、国歌、国都、纪年方案审查委员会，并委任55人为审查委员，马叙伦为召集人。

担任审查委员会秘书的彭光涵在这期间，专门把上海现代经济通讯社做秘书工作的曾联松设计的"复字32号"图案给周恩来看，并介绍说："这幅图是在截稿前三两天才收到的。当时马叙伦、田汉、郭沫若等人认为这个图案有新意，美丽大方、简洁，但在五星内有镰锤不好，建议删去后可作为复选稿，印出来的图案是我根据小组意见重新画的图案。4个小星原投稿人的说明词是'代表小资产阶级、中等资产阶级、知识分子和其他民主人士'。第六小组认为这个说明不符合中国国情。……第六小组认为四个小星要根据毛主席上面说的代表4个阶级为好。上午各小组讨论时，不少人对'复字32号'红地五星旗很欣赏，说有中国新政权的特征，表示共产党领导下的四大阶级大团结，我想这面红地五星旗有可能被大家接受。"周恩来听后很满意，要彭光涵按"复字32号"图案画一张大一点的图样，还要做一面大旗，用绸料做，交给他。①

9月23日，出席毛泽东宴请时，张治中借敬酒之机，再次表达他对国旗上有"杠杠"的反对。张治中对毛泽东说：在国旗上画一道杠，有把国土一分为二之嫌；用一条杠子代表黄河也不科学，老百姓会联想到孙猴子的金箍棒。②同日，新政协全体代表分为11个小组讨论征集到的国旗、国徽、国歌等方案，各小组讨论仍难一致。

9月25日晚8时，毛泽东、周恩来在中南海丰泽园召开协商国旗、国歌等问题会议。出席会议的有郭沫若、茅盾、黄炎培、陈嘉庚、张奚若、马叙伦、田汉、徐悲鸿、李立三、洪深、艾青、马寅

---

① 彭援军：《彭光涵：五星红旗诞生的见证者》，载《北京档案》2009年第5期。王建柱：《彭光涵：见证五星红旗的诞生》，载《名人传记》2009年第10期。
② 田书和：《张治中反"分裂"——五星红旗的诞生》，载《文史月刊》2009年第6期。

初、梁思成、马思聪、吕骥、贺绿汀等人。毛泽东指着五星红旗图案说：过去我们脑子里老想在国旗上标出中国特征，因此画一横杠代表黄河，其实许多国家国旗也不一定有什么该国特征，苏联之斧头镰刀，也不一定代表苏联特征，哪一国都可以有同样的斧头镰刀；英、美等国的国旗也没有什么该国的特征。代表国家特征可在国徽上表现出来。大家都说这个图案好，中国的革命胜利就是在共产党领导下以工、农为基础，团结了小资产阶级、民族资产阶级，共同斗争取得的，这是中国革命的历史事实。今后还要共同努力进行社会主义建设，我看这个图案反映了中国革命的实际，表现了我们革命人民大团结。现在要团结，将来也要团结，我看这个图案是较好的国旗图案。毛泽东说完后大家一致热烈鼓掌表示赞同。其他人发言都赞成"复字32号"国旗图案，并热烈鼓掌通过。①

9月27日，周恩来在一届政协第一次全体会议上庄严宣布："把这个'红色象征革命，五颗黄星的象征'都去掉，就直截了当地叫作'中华人民共和国的国旗为五星红旗'，象征中国革命人民大团结！"代表们举手表决，一致通过中华人民共和国的国旗为红地五星旗，象征中国革命人民大团结。会后，胡乔木、梁思成、彭光涵立即重新写出国旗制法说明，做到国旗制作标准化。28日，一届政协一次会议主席团公布了该说明，确定了五星红旗的标准图案。至此，五星红旗正式成为新中国的国旗。②

关于五星国旗的设计过程，曾联松这样回忆说：

> 我首先考虑到中国共产党是中国人民的救星，于是以大五角星象征伟大的中国共产党。进而考虑到广大人民在党的领导下，团结战斗，艰苦奋斗，前仆后继，不断地取得胜利，因此以4颗小星象征广大人民（当时所指人民的范围，

---

① 彭光涵：《开国前的准备——国旗、国徽、国歌、纪年、国都的诞生》，载《协商论坛》2007年第10期。彭光涵出席了本晚会议，并指定为会议记录。

② 本书撰写组：《五星红旗》，华艺出版社2010年版，第13—14页。

中华人民共和国国旗设计者曾联松对少年儿童进行爱国旗、爱祖国的教育（张耀智 摄，新华社 提供）

包括工人阶级、农民阶级、城市小资产阶级和民族资产阶级）。每颗小星各有一个角尖正对大星的中心点，表达亿万人民心向共产党之意，也借此表达政权特征。

5颗星所形成的椭圆形，如秋海棠叶子似的，象征我国疆土领域，以体现地理特征。其中4颗小星也含有祖国4000年历史（有文字以来）及其灿烂文化的特征。星呈黄色，因中华民族属黄色人种，表达了民族特征。

就五星的安置来说，设计时颇费推敲。若置于旗面的正中，虽然端庄，但天地不宽，局促凝滞。置于旗面的左上方，则豁然开朗，似闪闪星辰，金碧辉煌，高悬苍穹，天地异常寥廓。

就色彩来说，红色表示热烈，象征革命似红霞一片。配以黄色五星，光明灿烂，文彩斑斓。

这样整个图案庄严而显华丽，简洁而不单调，雍容而具气势，明朗而不萧疏。这就是我当年设计构思的基本情况。①

---

① 曾联松：《我是怎样设计五星红旗的》，载《瞭望》1984年第40期。

女工赵文瑞接到为新中国缝制第一面五星红旗的任务后,在北池子一个四合院里铺上草席,开始缝制一面长5米、宽3.33米的国旗,送到政协会场怀仁堂展示。

北平市国营永茂公司业务科的宋树信也接到缝制国旗的任务,他来到瑞蚨祥找到了唯一一卷3米多长、不到2尺宽的黄缎子,又来到一家叫新华缝纫社的店铺,连夜用缝纫机赶制。当做到一半时,发现黄缎子的宽度不够,做不了最大的五角星,需要拼接一个角,经请示同意在大五星的一个角上接一个尖。等到缝制好两面特大规格国旗时,已是10月1日凌晨。宋树信负责缝制的这两面国旗都用在了开国大典上,一面直接升起,一面由聂荣臻指示护旗的战士用绳子系起,隐蔽在旗杆一边,以防万一电动升旗装置出现故障,随时准备改用人工升旗。[①]

9月29日,《人民日报》在头版刊发了《国旗制法说明》。

二、确定《义勇军进行曲》为代国歌

中国历史上曾有几首所谓的国歌。1896年,李鸿章作为外交特使出访西欧和俄罗斯,曾以一首七律配乐作为国歌:"金殿当头紫阁重,仙人掌上玉芙蓉。太平天子朝天日,五色云车驾六龙。"这首"国歌"后被称为《李中堂乐》。1911年晚清政府规定《巩金瓯》为国歌:"巩金瓯,承天帱,民物欣凫藻。喜同袍,清时幸遭,真熙皞,帝国苍穹保。天高高,海滔滔。"

1912年1月1日,南京临时政府颁布中华民国国歌:"亚东开化中华早,揖美追欧,旧邦新造。飘扬五色旗,民国荣光,锦绣山河普照。我同胞,鼓舞文明,世界和平永保。"1915年,袁世凯篡立中华大帝国,启用《中华雄踞天地间》为国歌:"中华雄踞天地间,廓八埏,华胄从来昆仑巅。江湖浩荡山绵连,勋华揖让开尧天,亿万

---

① 本书撰写组:《五星红旗》,华艺出版社2010年版,第33—34页。

年。"1920年，段祺瑞执政府将《尚书》中的《卿云歌》选作国歌："卿云灿兮，纠缦缦兮。日月光华，旦复旦兮。"1930年，国民党政府又将《三民主义歌》作为国歌："三民主义，吾党所宗；以建民国，以进大同。咨尔多士，为民前锋；夙夜匪懈，主义是从。矢勤矢勇，必信必忠；一心一德，贯彻始终。"

1949年7月16日，《人民日报》刊登《新政治协商会议筹备会为征求国旗国徽图案及国歌辞谱启事》，其中要求国歌歌词应注意中国特征、政权特征、新民主主义、新中国之远景和限用语体、不宜过长5个基本要求；歌谱于歌词选定后再行征求，但应征国歌歌词者亦可同时附以乐谱，必须用五线谱。

截至1949年8月24日，第六小组共收到国歌词谱投稿数百首，经初选、复选等程序，选出其中较好的歌词13首，编印《应征国歌歌词复选集（一）》交付讨论，在这个讨论送审稿上歌词一律不注姓名，以登记编号顺序编码。

9月25日协商座谈会上，马叙伦首先介绍国歌议论情况，说，新政府就要成立，国歌目前还制定不出来，是否暂时用《义勇军进行曲》为国歌。周恩来当即表示支持说，这支歌曲很雄壮，很豪迈，有革命气概，而且节奏鲜明，适合演奏。李立三认为歌词中有"中华民族到了最危险的时候"不妥，最好修改一下，田汉、郭沫若也要求把歌词进行修改。张奚若、梁思成则认为这是历史的产物，为保持其完整性，词曲最好不做修改，并举法国的《马赛曲》为例，可以保持历史的连续性。黄炎培也觉得词不改更好些。刚从国外回来的宗教界代表刘良模介绍了《义勇军进行曲》在国外传播情况后，认为《义勇军进行曲》获得了国内外人民一致颂扬，在国际上有它的影响，应采用作国歌："国歌代表一个国家，代表一个国家的民族精神。因此，它应当在民族解放斗争中产生，在斗争中得到人民大众的承认，远非大诗人、大音乐家的人工急就章所能代替，依我看，《义勇军进行曲》经受了斗争的考验，足以与法国国歌《马赛曲》媲美，完全可以选作新中国国歌。"

周恩来说，要么就用旧的歌词，这样才能激励感情，修改了唱起来就不会有那种感情了。我们面前还有帝国主义反动派，我们的建设愈进展，敌人愈嫉恨我们，想办法破坏我们。你能说就不危险了吗？倒不如留下这句词，使我们耳边警钟长鸣的好。

《义勇军进行曲》词作者田汉

《义勇军进行曲》曲作者聂耳

最后，毛泽东综合与会者意见说：大家都认为以《义勇军进行曲》作国歌，意见比较一致，我看就这样定下来吧。会议结束时，毛泽东、周恩来和大家一起放声高唱《义勇军进行曲》。毛泽东后来在一份有关国歌的文件上批示："拟用，居安思危。"①

三、新中国成立后确定了国徽

对于国徽，《新政治协商会议筹备会为征求国旗国徽图案及国歌辞谱启事》要求设计时要突出中国特征、政权特征，形式须庄严富丽。

---

① 顾育豹：《中华人民共和国国歌诞生的曲折经历》，载《铁军》2009年第9期。向延生：《中华人民共和国国歌诞生记》，载《人民日报》，1995年10月15日。

由于当时还没有找到理想的图案，毛泽东建议：国旗决定了，国徽是否可慢一点决定，原小组还继续设计，等将来交给政府去决定。

国徽方案在新中国成立后由清华大学梁思成、林徽因等8位建筑学家设计的方案获得肯定。到1950年6月15日，中央美术学院张仃等人向一届政协二次会议提交了《国徽应征图案说明书》，说明国徽图案的象征意义：红色齿轮、金色嘉禾，象征工农联盟；齿轮上方，置五角红星，象征中国共产党的领导；齿轮、嘉禾下方结以红带，象征全国人民大团结，国家富强康乐；天安门作为富有革命历史意义的代表性建筑物，是中国5000年文化的象征，是伟大、坚强、英雄祖国的象征。

6月23日，一届政协二次会议讨论通过中华人民共和国国徽。8月18日，中央工艺美术学院教授高庄完成国徽模型塑造。9月20日，毛泽东签署中央人民政府命令，公布了国徽图案及说明："国徽的内容为国旗、天安门、齿轮和麦稻穗，象征中国人民自五四运动以来的新民主主义革命斗争和工人阶级领导的以工农联盟为基础的人民民主专政的新中国的诞生。"

1950年国庆一周年前夕，东城汪家胡同慧照寺18号大庭木工厂制作的第一枚木质中华人民共和国国徽，高高悬挂到天安门城楼上。

第五章

奠基立业：新中国屹立世界东方

1949年9月30日，中国人民政治协商会议第一届全体会议胜利闭幕。10月1日下午，首都北京30万军民在天安门广场举行开国大典，毛泽东主席庄严宣告中华人民共和国中央人民政府成立，标志着中国新民主主义革命已经取得伟大胜利，标志着中国人民受奴役受压迫的半殖民地半封建时代已经过去，中国已经成为一个新民主主义的国家，中国历史从此进入一个人民当家做主的新时代，中华民族的发展从此开启了新的历史纪元。

第一节 "一边倒"的外交方针

在解放战争后期中共中央就开始了独立自主的外交探索。

首先是对国际形势的判断。毛泽东认为，第二次世界大战结束后，世界局势将进入美苏对抗，国民党政府鼓吹的美苏之间"第三次世界大战"不会发生，二者战争打不起来；美苏对抗中将产生"中间地带"，美国会主动侵略这些国家，美苏会有相当程度的妥协，苏联会要求世界各国人民跟着妥协，中国处于中间地带，但共产党要丝毫不动摇，解放区人民、新中国人民要动员起来，坚决斗争，并提出了"帝国主义是纸老虎"的著名判断。对此，胡乔木评价说毛泽东的这些判断非常英明。

> 毛主席对战后国际局势的判断是非常英明的。美国同苏联的矛盾不是那么严重，主要是同第三世界的矛盾发展了。毛主席讲的中心问题还是中国问题。战后，同美国做斗争最尖锐的恐怕还是中国。毛主席有洞察能力，不被美国表面的气势汹汹所蒙蔽，不被喧嚣一时的议论所迷惑。①

其次是"破"，即"不承认政策"，必须取消帝国主义在华的一切特权，必须实现中华民族的独立解放，这是坚定不移的外交立场。不承认外国政府现在派驻中国的代表为正式的外交人员，不承认国民党政府与各国建立的旧的外交关系，也不急于取得帝国主义国家对新中国的外交承认。这个原则使新中国外交工作处于主动地位，有利于突破帝国主义对中华民族屈辱的外交歧视、压迫和欺压，毛泽东将之称为"另起炉灶""打扫干净屋子再请客"。"另起炉灶"，就是同旧中国的屈辱外交彻底决裂，不承认旧中国同其他国家建立的外交关

---

① 《胡乔木回忆毛泽东》，人民出版社2014年版，第90页。

系，要在新的基础上同世界各国建立新的外交关系；"打扫干净屋子再请客"，就是要在彻底清除旧中国遗留下来的帝国主义在华特权和残余势力之后，再请客人进来，以免敌对者"钻进来"捣乱。

最后是"立"，即"一边倒"，站在社会主义一边，成为社会主义阵营的重要力量。"联合世界上以平等待我的民族和人民，共同奋斗。这就是联合苏联，联合各人民民主国家，联合其他各国的无产阶级和广大人民，结成国际统一战线"，共同反对帝国主义的侵略政策和战争政策。

毛泽东、中共中央的外交政策既有坚定的原则立场，又有高度的灵活性。在4月30日以解放军总部发言人的名义发布的《中国人民解放军总部发言人为英国军舰暴行发表的声明》中，毛泽东提出愿意考虑同外国建立外交关系。其时，南京已经解放，但在南京解放之时，以美国驻华大使司徒雷登为代表的多数国家使节却还留在南京没走，而苏联大使却随国民党政府去了广州，这对新中国前夕的外交战略是一个较大考验。

一、别了，司徒雷登

司徒雷登是美国政府驻国民党政府的最后一任大使。司徒雷登是一个中国通，长期担任燕京大学校长。1949年年初，在国民党政权失败已成定局的情况下，司徒雷登支持扶李倒蒋计划，认为李宗仁的桂系在国民党势力中较为清流，可能会成为国共和谈各方能够接受的力量。

这时美国政府对华的主流对策，一是坚决反共，二是反对腐朽的蒋介石集团，三是寻找代理人，代蒋和谈，争取"划江而治"。在南京政权彻底垮台后，司徒雷登建议美国政府对共产党政权采取观望态度，即不让新中国倒向苏联，使之成为一个独立的共产党国家，实际上是指望中国共产党倒向美国。

在美国1949年年初的国务院政策设计室第39号文件即国家安全

委员会第34号文件中，司徒雷登提出对华政策方案：继续承认现在的国民政府；在国民政府崩溃后根据当时情况决定是否承认中国新政权；"尽可能防止中国变为苏联这个政治、军事大国的附庸"。第41号文件提出了两种具体的对华政策：一是企图通过与中国恢复一般的经济关系，增强那些能导致莫斯科与中共之间的严重分歧的力量，导致"出现一个独立的中共政权"；二是动员西方世界的政治和经济力量，通过恫吓和直接威胁，公开与中共政权做斗争，"使中共彻底孤立于日本和西方世界，以便招致中共政权的被推翻和崩溃"。司徒雷登提出的美国对华政策，实际上是软硬两手。"软"的一手是从中国内战脱身，尽可能把中共与苏联分开；"硬"的一手是继续敌视中国革命，尽可能给中共制造困难。这两手有时交替使用，有时同时并施。但总起来说，继续敌视中国革命是美国对华政策的主导方面。[①]

1949年4月中旬，渡江战役即将展开，国民党政府失败已成定局，南京解放指日可待。司徒雷登认为，南京解放时，美国大使馆等西方主要国家的外交使团继续留在南京或南走广州都有理由，综合考量6项理由，留在南京应是上策。司徒雷登的6项理由：一是一旦共产党人以武力越过长江，国民党在全国范围内实施有效的军事抵抗的可能性极为渺茫。二是外交使团南移广州，会毫无疑问地加强李政府的力量，予其拥护者以道义上的鼓励，但并不能造就南部的抵抗意志。三是使团南移广州，将会对侨民和长江地区的美国利益产生严重影响，美国侨民将认为美国政府无视他们及他们的利益。四是共产党一旦占领长江中下游城市，在南京的外交使团会对共产党有所影响。五是国民党已民心丧尽，尤其一旦李的和平努力失败而蒋介石重新执政，更将不得人心。"若我们随之南撤广州，必将丧失与中国人民的友好关系，而我对中国有识之士的个人影响也将付诸东流，而且我也难以改善处于共产党统治下的中国的美国侨民利益。"六是留在南京

---

① 陶文钊：《1949—1950年美国对华政策与承认问题》，载《历史研究》1993年第4期。

也可能被共产党地方政权置之不理，嗤之以鼻。"那时即可将关系恶化的责任归咎于共产党，而我们也不会失去跟随我们的中国朋友。"①

因此，对于当时美国大使馆的三种"走向"，接受李的请求随李氏飞往广州，还是置李南撤于不顾按兵不动，或者马上由华盛顿召回述职，司徒雷登个人坚持留守南京，静观事态发展，拒绝了前来劝逃的南京政府外交部长叶公超，并要求英国、法国、印度大使一同留守。但是，苏联大使罗申却随李宗仁政权逃到了广州。

4月23日，南京解放。24日，华东中央局负责人知悉司徒雷登仍留在南京，立即将此消息告知中共中央。中共中央极为重视，要求必须严格保护司徒雷登等的人身安全与各国大使馆的安全，并指派司徒雷登的学生黄华来到南京，担任南京市军管会外侨事务处处长。黄华离开北平上任时，周恩来专门指示黄华，可以以私人关系接触司徒雷登。

5月10日，毛泽东为此专门做出指示：黄华可以与司徒雷登见面，以侦察美国政府之意向为目的，见面时多听司徒雷登讲话，少说自己意见，在说自己意见时应根据"李涛声明"②，任何外国不得干涉中国内政，过去美国用帮助国民党打内战的方法干涉中国内政，此项政策必须停止；如果美国政府愿意考虑和我方建立外交关系的话，美国政府就应当停止一切援助国民党的行动，并断绝和国民党反动残余力量的联系，永远不要干涉中国内政。"与司徒雷登谈话应申明是非正式的，因为双方尚未建立外交关系。""对于傅泾波所提司徒雷登愿意继续当大使和我们办交涉并修改商约一点，不要表示拒绝的

---

① ［美］肯尼斯·雷、约翰·布鲁尔编，尤存、牛军译：《被遗忘的大使：司徒雷登驻华报告（1946—1949）》，江苏人民出版社1990年版，第290—291页。

② 指1949年4月30日毛泽东起草的《中国人民解放军总部发言人为英国军舰暴行发表的声明》。发言人李涛当时任中共中央军委作战部长。声明严厉谴责"紫石英号"等英国军舰侵入中国内河长江、炮击人民解放军的暴行，同时表明了即将成立的新中国的对外政策。

态度。"①

  黄华到达南京后,与司徒雷登的个人代表傅泾波、陆志韦等都有接触。6月8日,司徒雷登通过傅泾波向黄华表示,希望按照惯例去北平访问燕京大学,在燕京大学度过生日。中共中央接悉后,同意司徒雷登以私人身份访问燕京大学。司徒雷登将此信息报告美国国务卿,认为如果能够成行,利于了解中共高层意图,"迈向相互谅解的一步""从不利的方面来说,在我返美述职之前到北平去,无疑会在中国引起谣传和猜测,并且可能由于美国人的批评,使国务院处于可想而知的尴尬境地。我的外交使团中的同行们也可能误解,认为美国代表出尔反尔：先是提出一致对付共产党,而现在又率先与它接触。并有可能成为使团团长们以这样或那样的借口纷赴北平的开端。"②

  在这期间,司徒雷登还同民革负责人陈铭枢接触,向中共领导人转达了美方的立场,7月9日,陈铭枢回到南京,向司徒雷登转告了中共中央的外交政策、对美政策,表示中共的既定原则是美国必须先同国民党政权断绝关系,停止援蒋,容忍中共实行结好苏联的政治路线,然后才能同美国进一步谈判。③

  6月30日,毛泽东发表纪念中国共产党成立28周年的文章《论人民民主专政》,全面阐释了中国共产党的思想政治经济基础、内政外交政策,旗帜鲜明地提出"一边倒"：

> 一边倒,是孙中山的40年经验和共产党的28年经验教给我们的,深知欲达到胜利和巩固胜利,必须一边倒。积40年和28年的经验,中国人不是倒向帝国主义一边,就是倒向社会主义一边,绝无例外。骑墙是不行的,第三条道路是

---

  ① 毛泽东：《黄华同司徒雷登谈话应注意的问题》(1949年5月10日),见《毛泽东文集》(第五卷),人民出版社1996年版,第294页。
  ② ［美］肯尼斯·雷、约翰·布鲁尔编,尤存、牛军译：《被遗忘的大使：司徒雷登驻华报告(1946—1949)》,江苏人民出版社1990年版,第307页。
  ③ 经盛志：《司徒雷登滞留南京内情》,载《民国春秋》1991年第2期。

没有的。我们反对倒向帝国主义一边的蒋介石反动派,我们也反对第三条道路的幻想。①

对毛泽东的评论文章,司徒雷登对美国国务卿报告分析说:"我们应该对毛泽东的文章《论人民民主专政》拍手称快,因为它空前明确地表明了中共最高领导人所持的立场。文章以清楚和尖锐的措辞谈到如何将'马列主义科学'应用于中国社会,还以马克思主义观点对中国过去28年的历史做了精辟的论述。根据中国近期的发展,我们没有理由再去琢磨字里行间的言外之意,也没有理由在毛自己确定的各种准则和目标之外,再添枝加叶。在我们看来,毛只不过补充了他以前的著作、他在《新民主主义论》中系统阐述的政治理论,以及自从去年11月刘少奇发表《论民族主义和国际主义》以来,中共在许多重要声明中表达的与苏联团结一致的观点。"②

实际上,美国国务院对司徒雷登与中共的接触也有底线,就是明确表示反对承认中国新政权,要求新中国接受以前帝国主义强加给中国的各种不平等条约,维护美国的在华特权。艾奇逊在5月连电司徒雷登:"我们应当强烈反对对中共政权无论是事实上还是法律上的承认。"艾奇逊说,承认中国的新政权有3个条件:它在事实上控制着国家的领土和行政机关;它既有能力又有愿望承担其国际义务;得到中国人民的普遍认可。这三条要求中第一、三条新中国用自己的胜利已然证实,唯有第二条要求承担所谓的"国际义务",即将原在华的外国特权继续存在,接受帝国主义强加的不平等条约,显然与新中国外交方针根本对立,换言之,司徒雷登的在华使命也就结束了。③

---

① 毛泽东:《论人民民主专政(纪念中国共产党28周年)》(1949年6月30日),见《毛泽东选集》(第四卷),人民出版社1991年版,第1472—1473页。
② [美]肯尼斯·雷、约翰·布鲁尔编,尤存、牛军译:《被遗忘的大使:司徒雷登驻华报告(1946—1949)》,江苏人民出版社1990年版,第308页。
③ 陶文钊:《1949—1950年美国对华政策与承认问题》,载《历史研究》1993年第4期。

7月1日下午，杜鲁门总统打电话给艾奇逊，明确表示反对司徒雷登北上燕大。一小时后，美国国务院向司徒雷登发出了代号为"夜间行动"的电报："根据最高层的指示，你在任何情况下都不得访问北平。"司徒雷登原来提议、得到中共中央同意的访问北平计划因而流产。尽管7月20日司徒雷登再次致电国务院请求，黄华也明确告知毛泽东、周恩来同意他的北行，25日美国国务院仍打电报催促司徒雷登务必于8月2日之前离开中国。美国政府催促司徒雷登回国的主要原因是杜鲁门政府要发表中美关系白皮书（《美国与中国关系——特别是1944年至1949年间的关系》），全面推卸美国政府在华失败的责任。而这个白皮书将在司徒雷登坐上飞往美国的飞机时发表。

正如司徒雷登自己在回忆录中所说："《白皮书》所起的作用是要告诉全世界，依美国政府看来，国民党人已在'内战'中失败了。它不承认美国政策有什么错误，而将一切责任全部归咎于中华民国政府。《白皮书》声称，美国政策对那些'不幸的后果'没有任何责任。它暗示美国对国民政府的支持以及对该政府的生存所应尽的义务已经了结。"①

9月2日上午，任职3年21天的美国驻华大使司徒雷登等8人，分乘一辆小轿车和一辆中吉普车凄惶地飞离了南京。②

关于毛泽东与中共中央此时对与美国等西方资本主义国家建交的态度、主张，胡乔木分析说：

> 那个时候，党中央、毛主席的内部考虑是，在建交问题上，帝国主义提出足以束缚我们手脚的条件，我们当然不能答应。但我们可以采取积极办法争取这些国家的承认，以便我们能够取得合法地位去进行国际活动；也可以等一等，不

---

① [美]司徒雷登著，常汇译：《在华五十年》，海南出版社2010年版，第263页。
② 史守愚：《忆司徒雷登出境》，载《党史纵览》2000年第2期。

急于争取这些国家的承认，以便肃清内部，避免麻烦。两种做法各有利弊。不过，如果帝国主义国家决定采取承认新中国的政策，我们就准备和这些国家建立外交关系。7月初，少奇同志访问苏联时，曾把党中央的上述考虑和基本的意见向苏方做了通报。尽管我们不急于解决帝国主义国家对我国的承认问题，但我们确实也作了在具备条件时与它们建交的准备。这是当时的实际情况。它表明党中央、毛主席是以非常现实的态度来处理外交事务的。新中国成立后，美国迅速宣布继续支持蒋介石，不承认新中国。这样，中美之间根本谈不上建交问题了。①

8月14日至9月16日，《人民日报》连续发表毛泽东写的5篇社论《丢掉幻想，准备斗争》《别了，司徒雷登》《为什么要讨论白皮书？》《"友谊"，还是侵略？》《唯心历史观的破产》，揭露美帝国主义对华政策的实质，批评国内一部分知识分子对美帝国主义的幻想，全面阐释中国革命发生、胜利的原因。毛泽东豪迈地指出：

> 帝国主义者的逻辑和人民的逻辑是这样的不同。捣乱，失败，再捣乱，再失败，直至灭亡——这就是帝国主义和世界上一切反动派对待人民事业的逻辑，他们决不会违背这个逻辑的。这是一条马克思主义的定律。我们说"帝国主义是很凶恶的"，就是说它的本性是不能改变的，帝国主义分子决不肯放下屠刀，他们也决不能成佛，直至他们的灭亡。
> 斗争，失败，再斗争，再失败，再斗争，直至胜利——这就是人民的逻辑，他们也是决不会违背这个逻辑的。这是马克思主义的又一条定律。俄国人民的革命曾经是依照了这

---

① 《胡乔木回忆毛泽东》，人民出版社2014年版，第549页。

条定律，中国人民的革命也是依照这条定律。①

这些社论揭露了美国对华政策的帝国主义本质，论证了资产阶级共和国方案在中国的破产，对中国近代革命的发生和中国革命的胜利，做了理论上的说明。毛泽东同时指示新华社要利用《白皮书》揭露帝国主义阴谋，批判中间阶层、中间派、各阶层中的落后分子、一切还在动摇犹豫的人们的动摇性，教育他们，争取他们站到人民大众的立场上来，丢掉幻想，准备斗争。随之，在各解放区掀起了批判《白皮书》的群众运动。"中共对《白皮书》的批判成为一场中国国耻史、新民主主义革命史的教育运动，成为一场意识形态的教育运动，成为肃清以美国为首的外国帝国主义影响的'打扫干净屋子'的运动。"②

二、刘少奇秘密访苏

5月10日，刘少奇被从天津紧急召回，要他6月准备秘密出访莫斯科，代表中共中央与苏共中央、斯大林谈判。刘少奇访苏责任重大，主要是向斯大林介绍中国革命的进程、性质、任务、发展和前景，中国革命的现阶段状况、特点、历史经验；取得苏联对我国革命的理解以及在各方面的支持和援助，尤其是通过他们争取国际间对中国革命在政治上、道义上的同情和声援，并为毛泽东访苏做准备。刘少奇访苏"是中苏两党间第一次进行的高级会谈，意义重大"③。

---

① 毛泽东：《丢掉幻想，准备斗争》（1949年8月14日），见《毛泽东选集》（第四卷），人民出版社1991年版，第1486—1487页。
② 朱宗震、陶文钊：《中华民国史（第十二卷）》（1947—1949），中华书局2011年版，第587页。
③ 师哲口述，李海文著：《在历史巨人身边：师哲回忆录》，九州出版社2015年版，第286页。

中共中央为这次刘少奇秘密访苏进行了精心准备。代表团主要成员是刘少奇、高岗、王稼祥,刘少奇是中共中央书记处书记;高岗是中央政治局委员,此时在东北中央局担任书记、主持工作;王稼祥是中央候补委员、新中国外交部长人选,曾担任过中共驻共产国际代表团团长,工作人员还有戈宝权、邓力群(政治秘书),翻译是任弼时的政治秘书师哲。陪同的有苏联驻华代表科瓦廖夫、驻华使馆参赞费德林。刘少奇一行6月21日乘火车离开北京,行前毛泽东在中南海颐年堂与刘少奇、王稼祥一起商定了中共代表团的工作方针。① 代表团先到沈阳,与高岗会合,高带上了翻译徐介藩,再取道大连坐飞机于26日到达莫斯科。

代表团一共在苏联前后待了两个月。6月27日晚,斯大林与莫洛托夫、马林科夫、米高扬会见代表团成员,初步谈了苏联方面的一些意见;7月2日晚,中苏双方举行正式会谈,4日、6日,代表团以报告和书信的方式向苏方提出了正式商谈的一系列问题,11日,斯大林正式和代表团会谈,取得了重要成果;这以后,代表团与苏联政府部门具体会谈援助细节,并参观工厂、集体农庄;23日,双方就苏方向中方提供3亿美元的借款达成初步协议;27日,斯大林以宴请的方式率领苏方高级领导人一起与中方会谈,涉及重大的历史、理论和两党关系问题,并向代表团介绍了苏联在经济建设中的经验教训;30日,刘少奇与马林科夫在克里姆林宫正式签订贷款协定。当天下午,刘少奇还同苏外交部长维辛斯基座谈了3个小时。同日,高岗回国。

以后的几天,刘少奇又对购买苏联高射炮、成立中国人民大学和苏联专家到中国工作的待遇等问题同苏方商谈,并签订了有关协定。8月2日,毛泽东电示刘少奇回国,王稼祥留在莫斯科,与9日到达的刘亚楼、张学思与苏方继续商谈帮建航校、海校等事宜。14日,

---

① 中共中央文献研究室编:《刘少奇传》(下),中央文献出版社1998年版,第646页。

刘少奇率团乘专列起程回国，25日到达沈阳，28日回到北平。

中共中央代表团刚到莫斯科即下榻在城内奥斯特洛夫斯卡娅8号公寓。该公寓建筑豪华，非常舒适，专门接待中国、朝鲜等国（党）高级领导人。刘少奇和斯大林有6次会面，最重要的是3次。斯大林对接见极为重视，"因为少奇率领的中共代表团是斯大林的客人，所以只有斯大林一人才有权同中共代表团谈实质性的问题，甚至稍微带有影响性的事情，别人都不能插手，也不敢过问。"[1]

6月27日，斯大林在莫斯科郊外孔策沃别墅设宴给中共代表团接风。除斯大林外，马林科夫、米高扬也参加了会见。斯大林与刘少奇等在宴席上边吃边谈，无拘无束，十分自然，持续长达4个小时。斯大林对贷款、派遣专家和海空援助等问题，初步谈了意见。刘少奇表示希望在联共政治局会议上就中国的政治、军事和经济等方面的形势同联共中央交换意见。斯大林表示同意，答应过三四天再进行会谈。[2]

中共中央代表团回到寓所后，大家一起回忆、商议与联共中央交流的主要问题，决定就中国问题写一个书面报告；[3]当天下午，刘少奇、高岗、王稼祥联名致电毛泽东，汇报会谈情况，并请示毛泽东有关苏联对华援助的一些问题。7月4日，刘少奇将1万多字的书面报告送交斯大林，主要是通报中共中央关于中国革命的形势、新政协会议与中央政府的情况及外交问题、苏中关系问题等的主要观点；6日，又专门致信斯大林请求援助诸事宜。

7月11日，中苏双方在克里姆林宫的联共中央政治局会议室举行会谈。苏方参加的有斯大林、莫洛托夫、马林科夫、贝利亚、米高

---

[1] 师哲口述，李海文著：《在历史巨人身边：师哲回忆录》，九州出版社2015年版，第288页。

[2] 中共中央文献研究室编：《刘少奇传》（下），中央文献出版社1998年版，第647页。师哲口述，李海文著：《在历史巨人身边：师哲回忆录》，九州出版社2015年版，第288页。

[3] 师哲口述，李海文著：《在历史巨人身边：师哲回忆录》，九州出版社2015年版，第288—289页。

扬、布尔加宁以及有关的军队领导人。斯大林主要针对刘少奇的报告与信做了详细回答,实际是做了整个会谈的基调性发言,"其他同志发言甚少,会议十分严肃"①。斯大林首先指出:"少奇同志的报告写得十分清楚、明确,我们方面的人都看了,没有问题。"②斯大林在这1万多字的书面报告上做了24个批注,其中有14处注有"对!"或"好!"。还在一些有疑问或需要苏联表态的地方,写了批语。然后主要对中国民族资产阶级问题、人民民主专政问题、外交问题、中苏关系问题、毛泽东访苏问题做了表态性回答。

关于中国民族资产阶级的问题,斯大林说,你们与民族资产阶级合作,并吸收他们参加政府、与他们建立长期合作的政策是正确的。为了使中国民族资产阶级站在反对帝国主义的阵营内,就要制定一种对民族资产阶级也有利的政策。劳资间的矛盾是客观存在的,为了使工人斗争不致破坏与资产阶级的合作,应当要资本家与工人订立合同,在合同上使工人利益得到保障,要说服资本家变为文明的照顾工人利益的资本家,使共产党与资产阶级的合作能比较长期地继续。

关于人民民主专政,斯大林说,中共实行人民民主专政的政体是对的。你们引述我1926年所说的"中国未来的革命政权是偏重于反对帝国主义的政权"也是对的。斯大林赞同未来新中国政府的中央政府主席团是集体总统制,主席团与内阁的关系是内阁服从主席团、内阁只是中央政府执行机关,说"这个制度可能对于目前的中国是很适当的"。

关于外交问题,斯大林说,中共代表团提出的外交原则是对的,要利用各资本主义国家的矛盾,发展中国与各国特别与苏联及东欧各国的通商贸易;目前不要没收各帝国主义的在华经济事业,其他办法

---

① 刘少奇:《关于中共中央代表团与联共(布)中央斯大林会谈情况给中央的电报》(1949年7月18日),见中共中央文献研究室、中央档案馆编:《建国以来刘少奇文稿》(第一册),中央文献出版社2005年版,第31页。

② 师哲口述,李海文著:《在历史巨人身边:师哲回忆录》,九州出版社2015年版,第293页。

也不忙采取，等一等再看。赞同中共中央提出的不要急于要求各帝国主义国家承认，以便加以观察，了解情况，看他们表现如何，"你们有很好的法宝，就是帝国主义要和你们做买卖。帝国主义国家的经济危机已经开始了。我想列强很快就会要承认你们的，你们可以先和他们做好买卖，再谈承认问题"。

关于中苏关系问题，斯大林说，中国政府一成立，苏联立即就承认。关于苏联政府与国民党政府签订的"中苏友好同盟条约"，斯大林表示，他已在与毛泽东电报里声明过，这个条约是不平等的，是为了保护苏联、保护中国革命的利益。当时联共中央内部已有决定，即在对日和约订立、美国从日本撤兵以后，苏联可以考虑从旅大撤兵，如果中共认为有必要，现在苏联就可以从旅大撤兵。关于苏共与中共的关系，斯大林说，"一个国家的党服从另一个国家的党，这是从来没有过的，而且是不许可的。两党都要向自己的人民负责，有问题互相商量，有困难互相帮助，谈不到哪一个服从哪一个"。

关于毛泽东来莫斯科的问题，斯大林说，新中国政府成立，两国关系建立后，毛就可以来。如毛还不便来，苏联可派代表团到中国去。

在会谈尾期，刘少奇特别问询斯大林关于国际局势和前景、会不会打第三次世界大战等问题，斯大林回答说，对目前国际形势的估计，即从经济条件、从美国对战争的准备（帝国主义对战争尚未准备好）来看，现在与苏联进行战争，对帝国主义者是不利的，照历史发展的正常规律说，目前不应该有战争。在最近时期发生大战的可能性很小，因为各国人民反对战争。只要各国人民反对战争，仗就打不起来。我们可以利用这个机会恢复和发展经济建设。这个时期有多长，15年还是20年，很难预测。这个时间我们要充分利用来发展国民经济，充实自己。我们确实十分强大了，战争可能就打不起来了。我们应发动人民反对战争，维持和平。只要人民不受骗、反对战争，战争狂人是很难得逞的。我们的力量愈强大，战争的可能性就愈小。因为弱者、穷者总是会受人欺侮的。"如果帝国主义要打，就打，他们使用原子弹，我们也使用原子弹。美国人自己并不想打仗,总想用别人的手替他们打仗,他们也公开地这样说,但愿意替美国流血打仗的人并不多。"总之,我们不怕战争,反对战争,尽一切努力制止战争。①

会谈还决定成立一个"借款条约共同起草委员会",联共中央由米高扬、科瓦廖夫参加,中共方面由刘少奇、高岗、王稼祥参加,并由高岗代表东北政府签字。

会谈结束后,斯大林还亲切地询问代表团的生活情况,并邀请大家一起看电影。刘少奇向中央报告说,"会后,斯大林并问我们生活是否舒适,由所有到会人员和我们一起看电影,斯大林亲自选择4个影片放映,并在放映时亲自向我们加以若干解释"②。

23日,苏联向新中国提供3亿美元的借款达成初步协议,贷款为期5年,年利率以1%计算,中国在贷款生效后10年之内还清。这比西方国家3%的利率要低得多,对新中国的国民经济恢复和发展起到了重要作用。其他的对华援助也很顺利谈妥。

27日,斯大林再次在孔策沃别墅设宴接见代表团。席间,宾主气氛和谐,亲切愉快。宴会上,斯大林对中国共产党的成熟、中苏两党两国关系评价很高,要求中国共产党承担更多的帮助东方各国革命的责任。"你们多做东方和殖民地、半殖民地国家的工作,在这方面多多发挥你们的作用和影响。我们对西方多承担些义务,多做些工作。总而言之,这是我们义不容辞的国际义务!"

斯大林还对中共革命过程中苏联共产党的一些干涉错误进行了自我批评。他说,各国共产党不能将自己的意见强加在别人的头上。我们的意见并不都是正确的,各国共产党可以拒绝我们的建议。当然我们也可以拒绝各国共产党的建议。斯大林强调说:胜利者是不受审判

---

① 刘少奇:《关于中共中央代表团与联共(布)中央斯大林会谈情况给中央的电报》(1949年7月18日),见中共中央文献研究室、中央档案馆编:《建国以来刘少奇文稿》(第一册),中央文献出版社2005年版,第33—37页。师哲口述,李海文著:《在历史巨人身边:师哲回忆录》,九州出版社2015年版,第293—294页。

② 同上书,第331页。

的，凡属胜利了的都是正确的。"中国同志总是客气的、讲礼貌的。我们觉得我们是妨碍过你们的。你们也有意见，不过不肯说出来就是了。你们当然应该注意我们讲的话正确与否，因为我们常常是不够了解你们事情的实质，可能讲错话。不过，如果我们讲错了，你们还是说出来好，我们会注意到的。"

师哲认为，这是革命导师斯大林的主动检讨："斯大林是以深感内疚和抱有歉意的语气讲了这番话。因为1945年8月他给中共中央的电报认为，如果中国内战爆发，将导致中华民族的毁灭。历史的发展与斯大林的预见相反。他感到内疚和不安。这是斯大林主动地向中共代表团公开做的自我批评。当时中共代表团对此感到有点意外，因代表团并没有要求他做自我批评，也没有对他们提出过什么批评意见。他主动做自我批评，表现了一个伟大导师的胸怀，并赢得了更多的尊敬和爱戴。"①

斯大林还建议中共中央要尽快制定宪法、尽快成立中央政府，说：解决重大问题时固然要稳妥，要掌握时机，但更重要的是不可错过时机。我想提请你们注意防止敌人可能利用所谓"无政府状态"而进行干涉。这是极毒辣的一招，不能不防。②

8月14日，刘少奇乘火车回国。刘少奇的秘密访苏是满载而归③，取得了巨大成功。刘少奇代表中共中央系统介绍了中国革命战争形势和新中国建国构想，使斯大林与苏联中央对新中国建设的大政方针有了全面了解，并给予了充分肯定；落实了苏联向新中国提供政治、经济、军事、文化等领域若干个援助项目，为恢复百废待兴的国民经济和新中国的迅速崛起，争取到了宝贵的、有力的国外援助；在维护国

---

① 师哲口述，李海文著：《在历史巨人身边：师哲回忆录》，九州出版社2015年版，第298—300页。

② 同上书，第303页。

③ 和刘少奇一同来到中国的苏联专家多达80多人，大多是司局级领导干部，有个别是副部长级干部、资深高级工程师，一般都有10年以上的工作经验并经受过战争考验。师哲口述，李海文著：《在历史巨人身边：师哲回忆录》，九州出版社2015年版，第307页。

际共运整体利益的前提下,达成了两党互谅互让的共识,为两党关系正常发展的可能提供了一个大致的前提;也为毛泽东访苏做了基本的准备。师哲回忆说:

> 在整个访问过程中,我亲眼看到,斯大林对少奇是信任和尊重的,他从来不主动提出讨论和解决哪些问题,每次会见都聚精会神地倾听少奇的每句话,体会少奇的语意和心情,并对少奇的意见多次表示同意和赞赏。斯大林根据中方要求或愿望进行商谈,提出意见、建议或指出解决的办法。并且他不准别人插手,以免横出枝节。因而在会谈中从未有过误会或不愉快。可以说,历次会见都是在热情洋溢、友好诚挚的气氛中进行的。①

刘少奇回到北平后,立刻向毛泽东做了汇报,随之,又向中央政治局做了一次汇报。中央领导人对斯大林的援助与自我批评印象深刻,无不为之感动,受到鼓舞。

与苏联结盟,是新中国主动提出"一边倒"外交政策的结果,也使得新生的人民政权免于帝国主义武装干涉,赢得宝贵的巩固革命胜利、稳定国内秩序、恢复经济秩序的时间。"一边倒"的成功和中苏的结盟,"使我们中国有了自己的在历史上从来没有过的伟大的同盟国,从而就巩固了中国人民已经取得的胜利,使中国被破坏很严重的人民经济将很快地恢复与发展起来,同时,也极大地加强了以苏联为首的世界和平、民主与社会主义的力量,因而增加了远东和平与世界普遍安全的保障。"②

---

① 师哲口述、李海文著:《在历史巨人身边:师哲回忆录》,九州出版社2015年版,第302—303页。

② 刘少奇:《在庆祝中苏友好同盟互助条约及其他协定签订宴会上的演讲》(1950年2月15日),见中共中央文献研究室、中央档案馆编:《建国以来刘少奇文稿》(第一册),中央文献出版社2005年版,第511页。

第二节　筹备开国大典

开国大典是指1949年10月1日在北京为中华人民共和国中央人民政府成立而举行的仪式，下午3点开始，晚上9点结束，前后共6个小时。开国大典主要由阅兵式、群众游行和群众联欢组成，是中华人民共和国成立的标志。

一、阅兵训练

1949年7月后，中共中央就成立了开国大典筹备委员会，周恩来任主任，北平市委书记彭真、中央军委副总参谋长聂荣臻、新政协筹备委员会代理秘书长林伯渠等为副主任。

由于开国大典阅兵仪式是解放军历史上最盛大、最庄严的一次庆典，是开国大典的重中之重，筹备委员会决定单独成立阅兵指挥机构，由朱德兼任阅兵司令员，聂荣臻任阅兵总指挥，杨成武（华北军区第20兵团司令员）、唐延杰（华北军区司令部参谋长）、唐永健（华北军区司令部作战训练处处长）、刘仁（中共北平市委副书记）、肖明（北平市总工会主席）、肖松（中国新民主主义青年团北平市委书记）为副总指挥。下设阅兵指挥所，杨成武兼指挥所主任，唐延杰兼副主任，负责具体的阅兵式领导工作。

杨成武与唐延杰担任阅兵副总指挥后，首先起草了《阅兵典礼方案》，包括受阅部队的选调、编组、阅兵程序、阅兵礼乐以及受阅前的训练等内容。方案将阅兵式分为两个部分，即"检阅式"和"分列式"，请中央决定。检阅式是受阅部队在静止状态下接受阅兵司令员的检阅；分列式则是受阅部队在行进状态下接受党和国家领导人、各界人民代表的检阅。

方案拟制出来后，聂荣臻等到中南海怀仁堂向毛泽东、朱德、周恩来等人汇报，聂荣臻汇报了阅兵的基本设想，杨成武汇报了阅兵方案的主要内容。中央领导人听完汇报后先后发了言，对阅兵方案的细节做了一些补充，通过了阅兵方案，但阅兵地点是在入城时的西苑机场还是在天安门广场没有确定。毛泽东对搞好开国大阅兵特别重视，他说："我们历来主张慎重初战，这次阅兵也是初战，开国第一次嘛，一定要搞好！"①

8月15日，聂荣臻向中央提交《关于部队参加阅兵的请示报告》，提出检阅指挥员由第20兵团司令员杨成武担任，负责组织指挥机构，筹备检阅事宜及担任检阅时总指挥。参加检阅的部队，包括步兵部队、骑兵部队、炮兵部队、装甲部队等，并报告了部队参加阅兵的基本人数。

请示报告重点是提出阅兵地点的建议。报告提出，根据北平地形，对检阅地点拟订以下两个方案：第一方案是在城里天安门举行，受阅时步兵位于天安门以东，骑兵位于天安门以西，炮兵及装甲部队位于东单竞马场。此方案的优点是领袖、军队、群众结合很好，场面雄壮热烈，庆祝意义及影响大；阅兵台利用天安门城楼，壮观宽阔，可容全体政协代表及陪阅人员等；部队便于集中，阅兵后部队由东向西，道路多可向南向西迅速离开市区。缺点是天安门前路狭，只能横排行进。步兵8路纵队，骑兵3路纵队，装甲部队2路纵队，不能按正规行分列式；街市繁华，该处当日之交通影响断绝4小时。第二方案是在西苑机场检阅。此案的优点是受地形限制较小可行正规检阅及行分列式。缺点是地区偏僻，群众不易参加，表现太简单；没有阅兵台，由于陪阅及代表多，必须搭建两三个大而坚固的台子，工程较大；场面也不雄壮；部队集中路远，有40～80华里之多，坦克远程赶来机械燃热，易生故障；场面小，只能利用飞机滑道，部队较拥挤，且出场道路仅一条，离开机场需较长时间。请示报告还建议阅兵时间拟定由当日晨8时起开始，约于12时前完毕。②

---

① 杨成武：《杨成武回忆录》（下），解放军出版社1990年版，第317页。
② 《关于开国大典的几篇文献资料》，载《中共党史资料》2009年第3期。

9月2日，周恩来做出批示："日期在闭幕及政府成立之日。阅兵地点以天安门前为好。时间到时再定。"指示聂荣臻担任检阅指挥，朱德担任阅兵司令。刘少奇对该请示报告做了圈阅。毛泽东和朱德听取周恩来的汇报后，同意了周恩来的意见。

受阅部队抽调集中后，每天均在以天安门为中心点、长安街东西400米内进行实训。每次合练，傍晚开始，直到第二天拂晓才告结束。9月的天安门广场之夜，经常是人山人海，除了阅兵部队，还有准备参加游行的群众队伍，也分批来此合练。

由于是军民合练，筹备委员会专门对集会的位置进行了划定：天安门东西两侧观礼台为机关团体，集会联合指挥部设于西城台，在广场上设立多处指挥分站。除长安街中段为阅兵分列式行进线外，长安街中段南侧属于不参加分列式的武装部队集合区域。军乐队居于中间部位，以铁路工人为主的工人和农民位居其后，再后依次是团中央、学生、市民等群众游行队伍。

9月30日午夜，各部队开始入城集结。阅兵部队指挥所设在天安门东侧的城墙根，以有线电话与各指挥分所联系。大家都非常兴奋，等待着第二天下午大阅兵的到来。按指挥部的安排，受阅部队海、陆、空三军编组与序列为：

（1）海军：两排。（2）陆军：步兵1个师，按武器种类集中，包括冲锋枪1营、轻机枪1营、步枪3个团、通信1营、重机枪1营、战防枪1连、60炮1营、轻迫击炮1营、重迫击炮1营、战防炮1营、山炮1营，均成连纵队行进；炮兵1个师，包括90野炮1营、105榴弹炮2营、15榴弹炮1团、高射炮1营，两炮并进；战车1个师，包括摩托化步兵1团、装甲车1团、坦克1团，两辆并进；骑兵1个师，包括骑兵3个团、挽曳38野炮1营，6路纵队前进。（3）空军：P-51战斗机9架，蚊式机2架，教练机3架。受阅部队人员、武器、马匹、车辆数目见下表。①

---

① 《关于开国大典的几篇文献资料》，载《中共党史资料》2009年第3期。

	火炮（门）								人员（人）	马匹	车辆（辆）		
	15榴	105榴	90野炮	38野炮	75高	37高	山炮	重迫击炮			汽车	装甲汽车	坦克
炮兵师	34	16	14	12	12	4			1324	104	109		
战车师									3485		113	57	95
骑兵师									1978	1978			
步兵师							15	12	7461	262			
步兵团									5000				
合计	34	16	14	12	12	4	15	12	19248	2344	222	57	95
备注	（1）海军、空军受阅部队，未统计在内；（2）步兵师所属人携带火炮（如轻迫击炮、60炮等）未统计在内；（3）步兵师人员含军乐队170人；（4）步兵团只参加受阅，不参加分列式。												

受阅部队里的军乐队非常引人注目。聂荣臻、杨成武要求刚组建的华北军区军乐队队长兼指挥罗浪负责选曲、排练和演奏。罗浪用中国的革命音乐、民间音乐为基调，选择了《八路军进行曲》《骑兵进行曲》《军队和老百姓》《保卫胜利果实》《三大纪律八项注意》等曲目，穿插《炮兵进行曲》《战车进行曲》，再按各曲的节拍，进行整合，用《东方红》做领歌，创作出阅兵曲，经过试奏，中央领导人十分满意。毛泽东对此很赞赏，高度肯定了音乐曲目选择是"以我为主，以我国为主"[1]。

二、清扫广场、整修城楼

国民党统治时期的北平是一个脏乱差的城市，军管会成立后，立即组织了对北平市的垃圾清运工作，北平市清洁运动委员会组织了历

---

[1] 王建柱：《罗浪：难忘开国大典》，载《党史天地》2007年第10期。

时91天的清运运动，共计运除垃圾219280立方，约为201638吨。①但天安门广场作为开国大典的主会场，天安门城楼作为典礼台，仍然显得破旧、脏乱，需要来一次大整修、大扫除。

当时的天安门广场还保持着明朝永乐年间始建时的T字形格局，广场上杂草丛生，脏水横流，垃圾触目皆是。一进中华门②，两边都是高高的脏土垃圾堆。中间是条10米宽的石块甬路，两侧摆着各种地摊，脏乱不堪。天安门城楼是明清皇朝的承天门，主要是举行颁诏、降旨的地方，进入民国，故宫与天安门走入民间，失修严重，破烂不堪。巨大的城楼残砖断瓦，金黄色的琉璃瓦顶蒿草丛生，野鸽筑巢（后清除时，竟装载几大卡车野鸽粪），红墙凋残，墙皮脱落，斑斑驳驳，雕花的门窗残破不全，东斜西歪，金水河中满是淤泥污水。

开国大典筹备委员会指示由北平市建设局负责清扫、整修。北平市建设局领受任务后，确定了天安门广场整修方案：平整碾轧54000平方米、能容纳16万人的大广场，清除广场地区多年遗留的渣土和障碍物；修缮天安门城楼主席台，清除楼顶上杂草，粉刷城楼和广场四周红墙；在天安门广场的合适位置设计并修建一个升国旗的设施，供大典时升旗使用；修补天安门前、东、西三座门之间的沥青石砟路面1626平方米，供游行的群众和阅兵式部队通过用；美化环境，开展种树等绿化工程。

北平市建委主要依靠清运工人和市民、学生的义务劳动，在两个月时间里迅速清理干净了广场内的垃圾，组织各方面专业人员，清理琉璃瓦上的蒿草和灰土，修补城墙，整修、粉刷门窗和廊柱，修补城楼两侧的台阶、金水桥，对金水河进行清淤，注入清水。10多天后，

---

① 《北平市清洁运动委员会清运工作总结》（1949年7月），见北京市档案馆编：《北平解放》，中国文史出版社2017年版，第755页。

② 中华门是原天安门的主建筑之一，始建于明朝永乐年间，明朝称大明门，清朝顺治元年改名为大清门，1912年改名为中华门。位于天安门与正阳门之间，门南侧左右有石狮、下马碑各一，门前为正方形深广数百步小广场，周绕石栏，称天街；门北侧左右各有东西向廊房110间，称千步廊，还有东西折向北廊房各34间，皆连檐通脊。1959年为扩建天安门广场被拆除，1976年在其原址上修建了毛主席纪念堂。

天安门广场即整饬一新,宽阔宏伟,蔚为壮观。

筹备委员会指令华北军区政治部主任张致祥负责城楼的整修、设计工作,张随即将任务分配给了军区政治部文工团舞美队。舞美队队长苏凡受领任务后,再将任务交由两个日本籍革命军人肖野、森茂完成。二人依托中国传统文化的基本样式,很快画出20多张草图,张致祥将设计草图送到周恩来办公室审定。周恩来选定了在城楼装上8个大红宫灯、8面红旗,天安门正面墙壁上挂两条横幅,中间是毛主席像的设计,并对这幅设计图的一些局部进行了修改。张致祥随即要求北平国立艺专的30岁教师周令钊等人在高架子上绘制毛泽东画像,模板来自毛泽东1945年在延安拍摄的头戴八角帽、身穿粗呢子制服、脸部稍仰、笑容慈祥的照片。周令钊曾在国共和谈时的北平饭店画了一张毛泽东的像,得到观者的一致好评。城楼画像9月30日正式完工。聂荣臻特地过来检查,对画像上毛泽东的神态和表情比较满意,但指出开国大典是个庄重的时刻,领子还是扣起来为好;周恩来看后也很满意,但对画像下"人民的胜利"5个小字提出修改,认为这不能体现领袖的谦虚精神,不能自己在画像上标注自己的题字,应该去掉。

城楼上悬挂的大宫灯是民间艺人和肖野、森茂等工作人员在城楼上现场制作的。8个大红宫灯,每盏高2.23米,周长8.05米,直径2.25米,重达80公斤,因为太沉重,不能做好后挂上去,只能用梯子爬到楼顶上现场制作。

升旗仪式也是开国大典极为重要的环节。为保证万无一失,大典筹委会想了好几个办法。一是旗杆、基座设计。按照整体设计要求,旗杆位于天安门城楼与正阳门之间的中轴线上,由于钢管套焊最大长度只有22.5米,最后旗杆高度就选为22.5米,与原设计的与天安门城楼高度一致有些距离。旗杆基座为1米高的汉白玉基座和3米见方、60厘米高的汉白玉栏板。二是自动升旗。设计了一个电动升降器,控制开关安放在天安门城楼上,大典仪式时扭动电钮,启动马达,国旗即可自动升起。并设计了后备方案,成立"人工升旗预备队",如自动升旗仪器出了问题,让战士在两分钟内将国旗升到旗杆顶端。这个预案是聂荣臻亲临现场检查时特别要求的:"明天的升旗仪式全世界都在瞩目,要做到万无一失,绝对不能出现丝毫差错。我建议再制定一套人工升旗方案,一旦停电或电动装置失灵可以弥补。要做到有备无患,才能立于不败之地。"①

---

① 金敏求:《开国大典升旗仪式轶闻》,载《党史纵横》2009年第7期。

第三节　举行开国大典

1949年10月1日下午3时,毛泽东在天安门城楼上庄严宣告:"中华人民共和国中央人民政府今天成立了!"并扭动电钮,在雄壮的《义勇军进行曲》声中升起了五星红旗,宣读了中央人民政府公告,向全世界庄严宣布:"本政府为代表中华人民共和国全国人民的唯一合法政府。"随之,盛大的阅兵仪式开始了。

一、确定大典程序

新中国开国大典的正式开始时间选定在10月1日下午3时,这主要是为了防空。为防止和拦截国民党飞机北上侵扰庆典,中共中央决定有备无患,将能调集的高炮部队都调集在北京周围,选择制高点占领阵地。同时,请苏联政府派了1个师的飞机驻在上海保证空中安全。由于韩国不给国民党飞机提供起落基地,国民党飞机自北京折返台湾或浙江诸岛都有加油不足的难题,后来就没有发现国民党派飞机北上袭扰。

开国大典筹备委员会确定的《庆祝中华人民共和国中央人民政府成立典礼程序》:

一是时间与地点。10月1日下午3时,在天安门开会,举行中华人民共和国中央人

开国大典上,第一面五星红旗冉冉升起,迎风飘扬(新华社　提供)

民政府成立典礼，约占半小时，阅兵与分列式约占两小时，群众游行经过主席台约占4小时，共约6小时半，天黑后举行群众提灯游行，并放礼花。

二是大会仪式。分两个阶段。第一阶段为庆祝中央人民政府成立仪式，其程序为：（1）主席及中央人民政府委员与政协代表就位阅兵台（群众欢呼）。（2）林伯渠秘书长为司仪，宣布开会，请主席就位，奏乐。（3）毛泽东主席宣布中华人民共和国中央人民政府成立。主席亲自升国旗，同时鸣礼炮（群众脱帽肃立，注视国旗，部队带队指挥员行举手礼，在队列中间的干部与战士及执行勤务人员均立正），奏乐。（4）主席宣读中央人民政府文告，奏乐（群众欢呼）。

第二阶段是阅兵典礼仪式，其程序为：

（1）林秘书长宣布举行阅兵典礼，解放军朱德总司令担任检阅司令员，阅兵总指挥由华北军区司令员兼平津卫戍区司令员聂荣臻担任。

（2）朱总司令离阅兵台乘汽车过五座桥，阅兵总指挥乘汽车迎接检阅司令员于桥南，报告"北平受检阅的陆军部队和海军空军代表部队均准备完毕，请总司令检阅"。然后同乘总司令检阅车开始检阅。检阅车到东三座门时，奏乐。部队以团为单位奏三番欢迎号，而后按顺序检阅。

（3）检阅式毕，检阅司令员上天安门阅兵台，下达阅兵命令后，阅兵总指挥下令分列式开始，而后乘汽车经过队列，再登阅兵台，向主席介绍部队名称番号，军乐队于阅兵总指挥车由东三座门向西开动时奏阅兵进行曲，部队分列前进。

（4）午后4时，在步兵分列前进时，飞机出现于阅兵台前上空，由东向西飞行，配合地面分列式。

（5）军乐队于部队分列完毕后，最后分列行至西三座门，再转回五座桥前配合群众在天安门前通过的游行队列奏乐。

最后群众整队经主席台前欢呼通过，分经东、西三座门出会场举行提灯游行，同时以礼箭100支齐放礼花。

三是受阅部队编组及序列。甲、海军：两排。

乙、陆军：

（1）步兵1个师，按武器种类集中，按冲锋枪1营、轻机枪1营、步枪3个团、通信1营、重机枪1营、战防枪1连、60炮1营、轻迫击炮1营、重迫击炮1营、战防炮1营、山炮1营的顺序，成连纵队行进；

（2）炮兵1个师（90野炮1营、105榴弹炮2营、15榴弹炮1团、高射炮1营），两炮并进；

（3）战车1个师（摩托化步兵1团、装甲车1团、坦克1团），两辆并进；

（4）骑兵1个师（骑兵3个团、挽曳38野炮1营），6路纵队前进。

丙、空军：P-51战斗机9架，蚊式机2架，教练机3架。

四是礼乐。

（1）礼炮，用山炮54门齐放28响。

（2）当检阅司令员行至各营队列之中间时，检阅司令员呼："中华人民共和国万岁！"部队以营为单位齐呼："万岁！万岁！万岁！"

（3）军乐奏曲。中华人民共和国成立礼乐：欢迎主席就位时、升国旗鸣礼炮时及主席宣读公告后均奏《国歌》；欢呼时奏《东方红》《团结就是力量》。检阅分列式礼乐。检阅式礼乐：欢迎时奏《八路军进行曲》；阅兵过程奏《三大纪律八项注意》《军队和老百姓》《保卫胜利果实》，反复联奏礼乐。分列式：步兵行进时奏《八路军进行曲》；骑兵行进时奏《骑兵进行曲》；炮兵师及战车师行进时奏《坦克进行曲》《军队进行曲》。①

16400余人受阅部队包括地面方队的海军方队、步兵方队、炮兵方队、战车方队、骑兵方队5个方队；空中梯队为P-51型歼击机、蚊式轰炸机、L-5型教练机等机型。空中梯队因同时担负空中警戒任务，携带有实弹。组成阅兵部队的正式单位是东北海军学校和华北海

---

① 《关于开国大典的几篇文献资料》，载《中共党史资料》2009年第3期。

军舰队各1个排、步兵第199师、独立第207师619团、炮兵第4师、战车第3师、骑兵第3师,以及华北军区航空处所辖P-51型歼击机中队、蚊式轰炸机小队、L-5型教练机小队。①

天安门城楼上观礼人员主要是第一届政协全体会议的代表、180位第一届全国委员会委员,原定662人,实到622人。

二、大典进行曲

10月1日下午1时许,早晨才睡的毛泽东起床,稍事盥洗、吃饭,下午2时步行来到勤政殿,中央人民政府委员会第一次会议正式开始。

会上,中央人民政府主席、副主席和56名中央人民政府委员宣布就职,一致决议宣布中华人民共和国中央人民政府成立,接受《中国人民政治协商会议共同纲领》为施政方针,向各国政府宣布中华人民共和国中央人民政府为中国唯一合法政府,愿与遵守平等、互利及互相尊重领土主权原则的任何外国政府建立外交关系。举行完简短的就职仪式后,中华人民共和国中央人民政府正式宣告成立。

下午2时50分,毛泽东和周恩来等分坐汽车,出天安门城楼北面,在西侧台阶处下车,拾级而上。毛泽东胸前缀着红色绸带,上书"主席"烫金大字。2时55分,毛泽东等出现在主席台上。播音员齐越立即对着话筒播音:"各位听众,庆祝中华人民共和国中央人民政府成立典礼就要开始了。现在,毛主席和他的亲密战友朱德、周恩来、刘少奇等同志登上天安门城楼。"

关于毛泽东这段时间的活动,毛泽东的卫士李家骥回忆说:毛泽东身边主要是李银桥和李家骥两名卫士负责,李银桥负责搀扶,李家骥负责后勤,携带随时吃、喝、用的东西。毛泽东穿的美国出产的

---

① 闫树军:《解密档案和亲历者记录下的开国大典》,载《党史博览》2009年第10期。

黄色将校呢礼服,是北京服装专家王子清专做的,内穿补了多次的衬衣。①

3时整,大典司仪林伯渠宣布典礼开始,各主要领导人就位。毛泽东以中央人民政府主席的身份洪亮地宣布:"同胞们,中华人民共和国中央人民政府今天成立了!"

1949年10月1日,开国大典在天安门广场隆重举行(新华社 提供)

总指挥罗浪指挥军乐团奏响国歌《义勇军进行曲》。国歌声中,林伯渠宣布:"请毛主席升旗!"身边的工作人员赶快提醒,林伯渠再次大声宣布:"请毛主席升国旗!"毛泽东不知道升旗的按钮在哪里,就焦急地问道:"升旗机关在哪里?"其实,升旗的按钮比较明显,上面还标有"升""降"两个字。毛泽东扭动"升"的电钮,国旗徐徐升起,升至最高点22.5米时,用时2分7秒,此时,天安门响起雷鸣般的掌声。播音员丁一岚站在露天播音台前,用响亮的声音对

---

① 李家骥口述,杨庆旺执笔:《开国大典这天的毛主席》,载《百年潮》2009年第6期。

着全国人民解说:"中华人民共和国的国旗,现在正由毛主席亲手把她升起,参加大会的30万人民一齐肃立致敬,目视着人民祖国的庄严美丽的五星红旗徐徐升起。部队带队指挥员行举手礼,在队列中间的干部战士以及执行勤务的人员都肃然立正。""国旗已经升到旗杆的尖顶,开始在人民首都的晴空里迎风招展。她象征着中国的历史已经走入一个新的时代,我们的国旗——五星红旗将永远飘扬在人民祖国的大地上。"

当国旗升到旗杆顶端,毛泽东心情也非常激动,大声说道:"升得好!"并通过麦克风扩放出去,传遍了天安门广场,传遍了全世界。[①]

升旗结束后,毛泽东宣读《中华人民共和国中央人民政府公告》:

> 自蒋介石国民党反动政府背叛祖国,勾结帝国主义,发动反革命战争以来,全国人民处于水深火热的情况之中。幸赖我人民解放军在全国人民援助之下,为保卫祖国的领土主权,为保卫人民的生命财产,为解除人民的痛苦和争取人民的权利,奋不顾身,英勇作战,得以消灭反动军队,推翻国民政府的反动统治。现在人民解放战争业已取得基本的胜利,全国大多数人民业已获得解放。在此基础之上,由全国各民主党派、各人民团体、人民解放军、各地区、各民族、国外华侨及其他爱国民主分子的代表们所组成的中国人民政治协商会议第一届全体会议业已集会,代表全国人民的意志,制定了中华人民共和国中央人民政府组织法,选举了毛泽东为中央人民政府主席,朱德、刘少奇、宋庆龄、李济深、张澜、高岗为副主席,陈毅、贺龙、李立三、林伯渠、叶剑英、何香凝、林彪、彭德怀、刘伯承、吴玉章、徐向前、彭真、薄一波、聂荣臻、周恩来、董必武、赛福鼎、饶

[①] 本书撰写组:《五星红旗》,华艺出版社2010年版,第18页。

漱石、陈嘉庚、罗荣桓、邓子恢、乌兰夫、徐特立、蔡畅、刘格平、马寅初、陈云、康生、林枫、马叙伦、郭沫若、张云逸、邓小平、高崇民、沈钧儒、沈雁冰、陈叔通、司徒美堂、李锡九、黄炎培、蔡廷锴、习仲勋、彭泽民、张治中、傅作义、李烛尘、李章达、章伯钧、程潜、张奚若、陈铭枢、谭平山、张难先、柳亚子、张东荪、龙云为委员，组成中央人民政府委员会，宣告中华人民共和国的成立，并决定北京为中华人民共和国的首都。中华人民共和国中央人民政府委员会于本日在首都就职，一致决议：宣告中华人民共和国中央人民政府的成立，接受中国人民政治协商会议共同纲领为本政府的施政方针，互选林伯渠为中央人民政府委员会秘书长，任命周恩来为中央人民政府政务院总理兼外交部部长，毛泽东为中央人民政府人民革命军事委员会主席，朱德为人民解放军总司令，沈钧儒为中央人民政府最高人民法院院长，罗荣桓为中央人民政府最高人民检察署检察长，并责成他们从速组成各项政府机关，推行各项政府工作。同时决议：向各国政府宣布，本政府为代表中华人民共和国全国人民的唯一合法政府。凡愿遵守平等、互利及互相尊重领土主权等项原则的任何外国政府，本政府均愿与之建立外交关系。特此公告。

这份公告原只有主席、副主席名单，没有全部点出所有56名委员的名单，张治中鉴于委员中民主人士居多，提议毛泽东将这些委员的名字一一念出，以示尊重。毛泽东马上接受了这个建议，还指示准备拿去发表稿件的新华社记者李普照此名单发表，不得遗漏委员的名字："你小心这张字条，千万不要弄丢了。照此发表，不要漏掉了。"那张字条上毛泽东写有"照此发表"的亲笔批示。[①]

---

① 李普：《一件开国大典的文物》，载《瞭望》1998年第45期。

此时,54尊山炮鸣炮28响。这54门礼炮象征着参加中国人民政治协商会议第一届全体会议的54个领域、界别的人士,28响象征着中国共产党领导人民英勇奋斗的28年。

公告宣读完毕,林伯渠宣布阅兵开始。阅兵司令员朱德身着戎装,走下天安门城楼,乘敞篷汽车通过金水桥,迎候在桥南的阅兵总指挥聂荣臻上前致军礼、报告:"受阅准备完毕,请总司令检阅!"在《三大纪律八项注意》《军队和老百姓》《保卫胜利果实》等军乐乐曲的连续鸣奏中,朱德由聂荣臻同车陪同,检阅三军部队。接着,朱德重登天安门城楼,宣读《中国人民解放军总部命令》。

命令宣布后,便是阅兵部队的分列式行进。依次通过天安门主席台前的是代表人民海军的水兵分队、多兵种的陆军代表部队,步兵师、炮兵师、战车师依次而行。当战车师行进在长安街中段时,人民空军的飞机分别以3机和双机编队,多批次飞经天安门广场的上空;3个骑兵师、1个挽曳野炮的炮兵营、约1900匹战马,以6路纵队前

1949年10月1日,接受检阅的中国人民解放军步兵部队通过天安门广场(新华社 提供)

1949年10月1日，中国人民解放军坦克装甲部队参加分列式，经过天安门前（陈正青 摄，新华社 提供）

进。检阅式和分列式历经两个多小时。

到群众游行队伍开进时，已是夜色降临了，长安街华灯齐放，灯火辉煌。游行队伍依次经过天安门城楼的是工人、京郊农民、机关干部、青年学生，达20万人之多。群众对城楼上毛泽东等人，竞相高呼："毛主席万岁！""中国共产党万岁！"毛泽东也报以"人民万岁！"等呼应。当游行接近尾声的晚上8时，礼花（信号弹）绽放，火树银花，绚丽壮观。结束时已是晚上9时30分许。

关于毛泽东这一天在天安门城楼及回到中南海的情景，李家骥回忆说，由于游行群众经过天安门城楼，均要求看见毛泽东和其他领导人，毛泽东一直站在上面，与游行群众对视交流，时而挥手时而鼓掌，"目光相对，表情、动作配合协调，就像两个人在跟前交流一样"。群众队伍欢呼"毛主席万岁！""中国共产党万岁！"时，毛泽东也通过播音器高呼"工人同志们万岁！""农民同志们万岁！""人民万岁！"

大约下午5时，在其他领导人劝说下，毛泽东来到大厅准备休息一下，但一会儿又在群众要求下回到天安门城楼，始终站着，"不断挥手、举帽向群众致意。右手累了换左手，左手累了再换右手。一会儿到天安门城楼西边，一会儿到天安门城楼东边；一会儿向远处的群众示意，一会儿探身子向城楼根下的群众招手"，站了3个多小时才短暂回到菊香书屋休息。晚上7点30分，毛泽东再次登上天安门城楼观看开国大典的最后一项程序燃放礼花。在此间隙，毛泽东接见了苏联等国的外宾以及华侨代表。快到晚上10时，毛泽东回到菊香

1949年10月1日开国大典之夜（新华社　提供）

书屋工作、休息。毛泽东非常兴奋，心情久久不能平静，直到第二天早晨8时20分才睡着。这中间毛泽东曾动情地对李家骥说："我们革命不容易啊，有多少革命同志献出了生命，如果他们能看到今天这种场面一定比我们还高兴。"说此话时"两眼发直，含有泪水"，很动感情。①

　　随着中央人民政府成立，新中国政治、军事、经济、外交、社会政策均走上快速建设的轨道，开始了实现中华民族伟大复兴宏伟事业的伟大征程。

---

① 李家骥口述，杨庆旺执笔：《开国大典这天的毛主席》，载《百年潮》2009年第6期。

结　语

"一唱雄鸡天下白。"中华人民共和国的诞生使经历近代以来100多年艰辛磨难而始终不懈斗争的中国人民,迎来了中华民族浴火重生的胜利曙光。这不仅是中华民族发展史上的一个伟大事件,也是人类发展史上的一个伟大事件。从此,一个充满生机和希望的中国巍然屹立于世界民族之林。

新中国的诞生是中国革命取得全面胜利的里程碑。1840年鸦片战争以后,中国遭受西方列强坚船利炮的摧残蹂躏,加之清政府腐败无能,导致国家危机四起、人民灾难深重、民族命运堪忧。无数仁人志士前仆后继、不懈求索,寻找救国救民的道路。太平天国起义、戊戌变法、义和团运动、辛亥革命等接连不断,但都没有真正能挽救民族危亡。1921年诞生的中国共产党肩负起救亡图存的历史重任,高举起争取民族独立、人民解放的伟大旗帜,为中华民族寻找崛起和复兴之路。抗日战争时期,中国共产党坚持以民族大义为重,团结一切可以团结的力量,成为抗战的中流砥柱。解放战争时期,中国共产党紧紧依靠人民,领导人民以摧枯拉朽之势推翻了国民党的反动统治,夺取了全国新民主主义革命的胜利。1949年10月1日,毛泽东在开国大典上庄严宣告:中华人民共和国中央人民政府今天成立了。伴随着雄壮的《义勇军进行曲》,鲜艳的五星红旗冉冉升起,28响礼炮响彻长空,首都30万军民载歌载舞,全世界中华儿女奔走相告,欢庆人民当家做主的新中国的诞生。

新中国的诞生开启了中华民族伟大复兴的新纪元。中国共产党一成立就义无反顾肩负起实现中华民族伟大复兴的历史使命。新中国的诞生使实现中华民族伟大复兴从梦想走进现实。从此，中国共产党带领全国各族人民走上了为实现国家繁荣富强、人民共同富裕而奋斗的新征程。国体政体上，确立以工人阶级为领导的、以工农联盟为基础的人民民主专政和以民主集中制为根本原则的人民代表大会制度；国家结构上，确立统一的多民族国家和在单一制国家中的民族区域自治制度；政党制度上，实行中国共产党领导的多党合作和政治协商制度，确立"长期共存、互相监督"的方针；经济建设上，确立社会主义基本经济制度，进而形成比较完整的工业体系和国民经济体系，为中国经济持续发展奠定了坚固的物质技术基础；道路选择上，积极探索符合中国国情的建设道路，为开创中国特色社会主义道路奠定了坚实基础。这些艰辛探索和巨大的发展成就，从根本上改变了中国社会的发展方向，为中华民族伟大复兴确立了一个新的发展起点。

新中国的诞生书写了马克思主义中国化的新篇章。中国革命不仅是世界无产阶级革命的重要组成部分，更是马克思主义在中国的生动实践，并产生了中国化的马克思主义——毛泽东思想。毛泽东思想是马克思主义基本原理与中国革命实际相结合的产物，是中国共产党人集体智慧的结晶。俄国十月革命给我们送来了马克思主义，从此中国革命的面貌焕然一新，为新中国的成立奠定了思想基础。改革开放极大丰富和发展了马克思主义，创造性地回答了什么是社会主义、怎样建设社会主义，建设什么样的党、怎样建设党，实现什么样的发展、怎样发展等重大现实问题，先后形成了邓小平理论、"三个代表"重要思想、科学发展观等重大理论成果。习近平新时代中国特色社会主义思想以全新的视野深化了对共产党执政规律、社会主义建设规律、人类社会发展规律的认识，是当代中国马克思主义、21世纪马克思主义，必将使社会主义和马克思主义在中国大地上焕发出新的勃勃生机。

70年风雨兼程、砥砺奋进；70年沧桑巨变、成就辉煌。这是一曲奋斗的壮歌，唱出了中国人民从站起来、富起来到强起来的伟大飞跃。这是一幅华美的篇章，书写着中华民族共筑中国梦的豪情壮志，将永远激励我们在新的长征路上阔步走向美好的未来。

后 记

根据全国文化中心建设领导小组总体部署，在中共北京市委宣传部统筹指导下，市委党史研究室组织编写了"红色文化丛书"。丛书由原中央党史研究室副主任李忠杰担任主编，市委党史研究室主任李良及副巡视员刘岳担任执行主编，副主任陈志楣、张恒彬及原副巡视员范登生、副巡视员运子微担任执行副主编。

为打造精品力作，邀请邵维正、柳建辉、关海庭、杨凤城、王树荫、黄如军、包国俊等著名党史军史专家学者组成丛书编委会，并下设刘岳及曹楠、宋传信、方东杰、黄迎风、高俊良、王桂环、祁霄等人组成的办公室。编委会负责制定方案、确定书目、遴选主编、审订大纲及书稿。办公室负责组织联络督办工作，出台书写规范、组织作者培训等。曹楠负责丛书协调工作，宋传信负责丛书图片统筹工作，骆洪刚负责部分图片修版工作。

《新中国在这里诞生》是"红色文化丛书"之一，由中国人民公安大学曹英教授撰写，全书共5章18节，曹楠承担本书联络员工作。祁霄阅改第一稿，原中央党校柳建辉教授、中国人民解放军军事科学院政治部宣传部原副部长包国俊审改第二稿，刘岳阅改第三稿。姜坤润色全书，范登生改写结语。原中央党校副校长李君如，中央党校（国家行政学院）分管日常工作的副校（院）长何毅亭、副校长谢春涛，原中央党史研究室副主任龙新民等老领导、专家学者对本书提出了宝贵意见。北京出版集团编辑对全书进行了严谨细致的编辑加工。在此，一并表示衷心感谢。

由于时间仓促和水平有限,书中难免存在疏漏和不足之处,敬请广大读者批评指正。

中共北京市委党史研究室

2019年8月